마라 그래픽스의

KB161933

이트 트레이닝

maran illustrated Weight Tra

Maran Graphics Development Group 지음

윤신중 옮김

CENGAGE
Learning™

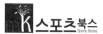
스포츠북스
Sports Books

Australia • Brazil • Japan • Korea • Mexico • Singapore • Spain • United Kingdom • United States

Maran Illustrated Weight Training, 1ˢᵗ Edition

Maran Graphics Development Group

This edition first published in 2011 jointly by
Cengage Learning Korea Limited and Medical Korea.

Original edition © 2011 Course Technology, a part of Cengage Learning. Maran Illustrated Weight Training, 1ˢᵗ Edition by Maran Graphics Development Group. ISBN: 978-1-5920-0866-7.

This edition is translated by license from Course Technology, a part of Cengage Learning, for sale in Korea only.

Cengage Learning is a leading provider of customized learning solutions with office locations around the globe, including Singapore, the United Kingdom, Australia, Mexico, Brazil, and Japan. Locate your local office at: **www.cengage.com/global**

Cengage Learning Korea Ltd.
Suite 1801 Seokyo Tower Building
353-1, 22 Seokyo-Dong, Mapo-Ku
Seoul 121-837, Korea
Tel: (82) 2 322 4926
Fax: (82) 2 322 4927

ISBN-13: 978-89-6315-249-3

Cengage Learning products are represented in Canada by Nelson Education, Ltd.

For product information, visit **www.cengageasia.com**

Printed in Korea
1 2 3 4   14 13 12 11

CENGAGE
Learning™

Australia · Brazil · Japan · Korea · Mexico · Singapore · Spain · United Kingdom · United States

가족이 경영하는 회사, 마란그래픽스(maranGraphics)

우리 마란그래픽스는 지금까지 매번 훌륭한 책들을 제작해왔다고 자부합니다.

모든 마란그래픽스의 책은 수상경력이 있는 커뮤니케이션 과정을 통해 제작됩니다. 우리는 이 커뮤니케이션 과정을 28년 이상 개발해왔으며, 이 과정을 통해 독자들이 새로운 개념이나 운동을 쉽게 익힐 수 있도록 그림과 문자를 적절히 구성합니다.

우리는 여러분의 노고를 덜어드리고자 모든 힘든 일마다 그 일을 해낼 수 있는 가장 좋은 방법이 무엇인지를 연구하는 데 많은 시간을 투자하고 있습니다. 우리의 명확하고 쉬운 설명과 사진을 보고 그대로 따라 하시면 모든 일을 처음부터 끝까지 쉽게 해낼 수 있습니다.

시중에서 구입할 수 있는 최고의 책인 이 책을 구입해주셔서 감사드리며, 우리가 이 책을 만들며 즐거움을 누렸듯, 여러분도 이 책을 통해 즐거움을 누리시길 바랍니다.

마란 패밀리 드림

여러분의 목소리를 듣고자 합니다!
family@maran.com으로 책과 관련하여 전하실 말씀을 보내주십시오.

우리의 웹사이트(www.maran.com)를 방문해보십시오.

CREDITS

Author:
maranGraphics
Development Group

Content Architect:
Ruth Maran

Technical Consultant:
Mindy Parmar, BA Kin.,
CAT(C), CSCS

Nutritional Consultant:
Abby Langer, BA, DPD, RD

Project Manager:
Judy Maran

Copy Development and Editing:
Raquel Scott
Roderick Anatalio
Wanda Lawrie

Editing:
Roxanne Van Damme
Megan Robinson

Layout Designer:
Sarah Jang

**Front Cover, Gym Backgrounds
and Overviews:**
Designed by Russ Marini

Photographic Retouching:
Russ Marini
Steven Schaerer

Front Cover Consultant:
Domo Kovacevic,
A.C.E., C.F.C.

Models:
Ryan Hamilton
Judy Maran
Keith Mclean
Chantal Nadeau
John Tarnowski

**Photography and
Post Production:**
Robert Maran

**President,
Thomson Course Technology:**
David R. West

**Senior Vice President of
Business Development,
Thomson Course Technology:**
Andy Shafran

**Publisher and General Manager,
Thomson Course Technology PTR:**
Stacy L. Hiquet

**Associate Director
of Marketing,
Thomson Course Technology PTR:**
Sarah O'Donnell

**National Sales Manager,
Thomson Course Technology PTR:**
Amy Merrill

**Manager of Editorial Services,
Thomson Course Technology PTR:**
Heather Talbot

감사의 말

로드릭 아나톨리오(Roderick Anatalio), 사라 장(Sarah Jang), 켈리 존슨(Kelleigh Johnson), 완다 로리(Wanda Lawrie), 질 마란(Jill Maran), 주디 마란(Judy Maran), 로버트 마란(Robert Maran), 루스 마란(Ruth Maran), 러스 마리니(Russ Marini), 메건 로빈슨(Megan Robinson), 스티븐 쉐어러(Steven Schaerer), 라퀄 스콧(Raquel Scott), 그리고 록스엔 반 다미(Roxanne Van Damme)를 포함해 헌신적인 마란그래픽스 직원들에게 고마움을 전합니다.

마지막으로 쉽게 이용할 수 있는 이 책의 그래픽 포맷을 고안한 리처드 마란(Richard Maran)의 열정과 지도에 고마움을 전합니다.

캐나다 바디웍스 휘트니스
(Canadian BodyWorks Fitness)

체육관 사진촬영을 허락해준 캐나다 바디웍스 휘트니스에게 특별한 감사를 전합니다.

캐나다 바디웍스 휘트니스는 24시간 운영하는 헬스 & 휘트니스 클럽으로 수준 높은 청결도와 친절, 안락함, 그리고 흥미를 제공한다는 신념을 바탕으로 세워졌다. 바디웍스 휘트니스의 직원들은 회원의 모든 기대를 충족시키는 것은 물론 기억에 남는 경험과 특별한 가치를 제공하기 위해 끊임없이 노력하고 있다.

www.canadianbodyworks.com

라이프 휘트니스(Life Fitness)

운동기구에 대한 사진을 제공해준 라이프 휘트니스에게 특별한 감사를 전합니다.

라이프 휘트니스는 전 세계 헬스클럽에서 찾아볼 수 있는 대중적인 운동기구 브랜드로 미국과 세계 전역의 휘트니스 전문가들로부터 많은 추천을 받고 있다. 라이프 휘트니스 제품은 사용하기가 쉽고, 구성이 뛰어나며, 진보한 기술력을 갖추고 있다. 또 개별적인 연습과 효과적인 운동을 돕는다.

www.lifefitness.com

민디 파버(Mindy Parmar)는 공인 운동 처방사 (Certified Athletic Therapist(CAT(C))이며, 개인 트레이너(Personal Trainer(PTS and ACE))이다. 운동학과 보건학에서 우등학위를 받았으며 (B.A. Hons., Kin.), 미국운동협회(American Council on Exercise(ACE))에서 부여한 개인 트레이너 자격과, 국제체력단련협회(National Strength and Conditioning Association (NSCA))에서 부여한 체력관리 전문가 자격을 취득했다.

민디는 적십자사를 통해 응급처치와 CPR을 가르치고 있으며, 개인 트레이너 자격을 획득할 수 있도록 휘트니스 전문가들을 양성하고 있다. 휘트니스 자격 프로그램의 일환으로 세네카 대학 (Seneca College)에서도 운동상해 예방 및 처치를 가르치고 있다. 민디의 목표는 침구학 박사과정을 마치고 공인 영양학 컨설턴트로서 자격을 갖춰 정골요법 학교(Osteopathy school)에 다니는 것이다.

민디 파머의 인사말…

건강한 라이프스타일을 촉진하는 유용한 방편을 만드는 일에 참여할 수 있게 기회를 주신 마란그래픽스에게 감사의 말을 전하고 싶습니다. 그리고 이 일을 하는 동안 모든 지원을 아끼지 않는 나의 사랑하는 남편 산제이(Sanjay)에게도 고마움을 전하고 싶습니다. 이 책을 함께 작업하는 동안 진심으로 즐거웠습니다. 저는 이 책이 어떤 체력수준에 있든지 누구에게나 우수한 자산이 될 것이라고 확신합니다.

즐기십시오!

그리고 건강하고 아름다운 몸을 만들겠다는 꿈을 이루십시오.

역자 서문

이 책은 maranGraphics의 illustrated Weight Training을 번역한 책으로서, 건강관련 지도자, 웨이트 트레이닝 지도자, 재활운동치료사, 퍼스날 트레이너, 운동사 등의 스포츠 전문가는 물론, 건강을 유지 증진시키고자 하는 일반인들이 반드시 읽어야 할 필독서 입니다.

일반적으로 출판되는 웨이트 트레이닝 관련 서적과는 달리 웨이트 트레이닝을 실시하는 방법에 대해서 컬러 그림과 함께 자세하게 설명되어 있음은 물론, 웨이트 트레이닝 프로그램의 기획, 볼 운동, 튜빙 운동, 스트레칭, 심혈관운동, 운동 중 영양섭취 방법 등의 건강운동에 관해서도 다양하게 소개하고 있기 때문에, 운동 지도자나 트레이닝 전문가들은 물론 일반인도 가지고 다니면서 흥미 있게 읽어보고 적용할 수 있습니다. 또한 보다 전문적인 운동 지도자들이 참고할 수 있도록 근육에 관한 해부학적 지식이 첨부되어 있으며, 심도있는 공부를 위하여 역자가 maranGraphics의 허락을 얻어 개개의 근육이 시작되는 부위와 끝나는 부위를 첨부하였습니다. 따라서 이 책은 체력관련 트레이닝 방법에 관한 입문서이자 완결판이라 할 수 있습니다.

근래에 들어서 "운동이 약이자, 의학이다"라는 말이 관심사로 부각되고 있습니다. 운동이 약(藥)도 될 수 있고, 독(毒)도 될 수 있음을 의미합니다. 동일한 운동이지만, 누구에게는 약이 되고, 누구에게는 독이 되는 것입니다. 자신에게 맞는 운동을 정확하게 실시해야 하는 것입니다. 이 책을 통하여 건강하고 활력 있는 삶을 영위하기를 기원합니다.

심혈을 기울여 번역하였지만, 부족한 점만 깨우친 것 같습니다. 미흡한 부분은 차후 고쳐나가도록 하겠으며, 부디 이 책이 모든 사람에게 도움이 되기를 기대할 뿐입니다. 이 책이 출판하기까지 원고를 읽고 교정해주신 신명희 선생님과 정하련 선생님에게 감사드립니다.

원문과 그림의 판권 승인은 물론, 인쇄와 편집을 담당해주신 메디컬코리아 김기봉 사장님에게도 깊은 감사를 드립니다.

2011년 9월
역자 윤신중

SECTION 3 하체운동

chapter 8   다리운동

chapter 9   둔부운동

chapter 10   종아리운동

SECTION 5 웨이트 트레이닝 일과 계획

SECTION 6 스트레칭

Section 1

웨 이트 트레이닝이 처음이라면 시작하기 전에 무엇부터 해야 할지 궁금할 것이다. 섹션 1에서는 자신이 강화하고자 하는 근육의 명칭은 무엇이며, 웨이트 트레이닝을 가정에서 해야 할지 아니면 체육관에서 해야 할지, 그리고 체육관이나 트레이너를 선택할 때 어떤 사항들을 고려해야 하며, 웨이트 트레이닝을 할 때는 어떤 옷을 입어야 하는지 등에 대한 모든 궁금증을 해결하고 있다.

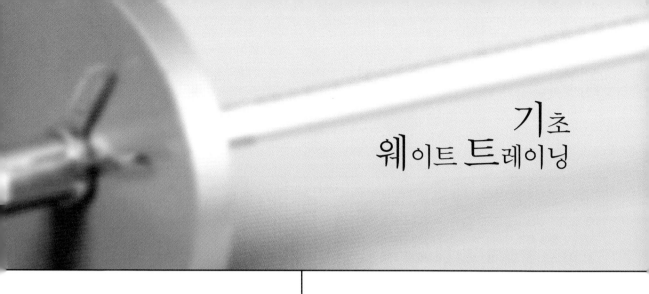

기초
웨이트 트레이닝

이번 섹션에서는 …

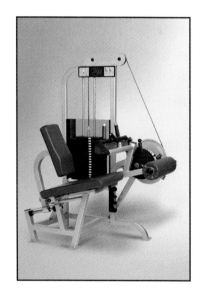

웨이트 트레이닝의 장점

웨이트 트레이닝은 스트레스를 해소하고 힘을 키워주는 등 장점이 많은 운동이다. 웨이트 트레이닝 프로그램을 시작하기 전에 특히 건강상에 문제가 있거나 과거에 부상당한 적이 있다면, 또는 1년 이상 신체활동을 하지 않았다면 의사와 상담하는 편이 좋다. 또 자신에게 맞는 안전한 트레이닝 프로그램을 계획해줄 개인 트레이너를 고용할 수도 있다.

근력을 향상시킨다.

웨이트 트레이닝은 근육의 힘을 키워준다. 웨이트를 들어 올려 근육을 긴장하게 하면 보다 강한 근육이 된다. 더 나아가서 웨이트 트레이닝은 나이가 들수록 근육이 퇴화하는 현상을 막아준다.

상해를 예방한다.

근육이 강해지면 일상적인 활동에서 보다 나은 통제력과 균형감각, 그리고 조정력을 발휘할 수 있다. 강한 근육은 관절을 보호하여 상해를 예방한다.

체중조절을 돕는다.

웨이트 트레이닝은 안정시 대사율(resting metabolic rate)을 높여 체중조절을 돕는다. 즉, 하루에 더 많은 칼로리를 연소시킬 수 있다는 의미다. 근육이 많을수록 안정시 대사율도 높아진다.

스포츠 수행능력을 향상시킨다.

강한 근육은 움직임을 향상시켜 수영이나 테니스, 농구와 같은 스포츠 수행능력을 향상시킬 수 있다.

체형을 개선시킨다.

웨이트 트레이닝은 근육의 형태와 긴장도를 개선함으로써 자세를 바로잡아줄 뿐만 아니라 체형을 개선시킨다.

뼈를 튼튼하게 한다.

웨이트 트레이닝은 뼈에 힘을 가하는 체중부하운동이다. 뼈에 힘이 가해지면 뼈는 더 튼튼해진다. 뼈가 튼튼해지면 골다공증을 예방할 수 있다.

웨이트 트레이닝에 관한 오해들

사람들이 체육관에 다니는 것을 꺼리는 이유 중에는 웨이트 트레이닝에 대해 잘못 알고 있어서인 경우가 많다. 여기에 그러한 오해를 바로잡아 줄 몇 가지 정보를 소개한다.

"웨이트 트레이닝은 몸을 너무 크게 만든다."

특히 많은 여성들이 이렇게 오해하고 있다 사실상, 상당한 양의 근육을 키우려면 수년간 아주 무거운 웨이트를 들어올려야 한다. 여성에게는 근육량을 늘릴 수 있는 주요 호르몬의 일종인 테스토스테론(testosterone)이 남성만큼 많지 않다.

"웨이트 트레이닝은 시간을 많이 투자해야 하는 운동이다."

최상의 운동 효과를 얻기 위해 날마다 체육관에서 시간을 보내야 하는 것은 아니다. 일주일에 3~4번, 하루에 30~45분 정도만 투자해도 성과를 올릴 수 있다. 2시간 이상 운동하고 있다면 비능률적으로 운동하고 있거나, 운동하는 중간중간에 너무 많은 수다를 떨며 쉬고 있는 건 아닌지 체크해보자.

"모든 사람에게 효과적인 웨이트 트레이닝 기법이 있다."

모든 사람에게 효과적인 유일한 웨이트 트레이닝 기법이란 없다. 웨이트 트레이닝 기법은 개인의 욕구와 목표에 맞도록 특별히 고안되어야 한다. 친구가 자랑하는 프로그램이나 잡지에서 읽은 프로그램에 현혹되지 않도록 주의하라. 자신에게 맞는 웨이트 트레이닝 기법을 개발하면 그 후에 자신의 욕구와 스케줄이 변할 때마다 프로그램을 변형할 수도 있다.

"웨이트 트레이닝으로 특정 신체부위의 지방을 줄일 수 있다."

이러한 잘못된 개념은 특정 부위를 골라 살을 뺄 수 있다는 체중 감소법에서 비롯되었다. 사실상 웨이트 트레이닝으로 신체 특정 부위의 지방만을 줄일 순 없지만 신체 전반의 지방은 줄일 수 있다. 특정 근육을 운동할 때, 지방 아래의 근육이 강화된다. 지방을 줄이는 최선의 방법은 적합한 식단과 운동, 그리고 웨이트 트레이닝을 조합하는 것이다.

"웨이트 트레이닝은 체중을 줄이는 데 도움이 되지 않는다."

웨이트 트레이닝은 신진대사를 활발하게 한다. 즉, 더 많은 칼로리를 연소하도록 돕는다. 웨이트 트레이닝이 여러 체중감소 프로그램의 중요한 부분을 차지하고 있음을 알게 될 것이다. 다이어트만으로 살을 빼려는 사람들은 사실 지방뿐 아니라 근육도 잃고 있는 셈이다. 웨이트 트레이닝은 근육을 강화하는 동시에 체중이 줄도록 돕는다.

"웨이트 트레이닝을 하기 전에 가장 좋은 준비운동은 스트레칭이다."

스트레칭은 웨이트 트레이닝을 하기 전에 할 준비운동으로는 적합하지 않다. 적합한 준비운동은 심박 수를 서서히 높이고 혈액순환을 돕는 심혈관운동으로, 최소 5분 정도면 된다. 스트레칭은 준비운동 후나 운동을 다 마친 후에 하는 편이 적당하다.

신체의 주요 근육

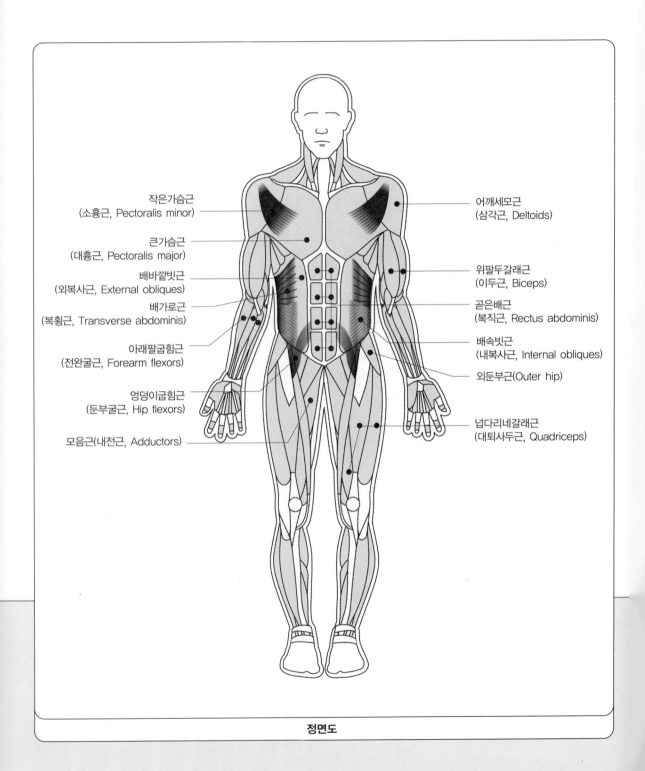

작은가슴근
(소흉근, Pectoralis minor)

큰가슴근
(대흉근, Pectoralis major)

배바깥빗근
(외복사근, External obliques)

배가로근
(복횡근, Transverse abdominis)

아래팔굽힘근
(전완굴근, Forearm flexors)

엉덩이굽힘근
(둔부굴근, Hip flexors)

모음근(내전근, Adductors)

어깨세모근
(삼각근, Deltoids)

위팔두갈래근
(이두근, Biceps)

곧은배근
(복직근, Rectus abdominis)

배속빗근
(내복사근, Internal obliques)

외둔부근(Outer hip)

넙다리네갈래근
(대퇴사두근, Quadriceps)

정면도

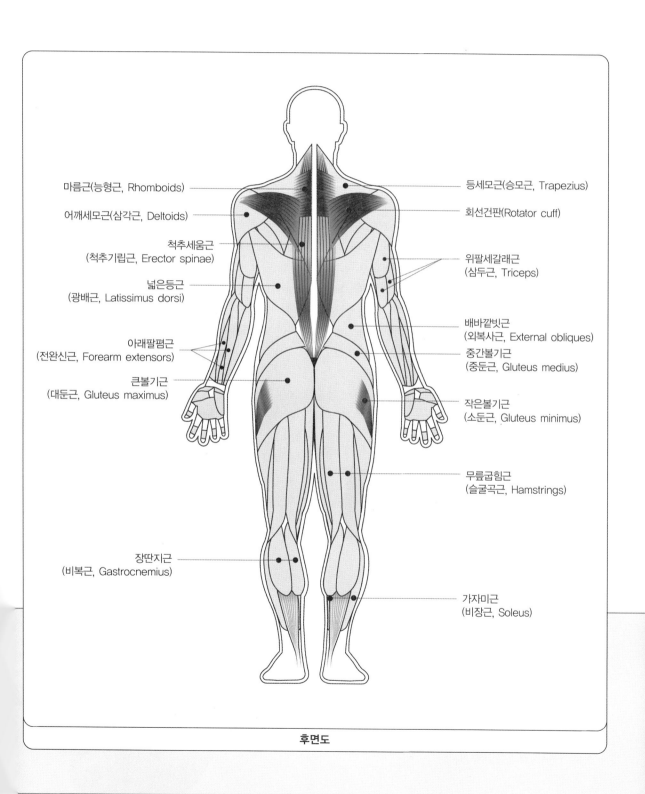

마름근(능형근, Rhomboids)

어깨세모근(삼각근, Deltoids)

척추세움근
(척추기립근, Erector spinae)

넓은등근
(광배근, Latissimus dorsi)

아래팔폄근
(전완신근, Forearm extensors)

큰볼기근
(대둔근, Gluteus maximus)

장딴지근
(비복근, Gastrocnemius)

등세모근(승모근, Trapezius)

회선건판(Rotator cuff)

위팔세갈래근
(삼두근, Triceps)

배바깥빗근
(외복사근, External obliques)

중간볼기근
(중둔근, Gluteus medius)

작은볼기근
(소둔근, Gluteus minimus)

무릎굽힘근
(슬굴곡근, Hamstrings)

가자미근
(비장근, Soleus)

후면도

19

가정이나 체육관에서 하는
웨이트 트레이닝

웨이트 트레이닝 프로그램을 시작하기로 결심했다면 그 다음 단계는 가정에서 운동할 것인지 체육관에 다닐 것인지 결정하는 것이다. 어느 쪽이 자신에게 더 맞는지 결정을 내리기 전에 다음의 사항들을 고려해보자.

가정에서 하는 웨이트 트레이닝

프라이버시 보장

남의 이목을 꺼리거나 사람들 앞에서 운동하는 것이 부끄럽다면 자신의 가정에서 웨이트 트레이닝을 혼자 하는 것이 편할지도 모른다. 직접 가정에 방문하여 웨이트 트레이닝을 가르치는 개인 트레이너들도 있다. 그러나 개인 트레이너를 고용하는 비용이 부담스럽다면 운동방법을 설명하고 동기부여에 도움을 주는 다양한 운동 비디오나 책을 이용하는 것도 한 방법이다.

비용

가정에 운동기구를 설치하는 초기비용이 꽤 상당할 수도 있지만 길게 보면 장기간 체육관 멤버십을 유지하는 비용보다 저렴할 수 있다. 그러나 개인이 소유하고 있는 운동기구는  교환이 불가능하거나 체육관만큼 자주 신상품으로 교체하지 못한다는 단점이 있다.

시간 절약

가정에서 운동을 하면 운동기구를 사용하기 위해 기다리거나 다른 사람이 운동기구를 쓸 차례를 기다리고 있어 자신의 운동을 서둘러 마무리할 필요가 없다. 자신만의 운동기구가 있다면 운동흐름이 깨지거나 쉬는 시간 없이 보다 효율적으로 운동할 수 있다.

편의성

편의성은 사람들이 가정에서의 웨이트 트레이닝을 선택하는 가장 중요한 이유이다. 스케줄을 예측할 수 없다면, 체육관 시간에 맞춰 운동하는 것이 어려울 수 있다. 가정에서 운동하면 24시간 아무 때나 가능하며, 체육관이 멀다면 오고가는 시간도 절약해준다.

개인적인 환경

자신만의 운동공간을 꾸며 보다 흥미롭고 재미있게 운동할 수 있다. 밝은 색으로 벽을 칠하거나 벽에 동기를 유발하는 포스터를 걸어둘 수도 있다. 창밖이나 텔레비전을 보며 운동할 수 있도록 자신이 원하는 곳에 운동기구를 설치할 수 있으며, 이어폰을 끼지 않고 음악을 들을 수 있다는 장점도 있다.

체육관에서 하는 웨이트 트레이닝

안전성

자신을 도와주기 위해 옆에 대기하고 있는 트레이너가 없다면 무거운 웨이트 운동이 위험할 수도 있다. 하지만 체육관에는 운동을 돕고 잘못된 점을 지적해 고쳐줄 누군가가 항상 옆에 있다.

동기유발

집안 일이 바쁘다면, 정신없이 가정생활에 매달리거나 관심을 기울여야 하는 상황 속에서 규칙적으로 운동할 시간을 내기가 어려울지도 모른다. 체육관에 가서 운동한다면 이러한 불편을 없앨 수 있다. 게다가 모두가 운동을 하는 환경이 동기유발에 도움이 될 수 있다.

새로운 사람들과의 만남의 장

체육관은 새로운 사람들을 만나고 교제할 수 있는 최상의 장소이다. 사회생활에 활력소가 필요하다면 체육관은 운동도 하면서 친구를 사귈 수 있는 기회를 제공할 것이다.

운동기구의 선택폭과 부대시설

체육관에는 보통 가정에서 감당하거나 수용할 수 있는 운동기구보다 선택의 폭이 넓은 다양한 운동기구가 구비되어 있다. 한 가지 운동을 계속하기가 지루하다면, 운동에 변화를 주는 것도 운동을 계속할 수 있는 흥미와 동기를 부여하는 방법이다. 그리고 보통 체육관은 수영장, 사우나, 한증탕과 같은 부대시설을 갖추고 있다.

조언

기초 웨이트 트레이닝을 돕는 소개 프로그램을 제공하는 체육관도 있다. 이를 통해 빠른 시간 내에 운동기구에 익숙해질 수 있으며, 언제든 체육관 직원에게 운동기구의 사용법이나 조절하는 방법 등에 대해 조언을 들을 수 있다.

생활공간의 효율성

웨이트 트레이닝 기구는 부피가 크기 때문에 공간을 많이 차지한다. 가정에 운동기구를 안전하게 설치하고 보관할 수 있는 공간이 충분하지 않다면 체육관에서 운동하는 것이 최선의 선택일지도 모른다.

홈짐 home gym 설치

웨이트 트레이닝을 가정에서 하기로 결정했다면 운동기구를 설치하기 전에 고려해볼 사항이 몇 가지 있다.
운동기구를 설치할 구역을 선정할 때는 동선의 흐름과 안전성, 구비하고자 하는 운동기구, 그리고 차후에 운동공간을 넓힐 것인지 고려해야 한다. 또 이용가능한 공간의 면적을 알아야 어떻게 공간을 채울지 결정할 수 있다.

홈짐은 웨이트 트레이닝은 물론 에어로빅과 유연성운동에도 적합한 기구를 포함해야 한다. 구입한 기구가 자신의 관심과 현재의 운동수준에 적합한지 뿐만 아니라 운동수준이 높아졌을 때 조절할 수 있는지도 미리 확인하도록 한다.

덤벨(dumbbell)

덤벨은 바벨보다 쓸모가 많기 때문에 홈짐에 더 실용적인 아이템이다. 최대의 효과를 내려면 덤벨을 한 쌍만 구입하여 모든 운동에 이용하는 것보다는 무게가 다양한 다섯 쌍 정도의 덤벨을 구비하여 시작하자.

덤벨 랙(dumbbell rack)

덤벨을 보관할 수 있는 선반이 있으면 공간을 아끼고 깔끔하게 유지할 수 있으며, 운동할 때도 덤벨을 쉽게 찾을 수 있다. 공간이 작다면 수평 랙보다 공간을 덜 차지하는 수직 랙을 고려해보라.

중량조절용 덤벨(adjustable dumbbell)

두 개의 짧은 바와 바에 고정시킬 수 있는 몇 가지 웨이트 플레이트(weight plate)로 구성된 중량조절용 덤벨이 있다. 중량조절용 덤벨은 공간과 돈을 아낄 수 있는 반면, 항상 웨이트 플레이트를 끼웠다 빼야 해서 번거로운데다 시간을 낭비하게 할 수도 있다. 쉽게 중량을 추가하거나 뺄 수 있는 파워블록(PowerBlock)과 같은 중량조절용 덤벨을 구입할 수도 있다. 들어올릴 중량을 선택하여 그 중량에 맞는 구멍에 핀을 끼우고 블록에서 덤벨을 분리하면 자신이 선택한 중량만큼의 덤벨로 운동할 수 있다.

바벨(barbell)

표준 바

올림픽용 바

올림픽용 바
(짧은 버전)

홈짐에 바벨을 추가하면 보다 무거운 중량으로 운동할 수 있으며, 자신의 운동에도 변화를 줄 수 있다. 바벨원판이 고정되어 있는 바벨을 구입할 수도 있지만, 바벨원판을 추가할 수 있는 바벨이 보다 실용적이다. 표준 바나 올림픽용 바처럼 바의 유형에는 몇 가지가 있다. 표준 바는 길이 5~7피트(1.5~2.1m), 무게 약 20파운드(9kg)로 가정에서 사용하기에는 표준 바가 이상적이다. 길이 약 7피트(2.1m), 무게 약 45파운드(20.4kg)의 올림픽용 바는 보통 다리, 등, 가슴과 같은 큰 근육을 운동할 때 사용된다. 또 길이 5~6피트(1.5~1.8m), 무게 약 35파운드(15.8kg)의 짧은 올림픽용 바도 있다. 짧은 올림픽용 바는 보통 어깨, 위팔두갈래근, 위팔세갈래근과 같은 작은 근육을 운동할 때 사용된다. 어떤 바를 사용할 것인지는 자신이 들어올리고자 하는 중량에 달려 있다.

바벨원판은 2.5~45파운드(1.1~20.4kg)까지 이용할 수 있으며, 웨이트 트리(weight tree)를 별도로 구입해 보관해도 좋다. 또 바벨원판이 미끄러지지 않도록 바의 끝부분에 장치할 수 있는 걸쇠도 구비해야 한다.

거울

웨이트 트레이닝 공간에 거울을 두면 자신의 운동 자세를 볼 수 있다. 운동 자세는 특히 프리 웨이트(free weight)를 들어올릴 때 중요하다. 몸 전체를 볼 수 있도록 충분히 큰 전신거울을 사용하는 편이 좋다. 거울을 바닥에 세워 두었다면 덤벨이나 바벨이 거울 쪽으로 굴러가지 않도록 주의하자.

벤치(bench)

다양한 인클라인(incline) 각도로 수평부터 수직까지 조절할 수 있는 견고한 벤치를 선택한다. 디클라인(decline)은 자주 사용하지 않기 때문에 디클라인으로 조절할 수 있는지는 인클라인만큼 중요하지 않다. 구입하기 전에 벤치를 세심하게 살펴봐야 하는데, 앉거나 누워보고, 각도를 조절해보는 등 할 수 있는 한 여러 가지 방법으로 테스트해 본다. 그래야 제대로 작동하고 이용하기 쉬운지 확실히 알 수 있다.

튜빙밴드(exercise tubing)

튜빙밴드는 전형적인 근력 운동에 변화를 줄 때 이용할 수 있으며 저렴하고 가벼워서 휴대가능한 도구이다. 특히 운동기구를 보관할 수 있는 공간이 충분하지 않을 때 매우 유용하다. 웨이트 운동과 똑같은 효과를 얻지는 못해도, 튜빙밴드는 근육을 강화하고 뚜렷하게 하는 데 제격이다. 튜빙밴드에 대해 더 많은 정보를 알고 싶다면 210페이지를 보라.

운동용 볼(exercise ball)

운동용 볼은 근력 운동과 스트레칭을 포함하여 다양한 운동에 이용하는 운동도구로, 공기를 불어넣어 부풀리는 큰 비닐 볼이다. 여러 운동의 강도를 높이고 다양성을 주기 위해 벤치 대신 운동용 볼을 이용할 수 있다. 운동용 볼로 운동하면 등 하부와 복부 근육 등 중심부 근육을 강화하여 안정성과 균형성을 키우는 데 도움이 된다. 운동용 볼에 대해 더 많은 정보를 알고 싶다면 180페이지를 보라.

심혈관 운동기구

어떤 유형의 심혈관 운동기구를 구입할지는 크게 공간과 돈에 달려 있다. 가정에서 사용하기 위해 보통 체육관에서 사용하는 심혈관 운동기구를 구입할 수도 있다. 가정에서 이용하기에 좋은 심혈관 운동기구 중에는 트레드밀(treadmill), 사이클(stationary bike), 일립티컬 크로스트레이너(elliptical crosstrainer, 타원형 궤적을 따라 페달을 돌리는 전신운동기구-역자)와 로잉머신(rowing machine, 조정경기의 노 젓기를 응용해서 실내에서 등 근육을 단련할 수 있도록 제작된 기구-역자) 기능을 포함하고 있는 것도 있다. 기구를 둘 공간이 없다면 줄넘기나 걷기, 달리기로 심혈관운동을 할 수도 있다.

운동용 매트

운동용 매트는 윗몸일으키기나 스트레칭처럼 바닥에서 하는 운동을 보다 편안하게 할 수 있도록 몸과 바닥 사이에서 완충제 역할을 한다. 수건이나 담요와 달리 매트는 주름이 지지 않으며 매트의 두께도 다양하다. 대부분의 매트는 접어서 한쪽에 보관할 수 있다. 매트는 무릎을 구부리고 운동하는 동안 무릎을 보호하기에 충분히 두껍고, 머리에서 꼬리뼈까지 자신의 신체에 맞는 충분히 긴 것을 고르도록 한다.

기구용 매트

기구용 매트는 운동기구를 고정시키고, 카펫이나 바닥이 기구의 무게로 인해 상하지 않도록 대개 운동기구 밑에 깔아둔다. 특히 트레드밀과 같은 심혈관 운동기구에 유용하다. 매트를 깔아두면 운동기구를 마모시킬 수 있는 시끄러운 진동을 줄이고, 바닥이나 카펫의 먼지나 섬유가 운동기구의 기계장치에 들어가는 것을 방지할 수 있다. 프리 웨이트 운동을 하는 곳에도 매트를 깔아두면 덤벨을 떨어뜨리는 사고가 나도 바닥을 보호할 수 있다.

다기능 웨이트 트레이닝 기구(multigym)

대부분의 가정에는 다양한 웨이트 머신을 수용할 수 있는 충분한 공간이 없기 때문에 하나의 기구에 여러 가지 운동 기능을 겸비한 다기능 웨이트 트레이닝 기구가 실용적인 해결책일 수 있다. 다기능 웨이트 트레이닝 기구가 전반적인 근력 운동에 유용할 수 있지만, 헬스클럽의 기구만큼 작동이 부드럽지 않을 수도 있다. 두 사람이 동시에 운동할 수 있도록 두 개의 웨이트 스택(weight stack)을 갖춘 다기능 웨이트 트레이닝 기구도 있다. 다기능 웨이트 트레이닝 기구를 선택할 때는 공간에 효율적인지, 안전 기능이 뛰어난지를 고려해야 한다. 구조와 앉는 부분이 튼튼하고, 패드가 두껍고 내구력이 강한지 확인한다. 웨이트 스택과 같은 부분이 부드럽게 작동하고, 손쉽게 자신에 몸에 맞춰 조절할 수 있는지, 그리고 편하고 쉽게 사용할 수 있는지 꼼꼼하게 체크하자.

웨이트 트레이닝 기구

처음에는 물론 체육관에 있는 웨이트 트레이닝 기구가 복잡하고 어려워 보일 것이다. 그러나 일단 기구들을 이용해 보면 사용하기 쉽다는 것을 곧 알게 된다. 그럼 체육관에서 이용할 수 있는 기본적인 웨이트 트레이닝 기구에 대해 알아보자.

바벨

표준 바
올림픽용 바
올림픽용 바(짧은 버전)
이지-컬(EZ-Curl) 바

바벨은 디자인이 다양하며 주로 바벨원판을 추가할 수 있는 바로 이루어져 있다. 일반적으로 체육관에는 바벨의 네 가지 주요 유형인 표준 바, 올림픽용 바, 이지-컬 바와 고정 바벨이 구비되어 있다.

표준 바

표준 바는 길이 5~7피트(1.5~2.1m), 무게 약 20파운드(9kg)로 어깨, 위팔두갈래근, 위팔세갈래근 같은 작은 근육을 운동할 때 이용된다.

올림픽용 바

길이 약 7피트(2.1m), 무게 약 45파운드(20.4kg)의 올림픽용 바는 보통 다리, 등, 가슴처럼 큰 근육을 운동할 때 이용된다. 또한 길이 5~6피트(1.5~1.8m), 무게 약 35파운드(15.8kg)의 짧은 버전도 이용할 수 있다.

이지-컬 바

길이 약 4피트(1.2m)의 W자형 바로 위팔두갈래근과 위팔세갈래근 같은 작은 근육을 운동할 때 이용된다.

고정 바벨

바벨원판을 끼웠다 빼야하는 번거로움이 없도록 바의 끝부분에 바벨원판이 영구적으로 고정되어 있다. 고정 바벨의 무게는 20파운드(9kg)에서 150파운드(68kg)까지 다양하다.

바벨원판

바벨원판은 보통 바벨 옆, 웨이트 트리(weight tree)라고 하는 수직 랙에 걸어 보관한다. 원판의 무게는 2.5, 5, 10, 25, 35, 45파운드(1.1, 2.2, 4.5, 11.3, 15.8, 20.4kg)가 있으며, 각각의 원판마다 바에 끼울 수 있도록 중앙에 구멍이 있다. 또 원판을 들거나 옮길 때 쓸 수 있도록 구멍이 추가로 더 있는 원판도 있다.

걸쇠

바에 바벨원판을 단단히 고정시키려면 걸쇠를 사용해야 한다. 걸쇠는 바벨원판이 덜걱거리거나 떨어지지 않도록 바에 설치할 수 있는 나사나 클립 같은 장치이다.

덤벨

덤벨의 모양과 크기, 무게, 그리고 재질은 다양하다. 크롬이나 스틸, 또는 떨어뜨렸을 때 바닥에 주는 충격을 완화하기 위해 고무를 입혀 만든 것도 있다. 디자인에 따라 그립감이 더 좋은 덤벨도 있다. 체육관에 거울이 설치된

구역에서 가벼운 것부터 무거운 순으로 정렬되어 있는 덤벨을 흔히 볼 수 있다. 덤벨의 손잡이부분 무게가 덤벨 전체 무게에 포함되지 않을 수도 있기 때문에 덤벨에 표시된 무게가 정확하지 않을 수도 있다는 점을 명심하자.

벤치

벤치는 여러 가지 웨이트 트레이닝 운동에 유용하게 쓰인다. 벤치의 디자인은 다양하며, 어떤 벤치는 다양한 운동에 적합하도록 수평, 수직, 인클라인이나 디클라인 등 위치를 조절할 수 있다.

수평 : 수평 벤치는 길이, 높이, 폭이 다양하다.

수직 : 수직 벤치는 앉아서 운동하는 동안 등 하부 근육을 보호할 수 있도록 등받이 역할을 한다.

인클라인 : 인클라인 벤치는 수평이나 수직, 또는 다양한 인클라인 각도로 위치를 조절할 수 있다. 운동에 따라 벤치의 각도를 조절하면 강화되는 근육이 달라진다. 수평으로 위치시킬 수 없거나 위치가 고정된 인클라인 벤치도 있다.

디클라인 : 디클라인 벤치는 머리를 발보다 낮게 위치하여 누울 수 있도록 아래쪽으로 경사져 있으며, 가슴 하부를 강화하는 운동에 유용하다.

웨이트 스택 머신(weight stack machine)

웨이트 스택 머신은 가장 인기 있는 운동기구로 사용법이 간단하기 때문에 초보자들이 이용하기에 적합하다. 이 운동기구에는 직사각형 모양의 웨이트 플레이트 스택이 있는데, 핀이라는 금속막대를 웨이트 플레이트의 홈에 넣어 들어올릴 중량을 선택할 수 있다.

플레이트 로디드 머신(plate loaded machines)

플레이트 로디드 머신은 전통적인 웨이트 머신의 안전 기능에 프리웨이트의 유연성과 감각을 조합한 운동기구이다. 바

벨원판을 끼울 수 있는 바를 갖추고 있으며, 일정한 방법보다 다양한 방법으로 운동할 수 있도록 자유 변동 레버가 설치된 플레이트 로디드 머신도 있다. 또 플레이트 로디드 머신을 이용해 한 번에 몸의 한쪽만 운동할 수도 있는데, 이는 몸의 근육을 균등하게 강화하는 데 도움이 된다.

운동용 볼

대부분의 체육관에는 운동용 볼이라고 하는 크고 부풀릴 수 있는 비닐 볼이 구비되어 있다. 운동용 볼은 다양한 근력 운동에 이용된다. 운동용 볼을 이용한 운동은 등 하부와 복부 근육을 포함한 중심부 근육을 강화함으로써 안정성과 균형성을 향상시키는 데 도움을 준다. 운동용 볼에 대한 더 많은 정보를 알고 싶다면 180페이지를 보라.

로만 체어(roman chair)

로만 체어는 백 익스텐션(back extension)이나 사이드 크런치(side crunch) 등 등 하부와 복부 운동에 적합하지만 이 기구로 할 수 있는 운동은 제한되어 있다. 패드의 각도나 발을 지탱하는 방법에 따라 다양한 디자인으로 만들어져 있다.

프리처 컬 벤치(preacher curl bench)

이 벤치는 프리처 컬처럼 위팔두갈래근 분리에 효과적인 특정 운동에 맞게 고안되었다. 프리처 컬 벤치에는 보통 바벨을 놓을 수 있는 선반이 달려 있다.

스미스 머신(smith machine)

스미스 머신은 벤치 프레스(bench press), 오버 헤드 리프트 (overhead lift), 그리고 스쿼트(squat) 같은 바벨운동을 할 때 안정성과 효율성을 높이기 위해 고안되었다. 이 기구에는 바가 위아래 일직선상으로만 움직이도록 수직 트랙 안에 바벨이 들어가 있다. 스미스 머신을 이용하면 바른 자세를 유지하기가 쉬우므로 운동 자세를 교정하는 데 도움이 된다. 대부분의 스미스 머신에는 바벨이 특정 지점보다 아래로 내려가는 것을 막는 조절 가능한 안전 멈춤 장치가 설치되어 있다. 따라서 실수로 바를 떨어뜨리더라도 안전 멈춤 장치가 사용자의 부상을 방지하도록 바벨을 잡아준다.

파워 케이지(power cage)

트레이너 없이 무거운 바벨로 운동하고 있는가? 그렇다면 파워 케이지가 보다 쉽게 운동할 수 있도록 도와줄 것이다. 일반적으로 파워 케이지는 일련의 훅이 달린 큰 금속 틀을 갖추고 있다. 운동에 적합한 자세를 취하는 동안 바벨을 들고 있을 필요가 없도록 원하는 높이의 훅에 바벨을 둘 수 있다. 그러나 스미스 머신과는 달리 자세를 바로잡아 주는 트랙은 갖추고 있지 않다.

케이블 머신(cable machine)

케이블 머신은 케이블 도르래가 달려있는 하나 혹은 두 개의 수직 기둥으로 이루어져 있다. 케이블 머신은 다른 머신보다 폭넓은 운동법을 제공하는데, 도르래의 높이를 다양한 자세에 맞춰 머리 위나 바닥에 근접 하도록 조절할 수 있기 때문이다. 또 다양한 운동을 할 수 있도록 도르래에 여러 가지 부속품들을 고정시킬 수 있다.

짧은 수평 바

일반적으로 양팔을 사용하는 상반신 운동에 이용된다.

V자형 바

일반적으로 양팔을 사용하는 상반신 운동에 이용된다.

이지컬 바

양팔을 사용하는 상반신 운동에 이용된다.

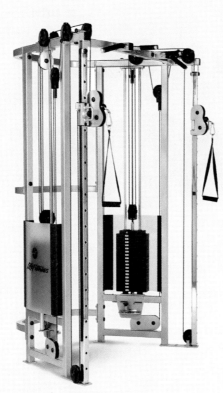

편자형 손잡이

한팔씩 따로 운동할 수 있는 한팔 운동에 유용하다.

로프(rope)

위팔두갈래근과 위팔세갈래근을 강화하는 팔운동에 제격이다.

발목 스트랩(ankle strap)

하반신 운동을 하기 위해 발목에 감는다. 스트랩을 단단히 죄기 위해 구식 모델은 버클을 사용한 반면, 새로 나온 스트랩은 대부분 벨크로(Velcro)로 되어 있다.

프리 웨이트 대
머신 웨이트

프리 웨이트와 머신 웨이트 모두 근육을 발달시키는 데 효과가 있으나 각각 장단점이 있다. 일반적으로 바벨과 덤벨을 포함한 프리 웨이트가 중·고급 사용자들에게 효과적인 반면, 머신은 초보자들이 이용하기에 좋다. 최상의 결과를 얻으려면 자신의 웨이트 트레이닝 프로그램에 프리 웨이트와 머신 웨이트 모두 조합하는 편이 좋다.

프리 웨이트

장점

기능이 많다. 프리 웨이트는 신체의 모든 근육에 효과가 탁월한 수많은 운동을 할 수 있다.

한번에 여러 가지 근육을 운동할 수 있다. 흔히 프리 웨이트는 강화하고자 목표하는 근육을 운동할 때, 몸의 안정상태를 유지하기 위해 부가적인 근육도 사용한다.

조정력과 균형감각을 향상시킨다. 프리 웨이트를 사용하면 바른 자세를 유지하는 동시에 운동하는 동안 몸이 움직이지 않도록 주의하기 때문에 조정력과 균형감각을 기르는 데 도움이 된다.

경제적이다. 프리 웨이트는 머신 웨이트보다 공간과 비용을 절약할 수 있다.

단점

부상의 위험이 크다. 트레이너 없이 무거운 중량을 들어올리거나 올바른 자세를 유지하지 못하면 부상을 입을 확률이 높아진다.

시간이 오래 걸린다. 운동 도중에 바벨원판을 자주 끼웠다 빼거나 덤벨을 찾을 경우 운동시간이 길어진다.

집중력과 주의력을 요한다. 프리 웨이트는 스스로 웨이트를 컨트롤해야 하기 때문에 머신을 이용한 운동보다 더 많은 집중력과 주의력이 요구된다.

다루기가 어렵다. 바벨과 무거운 덤벨은 특히 초보자들이 다루기에는 어려울 수 있다.

덤벨 대 바벨

바벨은 양손을 동시에 쓰기 때문에 덤벨보다 무거운 중량을 들어올릴 수 있는 반면, 덤벨은 한 손으로 들어올리기 때문에 근육의 불균형을 교정하는 데 도움을 준다. 또한 덤벨을 이용하면 바벨보다 더 다양한 운동을 할 수 있다.

머신 웨이트

장점

안전하다. 일반적으로 머신 웨이트가 프리 웨이트보다 안전하다. 실제 웨이트를 잡고 있는 것이 아니기 때문에 웨이트를 떨어뜨릴 경우 다칠 수 있는 부상의 우려가 없다. 그리고 트레이너가 없더라도 무거운 중량으로 운동할 수 있다.

사용이 쉽다. 대부분의 머신은 들어올리고자 하는 무게를 선택하려면 웨이트 스택에 핀을 꽂기만 하면 된다.

뚜렷한 근육을 만들 수 있다. 머신 웨이트를 이용하면 다른 근육은 많이 쓰지 않고 특정 근육만 운동할 수 있다.

자세 유지가 쉽다. 머신 웨이트는 바른 자세를 유지하기가 보다 수월하기 때문에 자신의 자세를 교정하고 컨트롤하는 데 도움을 준다.

시간을 절약할 수 있다. 운동 도중에 덤벨을 찾거나 바벨원판을 옮겨야 할 필요가 없기 때문에 비교적 짧은 시간 안에 운동을 끝낼 수 있다.

단점

모두에게 적합한 운동은 아니다. 사용자가 평균보다 훨씬 크거나 작다면 머신을 이용할 때 올바른 자세를 취하기가 어렵다. 대부분의 머신은 5′5″(약 165cm)보다 작은 사람에게는 적합하지 않다.

근육의 불균형을 조장한다. 머신을 이용한 운동은 대개 동시에 양쪽 근육이 사용되어야 한다. 만약 근육이 불균형적으로 발달했다면 더 강한 쪽이 더 많은 무게를 들어올릴 수 있는데, 그러다보니 때로는 약한 부위는 더 약해지고 강한 부위는 더 강해지는 결과가 나타난다.

선택의 폭이 좁다. 머신을 이용하면 그 머신에서 할 수 있는 한 가지 유형의 운동만 할 수 있도록 특정 동작으로 제한된다.

비경제적이다. 머신을 장만하려면 비용이 많이 들고, 부피가 커 공간을 많이 차지한다. 경제적 여유가 없거나 공간이 충분하지 않다면 가정에서 사용하기에는 비실용적이다.

체육관
선택

체육관에서 운동하기로 결심했는가? 그렇다면 등록하기 전에 몇 가지 사항을 고려해야 한다.

주변에 있는 체육관에 대해 잘 알지 못한다면 직접 주변을 돌아보거나 친구에게 묻거나, 또는 그 지역의 업종별 전화번호부를 확인하자. 관심이 가는 체육관을 찾았다면 회원으로 등록하기 전에 체육관을 시험적으로 이용해볼 수 있는 일일사용권이나 무료회원권을 구해보라.

체육관이 얼마나 붐비는지 정확히 알려면 자신이 규칙적으로 운동하려는 시간대에 그곳을 방문해보면 된다.

체육관이 낯설고 겁이 나더라도 일단 그 환경에 익숙해지면 처음에 느꼈던 불안감은 곧 사라질 것이다.

비용

체육관에 등록하는 비용이 만만치 않을 수도 있다. 따라서 등록 시 포함되는 사항이나 회비를 절약할 수 있는 방법 등을 꼼꼼하게 따져봐야 한다. 예를 들어, 회비에 수건 이용서비스 같은 자신이 원하는 항목이 포함되어 있지 않다면 무료로 그 항목을 추가할 수 있는지 물어본다. 종종 친구와 함께 등록하거나 크리스마스 이후나 여름처럼 특정 시기에 등록할 경우 체육관에서 할인해주기도 한다. 아울러 개별 시설만 이용하거나 한산한 시간대에 이용할 경우에도 할인을 받을 수 있다. 또 장기적으로 보면 월이용권이 연이용권보다 더 많은 비용이 드는 것처럼 자신이 선택한 회원권의 종류에 따라 비용이 달라질 수도 있다. 일부 체육관에서는 입회비를 부과하기도 한다는 점을 명심하자.

운영시간

체육관의 운영시간이 자신의 스케줄과 맞아야 한다. 예를 들어, 주말 오후 8시에 운동하고 싶다면 그 시간에 체육관을 이용할 수 있는지 확인해야 한다.

접근성

가정이나 직장과 가까운 체육관을 선택해야 한다. 체육관까지의 접근이 쉽고, 주차공간이 충분하다는 등 기본적인 편의성을 제공한다면 운동프로그램을 지속할 수 있는 확률도 높아진다.

계약

계약서에 서명하기 전에 서류를 꼼꼼하게 읽어보고 옳은 결정을 했는지 한 번 더 숙고해본다. 체육관의 평판과 운영기간을 고려해보고 계약의 융통성이 있는지도 알아봐야 한다. 어떤 체육관은 장기 여행처럼 오랜 기간 체육관을 이용할 수 없을 경우, 그 기간만큼 이용기간을 연장해주기도 한다. 1~2개월 전에 관련 서류를 제출해야만 계약을 취소해주는 체육관도 더러 있다. 거주지에 따라 등록 후 며칠 이내에는 불이익을 당하지 않고 멤버십을 취소할 수 있는 합법적 권리가 주어진다.

청결

운동 공간, 화장실, 탈의실, 사우나, 한증탕 등 모든 시설이 깨끗하고 사용에 문제가 없는지 확인해야 한다. 또 샤워기의 수압이 적당한지, 화장실에 휴지는 충분히 구비되어 있는지도 확실히 알아본다.

분위기

편안하고 자유로운 분위기 또한 체육관을 선택하는 데 중요한 요소다. 첫 방문시의 분위기에 주목해보라. 체육관에서 틀어주는 음악이나 다른 회원들의 태도에 따라 운동할 때 열의나 즐거움이 배가될 수 있다. 체육관에 들어섰을 때, 불쾌함이나 두려움을 느낀다면 자신에게 맞는 체육관이 아닐지도 모르니 꼼꼼히 체크하자.

직원

좋은 체육관은 운동방법이나 운동기구에 관한 궁금한 점에 답해줄 수 있는 직원들을 두고 있다. 직원들이 전문성을 갖추고 있고, 박식한지 뿐만 아니라 친절하고 자신에게 도움이 되는지도 알아보자.

다른 체육관과의 제휴

만약 출장이 잦다면, 타도시의 체육관과 제휴하고 있거나 체인 기관인 체육관을 선호할 것이다. 타도시의 체육관과 제휴하는 곳은 무료나 할인율을 적용하여 제휴 시설들을 이용할 수 있도록 한다. 이러한 체육관을 이용한다면 출장 중에도 운동프로그램을 지속할 수 있다.

편의시설 및 부대시설

필수시설만을 제공하는 체육관이 있는가하면 유아놀이방, 마사지, 사우나, 운동교실 등 부가적인 편의시설을 제공하는 체육관도 있다. 또 어떤 체육관은 운동하는 동안 볼 수 있도록 TV를 설치해두거나 개인이 직접 CD플레이어를 갖고 가지 않아도 자신의 CD를 들을 수 있는 오디오 장치가 설치된 심혈관 운동기구를 구비해두기도 한다. 체육관에서는 사물함을 대여할 수 있으므로 샴푸, 탈취제, CD 같은 개인용품을 체육관에 두고 다닐 수 있다.

운동기구

체육관 방문 시 이용 가능한 운동기구의 종류와 품질, 선택폭 등을 살펴보고, 누구에게나 기구를 사용할 기회가 공평하게 주어지는지 알 수 있도록 트레드밀과 같은 특정 기구를 사용할 때 시간제한이 있는지 알아본다. 자신이 평소에 사용하는 운동기구가 체육관에 있는지 확인하는 것도 중요하다. 모든 머신이 부드럽게 작동하는지, 바벨원판은 녹슬지 않았는지, 그리고 기구의 커버상태는 양호한지 등 운동기구의 전반적인 상태를 체크한다.

개인 트레이너 선택

개인 트레이너는 웨이트 트레이닝 프로그램을 꾸준히 할 수 있도록 자극을 주고 운동방법을 가르쳐준다. 개인 트레이너에 대한 표준 자격요건이 없으므로 트레이너를 고용하기 전에 충분히 숙고해보는 것이 중요하다.

마음에 드는 개인 트레이너를 찾았다면 장기 프로그램을 시작하기 전에 트레이너에 대해 더 많은 정보를 알 수 있도록 시범수업을 받아보는 것이 좋다.

트레이너의 외모만으로는 판단하지 말자. 외모는 트레이너가 얼마나 잘 가르치고, 의욕을 충분히 불어넣어 주는지 판단할 수 있는 올바른 척도가 아니다.

트레이너는 운동을 가르치고 의욕을 불어넣어 주는 것은 물론 좋은 건강상태를 유지하기 위한 다섯 가지 요소인 근력 운동, 체중관리, 심혈관 운동, 기초영양, 유연성 운동을 포함한 맞춤 프로그램을 제공해야 한다.

개인 트레이너 찾기

체육관에 다닌다면 개인 트레이너와 함께 무료 소개수업을 받을 수 있지만 가정에서 운동한다면 친구에게 물어보거나 가까운 휘트니스클럽을 확인하거나, 또는 아래 열거된 전문협회에 문의하여 개인 트레이너를 찾을 수 있다.

자격

개인 트레이너의 자격이 유효한지, 또 잘 알려진 전문협회에서 부여한 것인지 확인해야 한다. 그리고 트레이너는 자격을 유지하기 위해 매년 자신의 기술을 향상시켜야 할 필요가 있다.

평가인증 전문협회

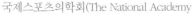

미국에어로빅&휘트니스협회(Aerobics and Fitness Association of America; AFAA)

국제스포츠의학회(The National Academy of Sports Medicine; NASM)

미국운동협회(American Council on Exercise; ACE)

미국대학스포츠의학회(American College Of Sports Medicine; ACSM)

국제체력단련협회(National Strength and Conditioning Association; NSCA)

비용과 유효성

개인 트레이너를 고용하는 비용이 부담스럽다면 발품을 팔아보자. 일반적으로 경험이 많은 트레이너일수록 갓 자격을 갖춘 트레이너보다 많은 비용이 든다는 점을 알아두자. 대개 트레이너는 수업당 비용을 청구한다. 그러나 일괄지급하거나 친구와 함께 등록할 경우, 비용을 줄일 수 있는지 물어볼 수 있다. 차후에 문제가 발생하지 않도록 비용, 해약, 청구방법 등 모든 사항이 명확하게 문서화되어 있는지 확인한다. 또 트레이너가 자신이 원하는 시간에 맞춰줄 수 있는지도 확인해야 한다.

심폐소생술과 응급처지 자격

드물지만 트레이너와 함께 운동하는 중에도 사고가 일어날 수 있다. 그러므로 트레이너가 심폐소생술(CPR : cardiopulmonary resuscitation)과 응급처치 자격을 갖췄는지는 물론 응급상황이 발생했을 때 대처능력이 어떤지를 확인해야 한다.

평판

트레이너에 대해 알 수 있는 가장 좋은 방법은 그 트레이너의 고객과 이야기해보는 것이다. 트레이너의 장단점에 대해 물어보면서 트레이너가 믿을만하고, 박식한지, 그리고 전문성을 갖췄는지 판단할 수 있다.

첫 미팅

대부분의 트레이너는 고객과 친해지기 위해 첫 미팅을 계획한다. 그 자리에서 트레이너는 고객의 운동과 건강상태, 현재의 운동수준과 목표 등을 검토해야 한다. 트레이너가 자신의 운동수준을 더 자세히 알 수 있도록 몇 가지 운동 테스트를 할 수도 있으며, 이를 통해 트레이너가 자신에게 꼭 맞는 프로그램을 계획할 수 있다.

경력

트레이너의 경력과 또 트레이너의 경력이 자신의 욕구에 상응하는지 숙고해야 한다. 부상당한 적이 있거나 특별한 욕구가 있을 경우, 자신에게 가장 적합한 경력과 트레이닝 방법을 갖춘 트레이너를 선택해야 한다.

책임보험

트레이너가 책임보험에 가입되어 있는지 확인해야 한다. 책임보험은 트레이너와 함께 운동하는 중에 부상당했을 경우, 트레이너를 대신해 법적인 조치를 취한다.

진도

트레이닝 프로그램을 시작하기 전에 트레이너는 고객의 장단기 목표를 결정하고 진도를 유지할 수 있는 방법을 수립할 수 있도록 도움을 주어야 한다.

적신호(주의할 점)

트레이너 선택이 잘못되었다는 것을 알려주는 몇 가지 적신호가 있다. 신원증명서 제출을 꺼려하고 자격요건이 불충분하거나 책임보험에 가입하지 않은 트레이너는 수상하다. 트레이너가 최신 운동 분야에 대해 알지 못하거나 자신의 트레이닝 방법만 고집한다면 조심하자. 비현실적인 프로그램을 계획하고, 능력이상의 운동을 강요하거나, 식이보충제를 판매하려는 트레이너는 멀리해야 한다.

개성

트레이너의 개성이 운동할 때의 의욕이나 즐거움에 영향을 미칠 수 있다. 대화가 편하고 자신의 목표에 관심을 보이는 트레이너를 선택해야 한다. 그리고 적극적으로 의욕을 갖게 하는 트레이너를 선택해야 한다. 트레이너는 불편하다거나 무능하다는 인상을 주어선 안 된다. 또 여자 트레이너와 남자 트레이너 중 누가 더 편한지도 고려하는 것이 좋다.

운동복과
부대용품

적절한 운동복과 부대용품을 착용해야 편안하고 안전하게 운동할 수 있다.

신발

운동할 때는 항상 편안한 신발을 신어야 한다. 안정감과 균형감을 더욱 높이고 싶다면 고무창을 댄 신발을 신자. 안전상의 이유  에서 대부분의 체육관은 웨이트 운동 중에는 샌들이나 로퍼를 신지 못하게 한다. 만약 샌들을 신고 운동하다 실수로 웨이트를 발에 떨어뜨린다면 발가락을 다칠 수 있다.

웨이트 트레이닝 벨트

웨이트 트레이닝 벨트는 두꺼운 가죽이나 합성물질로 만들며, 폭은 약 6인치이다. 일반적으로 무거운 중량을 들어올릴 때, 허리를 보호할 수 있도록 둔부 바로 위 허리에 벨트를 두른다. 등을 받쳐주기 위해 웨이트 트레이닝 벨트를 꼭 착용해야 한다는 것은 잘못된 개념이다. 사실상, 웨이트 트레이닝 벨트를 사용하는 것이 꼭 좋은 것은 아니다. 오히려 등과 복부 근육을 강화하는 데 방해가 되기 때문이다. 등과 복부 근육은 등으로 받쳐주어야 하는 운동을 할 때 강화된다. 웨이트 트레이닝 벨트는 무거운 중량을 들어올릴 때 사용자에게 실속 없는 안정감만 줄 뿐이다.

웨이트 트레이닝 장갑

동작을 제한하지 않으면서 손에 꼭 맞는 웨이트 트레이닝 장갑을 낄 수 있다. 웨이트 트레이닝 장갑은 보통 손바닥 부분에는 패드를 대고, 통풍을 위해 손가락 부분은 뚫려 있다. 장갑을 끼면 보다 안전하게 기구를 잡을 수 있고, 바벨이나 덤벨, 그리고 머신의 손잡이를 잡을 때 미끄러지지 않도록 손을 보호할 수 있다. 또 웨이트 운동을 할 때 손에 물집이나 굳은살이 생기는 것을 방지해준다.

초크(chalk)

손에 땀이 차지 않고, 그립감을 좋게 하기 위해 초크를 사용한다. 특히 매우 무거운 중량을 들어올릴 때 유용하게 쓰인다.

보호대

보호대는 보통 압박감을 주는 재료로 만들며 벨크로(Velcro)로 손목, 무릎, 팔꿈치를 단단히 조여 준다. 사람들은 여분의 힘을 받기 위해 보호대를 착용하려 한다. 그러나 웨이트 트레이닝 벨트처럼 보호대도 착용하지 않는 편이 더 좋다. 특히 부상이나 관절통이 있다면 더욱 착용해서는 안 된다. 보호대를 착용하는 것도 실속 없는 안정감만을 줄 뿐이다. 어느 관절이건 문제가 있다면 보호대를 착용하기보다는 운동을 쉬는 것이 더욱 안전하다.

손목 스트랩(wrist strap)

손목 스트랩은 튼튼하고 잘 늘어나지 않는 재료로 만들며, 일반적으로 랫 풀다운(lat pulldown)이나 바벨 데드리프트(barbell deadlift)를 할 때 이용된다. 스트랩을 손목에 감고 바를 쉽게 잡을 수 있도록 바에도 감아준다. 그러나 웨이트 트레이닝 벨트나 보호대와 마찬가지로 웨이트 운동을 할 때 손목 스트랩을 사용해야 할 필요는 없다. 손목 스트랩 역시 손목이 더 안정된다는 실속 없는 안정감만을 줄 뿐이다. 오히려 손목 스트랩은 손과 팔 근육의 강화를 방해한다. 손목 스트랩이 꼭 필요하다면 자신이 다룰 수 있는 것보다 더 무거운 중량으로 운동하고 있는 건 아닌지 고려해보자.

웨이트 리프팅 패드(weight lifting pad)

웨이트 리프팅 패드는 웨이트를 들어올릴 때 그립감을 좋게 하고 손에 물집이나 굳은살이 생기지 않도록 손바닥을 댈 수 있는 용품이다. 푹신푹신한 고무 재질로 만들며, 모양은 정사각형과 원형이 있다. 웨이트 리프팅 패드는 웨이트 트레이닝 장갑만큼 사용하기에 편리하진 않다.

운동복

자유롭게 움직이고 올바르게 운동하기 위해 편안한 옷을 입어야 한다. 동작을 제한하거나 잘못된 자세를 볼 수 없는 두꺼운 옷은 피하고 단정하게 입도록 한다. 신체 특정부위를 강화하는 운동의 경우, 근육의 움직임을 볼 수 있는 옷을 입으면 도움이 된다. 예를 들어, 하반신 운동의 경우에는 짧은 바지를 입고, 팔 운동 시에는 민소매 옷을 입는 편이 좋다. 다리를 벌리고 운동할 경우에는 몸에 붙거나 길이가 긴 바지를 입자.

웨이트 트레이닝
에티켓

체육관에서 운동할 때는 에티켓을 지켜야 한다. 매일 이용하는 사회적 공간이니만큼 항상 예의바르고 공손하게 행동하는 것이 중요하다. 체육관마다 특별한 규칙이 있을 수 있지만 다른 회원들로 하여금 눈살을 찌푸리게 만드는 행동을 하지 않도록 지켜야 할 몇 가지 규칙이 있다.

웨이트 기구는 사용 후 제자리에 둔다.

사람들이 체육관에서 범하는 가장 흔한 실수는 운동을 마친 후 웨이트를 다시 제자리에 갖다 놓지 않는다는 것이다. 바닥에 방치된 웨이트에 발이 걸려 넘어질 수도 있다. 부상을 막기 위해서라도 덤벨을 사용한 후에나 바벨원판을 바벨에서 뺀 후에는 반드시 제자리에 갖다 두는 습관을 들이자.

운동기구는 모두가 공유하는 것이다.

이러한 마음가짐은 체육관에서 운동할 때 매우 중요하다. 사람들이 머신을 이용하려고 기다리고 있다면 운동 도중 머신에 앉아 쉬는 행동은 자제해야 한다. 또 머신을 이용하기 위해 기다릴 때도 그 머신을 사용하고 있는 사람 곁을 서성이며 부담을 주지 않도록 한다. 체육관에 사람들이 매우 많다면 한 사람이 쉬는 동안 다른 사람이 머신을 이용할 수 있도록 다른 회원에게 자신과 교대로 사용하자고 권할 수도 있다.

심혈관 운동기구

체육관에서는 누구나 공평하게 운동할 수 있도록 트레드밀이나 사이클처럼 사람들이 많이 이용하는 심혈관 운동기구는 사용하기 전에 서명을 요구할 수도 있다. 체육관에 사람들이 많다면 비어있는 머신이라도 사용하기 전에 서명 리스트를 확인해야 한다. 또 머신을 사용할 수 있는 시간을 제한하는 체육관도 있다. 기다리는 사람이 많을 경우 20분 이상 머신을 사용하는 행동은 자제하도록 하자.

적합한 운동복을 착용한다.

운동할 때는 편안하고 통기성이 있는 옷을 입는 것이 좋다. 또 깨끗한 옷을 입고, 운동 시에는 향이 짙은 향수나 화장품 사용은 피하자. 그리고 안전을 위해 러닝슈즈 같은 적합한 신발을 신도록 하자.

운동가방을 갖고 다니지 않는다.

운동가방은 사물함에 보관하라. 자신의 운동가방을 운동 공간까지 갖고 가지 않도록 한다. 대부분의 체육관은 머신과 머신 사이의 공간이 협소하기 때문에 운동가방을 바닥에 놓으면 그렇지 않아도 협소한 바닥 공간이 더 좁아지고 다른 사람이 운동하다 다칠 수도 있다.

식수대를 독점하지 않는다.

식수대를 사용할 때는 다른 회원들도 생각해야 한다. 식수대를 이용하기 위해 사람들이 줄 서 있을 때 식수대 옆에 서서 잠시 숨을 가다듬을 필요는 없다. 또 식수대에 줄이 길 때 굳이 자신의 물병을 채우려고 식수대를 독점하지 말자. 줄 서 있는 사람 모두가 물을 마신 후에 자신의 물병을 채우는 것이 예의다.

소음은 최소한으로 줄인다.

체육관에서 운동할 때 시끄러운 소음을 내지 않도록 주의한다. 큰 소리를 내거나 음악을 크게 들으면 다른 회원의 운동에 방해가 될 수 있다. 숨소리 정도만으로 자신이 내는 소음은 최소한 줄이자. 또 체육관에서는 고함을 지르는 것도 삼가야 한다. 친구와 함께 운동할 경우에는 다른 회원들에게 방해가 되지 않도록 작은 소리로 대화하자.

탈의실 에티켓

탈의실은 깨끗하게 사용해야 한다. 다 쓴 수건은 꼭 세탁바구니에 넣고, 개인용품으로 화장대를 어지럽히거나 가방 속 물건을 의자에 펼쳐놓는 것도 예의에 어긋난 행동이다. 샤워기를 사용할 때는 특히 사람들이 기다리고 있다면 너무 오래 쓰지 않도록 한다. 샤워가 끝난 후에는 샴푸, 비누, 면도기 등 개인용품을 모두 챙겼는지 확인하는 것도 잊지 말자.

웨이트 기구를 떨어뜨리거나 아무렇게 내려놓지 않는다.

안전한 운동을 위해 운동 후에는 웨이트를 조심스럽게 내려놓아야 한다. 웨이트를 떨어뜨리거나 아무렇게나 내려놓으면 시끄러운 소음을 내고 기구에도 좋지 않을뿐더러 위험한 사고로 이어질 수 있다.

운동기구를 깨끗이 닦는다.

머신과 매트를 포함한 모든 기구를 사용한 후에는 묻어있는 땀을 깨끗이 닦는 게 예의다. 대부분의 체육관은 이러한 용도의 수건과 살균제를 제공한다. 그렇지 않은 경우에는 운동기구를 닦을 수 있는 수건을 갖고 다니도록 한다.

Section 2

상체를 강화하려면 가슴, 등, 어깨, 위팔세갈래근, 위팔두갈래근, 손목, 그리고 복부를 운동해야 한다. 상체운동은 자세를 개선하고, 상체 힘을 필요로 하는 스포츠의 능력을 향상시키는 데 도움을 준다. 또 상체를 강하고 매끈하게 만드는 미적 효과도 있다. 섹션 2에서는 상체를 발달시키기 위해 할 수 있는 운동을 소개한다.

상체운동

이번 섹션에서는 …

가슴운동
덤벨 벤치 프레스(dumbbell bench press)
바벨 벤치 프레스(barbell bench press)
덤벨 플라이(dumbbell fly)
팔굽혀펴기(push-up)
어시스티드 딥(assisted dip)
체스트 프레스 머신(chest press machine)
펙 플라이 머신(pec fly machine)
케이블 크로스오버(cable crossover)

어깨운동
덤벨 숄더 프레스(dumbbell shoulder press)
래터럴 레이즈(lateral raise)
벤트 오버 래터럴 레이즈(bent over lateral raise)
프런트 레이즈(front raise)
리버스 플라이(reverse fly)
숄더 프레스 머신(shoulder press machine)
덤벨 익스터널 로테이션(dumbbell external rotation)
덤벨 인터널 로테이션(dumbbell internal rotation)

등운동
랫 풀다운(lat pulldown)
원-암 덤벨 로우(one-arm dumbbell row)
벤트 오버 바벨 로우(bent over barbell row)
덤벨 시러그(dumbbell shrug)
어시스티드 친-업(assisted chin-up)
업라이트 로우(upright row)
로만 체어를 이용한 백 익스텐션(back extension)
시티드 케이블 로우(seated cable row)

위팔세갈래근운동
벤치 딥(bench dip)
트라이셉 킥백(tricep kickback)
트라이셉스 푸시다운(triceps pushdown)
바벨 트라이셉스 프레스(barbell triceps press)
덤벨 오버헤드 트라이셉스 익스텐션(dumbbell overhead triceps extension)
라잉 바벨 트라이셉스 익스텐션(lying barbell triceps extension)
트라이셉스 익스텐션 머신(triceps extension machine)

위팔두갈래근 및 손목운동
시티드 덤벨 컬(seated dumbbell curl)
바벨 컬(barbell curl)
컨센트레이션 컬(concentration curl)
프리처 컬(preacher curl)
해머 컬(hammer curl)
케이블 바이셉스 컬(cable biceps curl)
암 컬 머신(arm curl machine)
리스트 컬과 리버스 리스트 컬(wrist curl and reverse wrist curl)

복부운동
복부 크런치(abdominal crunch)
트위스트 크런치(twist crunch)
리버스 크런치(reverse crunch)
업도미널 머신(abdominal machine)
레그 레이즈(leg raise)
플랭크(plank)
사이드 플랭크(side plank)
브릿지(bridge)

덤벨 벤치 프레스
dumbbell bench press

덤벨 벤치 프레스는 가슴운동에 매우 효과적이며 위팔세갈래근과 어깨 전면 근육도 강화한다.

덤벨 벤치 프레스는 44페이지에 나오는 바벨 벤치 프레스(barbell bench press)와 비슷하지만 바벨 대신 덤벨을 사용하는 것이 가슴운동에 더 효과적이며 한 손에 하나씩 덤벨을 들고 운동하기 때문에 양팔의 힘을 균등하게 키울 수 있다.

운동할 때는 덤벨을 들어올리려고 등을 구부려서는 안 된다. 어떤 운동이건 올바른 자세를 유지하고 자신이 들 수 있는 만큼의 무게만 사용해야 한다. 보다 무거운 덤벨을 사용하려면 트레이너의 도움을 받는 것이 좋다.

균형성과 안정성을 높이려면 바닥에 발을 평평하게 내려놓고, 등이 구부러지지 않게 하려면 벤치에 발을 올려놓을 수도 있다. 발을 바닥에 내려놓을 수 없다면 벤치에 올려놓고 운동한다.

어깨나 팔꿈치, 손목에 문제가 있다면 조심해야 한다.

시작/종료 자세

운동 중 자세

1 한 손에 하나씩 덤벨을 든다.

2 벤치에 등을 대고 누운 뒤 발을 바닥이나 벤치에 평평하게 둔다. 등에 무리가 가지 않도록 복근에 힘을 준다.

3 팔꿈치를 굽혀 어깨보다 조금 낮게 내리고 양옆으로 덤벨을 든다. 이때 손바닥은 앞을, 팔꿈치는 바닥을 향한다. 가슴 바깥쪽 근육이 조금 당겨지는 듯한 느낌이 들어야 한다.

4 가슴 위로 천천히 덤벨을 밀어올린다. 이때 덤벨끼리 거의 닿아야 한다.

• 지탱하는 힘을 더 잘 받으려면 다리와 발을 움직이지 않은 채 둔부와 어깨를 벤치에 고정시키면 된다.

5 다시 시작 위치로 천천히 덤벨을 내린다.

Tip

어떻게 하면 가슴 상부나 가슴 하부 근육을 더 발달시킬 수 있나요?

가슴 상부 근육을 더 발달시키려면 인클라인 벤치에서 덤벨 벤치 프레스를 하면 된다. 이 운동은 어깨 전면 근육도 강화한다. 가슴 하부 근육을 더 발달시키려면 디클라인 벤치에서 덤벨 벤치 프레스를 하면 된다.

케이블 머신으로 이와 비슷한 운동을 할 수 있나요?

가능하다. 대략 어깨높이로 설정한 케이블 머신 타워에 케이블을 고정시키고 케이블에 손잡이를 연결한다. 타워를 향해 뒤돌아서서 왼발을 오른발 앞으로 내민다. 이때 발은 어깨너비만큼 벌려야 한다. 오른손으로 전완이 바닥과 평행을 이루고 손바닥이 아래를 향하도록 한 상태에서 팔꿈치가 어깨높이에 오도록 옆으로 올려 손잡이를 잡는다. 왼손은 허리에 올리고 펀치동작을 하듯 오른팔을 뻗는다. 한 세트를 완성한 뒤 왼팔로 반복한다. 케이블 머신에 대해 더 자세히 알고 싶다면 29페이지를 보라.

금지사항

운동부위

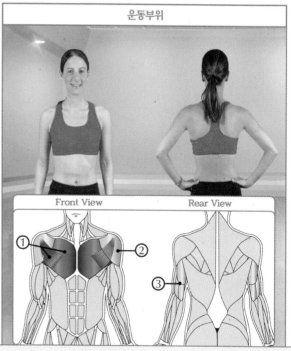

Front View   Rear View

- 덤벨을 들어올리려고 등을 구부리거나 몸을 비틀지 않는다.
- 머리를 벤치 위로 들지 않는다.
- 팔을 쭉 펼 때 팔꿈치까지 완전히 펴지 않는다.
- 머리 위에서 덤벨을 흔들지 않는다.

목표 근육

① 가슴
- 큰가슴근: 빗장뼈머리(빗장뼈 안쪽 1/2)
  복장뼈머리(복장뼈, 1~6갈비물렁뼈)
  → 위팔뼈 두갈래근고랑의 가쪽입술

- 작은가슴근: 제3~5갈비뼈 앞쪽면
  → 어깨뼈의 부리돌기

부가적 근육

② 어깨 앞쪽면
- 앞쪽어깨세모근: 빗장뼈 가쪽 1/3 → 위팔뼈의 어깨세모근 거친면
③ 위팔세갈래근: 장두(어깨뼈 관절오목 아래결절)
  외측두(위팔뼈 뒤쪽 나선도랑 위)
  내측두(위팔뼈 뒤쪽 나선도랑 아래)
  → 자뼈의 팔꿈치돌기

바벨 벤치 프레스
barbell bench press

보디빌더들은 바벨 벤치 프레스가 가슴운동에 가장 좋은 운동이라고 말한다. 가슴 부위에 근력과 근육량을 키울 수 있을 뿐만 아니라 어깨와 위팔세갈래근을 강화시키는 운동이기 때문이다. 또한 바벨 벤치 프레스는 상체 전반의 힘을 발달시키는 데도 효과적이다.

운동할 때는 올바른 자세를 유지하는 데 집중해야 한다. 복근에 힘을 주고 등은 벤치에 평평하게 밀착시킨다. 바벨을 들어올리려고 등을 구부리거나 둔부를 들어 올려선 안 되며 팔을 쭉 펼 때 바벨을 너무 높이 들어올리거나 팔꿈치까지 완전히 펴지 않는다.

발은 바닥이나 벤치에 둘 수 있으며 안정성을 높이려면 발을 바닥에 내려놓는 반면, 등에 무리가 가지 않게 하려면 발을 벤치에 올려놓는다.

어깨나 팔꿈치, 손목에 문제가 있다면 운동할 때 각별히 더 조심해야 한다.

시작/종료 자세 　　　　　운동 중 자세

1 벤치에 등을 대고 누워 발은 바닥이나 벤치에 평평하게 둔다. 등에 무리가 가지 않도록 복근에 힘을 준다.

2 어깨너비보다 조금 넓게 바를 잡는다.

3 가슴 위로 바를 들어올린다. 팔꿈치는 약간 굽힌 상태를 유지한다.

4 가슴 위 약 1인치 정도까지 바를 천천히 내린다. 이때 팔꿈치는 어깨 약간 아래 위치해야 한다.

5 잠깐 멈춘 뒤 다시 시작 위치로 천천히 바를 들어올린다. 바를 들어올리는 동안 어깨뼈를 벤치 쪽으로 밀어 준다.

Tip

어떻게 하면 가슴 상부나 가슴 하부를 더 강화할 수 있나요?

가슴 상부를 더 강화하려면 인클라인 벤치에 누워 바벨 벤치 프레스를 하면 된다. 인클라인 벤치를 사용하면 어깨 전면에도 효과적이다. 가슴 하부를 더 강화하려면 디클라인 벤치에 누워 바벨 벤치 프레스를 하면 된다.

바벨 벤치 프레스를 보다 안전하게 할 수 있는 방법이 있나요?

스미스 머신을 이용하면 된다. 스미스 머신의 특징은 특정 지점 아래까지 바벨이 내려가지 않도록 조절 가능한 멈춤 장치가 있다는 점이다. 만약 바를 컨트롤할 수 없을 경우 스미스 머신은 사용자의 부상방지를 위해 바벨을 잡아준다. 또 사용자의 자세를 교정해주고 안정감과 균형감을 준다. 스미스 머신에 대해 더 자세히 알고 싶다면 28페이지를 보라.

금지사항	운동부위

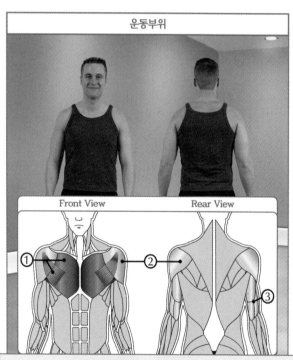
Front View   Rear View

• 바벨을 들어올리려고 등을 구부리거나 몸을 비틀면 안 된다. 지탱하는 힘을 더 잘 받으려면 등은 벤치에 고정시키고 다리와 발은 움직이지 않는다.
• 너무 높게 바를 밀어 올리지 않는다. 어깨가 벤치 위로 들리면 안 된다.
• 머리를 벤치 위로 들거나 팔꿈치를 완전히 펴지 않는다.

목표 근육
① 가슴
• 큰가슴근 : 빗장뼈머리(빗장뼈 안쪽 1/2)

복장뼈머리(복장뼈, 1~6갈비물렁뼈)
→ 위팔뼈 두갈래근고랑의 가쪽입술
• 작은가슴근 : 제3~5갈비뼈 앞쪽면 → 어깨뼈의 부리돌기

부가적 근육
② 어깨
• 어깨세모근 : 앞부분(빗장뼈 가쪽 1/3)
　　　　　　가운데부분(어깨봉우리 가쪽)
　　　　　　아래부분(어깨뼈가시)
　　　　　　→ 위팔뼈의 어깨세모근 거친면
③ 위팔세갈래근 : 장두(어깨뼈 관절오목 아래결절)
　　　　　　　외측두(위팔뼈 뒤쪽 나선도랑 위)
　　　　　　　내측두(위팔뼈 뒤쪽 나선도랑 아래)
　　　　　　　→ 자뼈의 팔꿈치돌기

덤벨 플라이
dumbbell fly

덤벨 플라이는 가슴 모양을 뚜렷하게 해주며 어깨 전면 근육도 강화한다.

이 운동을 하려면 벤치에 누워 덤벨을 가슴 위로 올린 다음 양옆으로 호를 그리듯 덤벨을 내리고 다시 시작 위치로 호를 그리듯 덤벨을 올리면 된다. 덤벨을 올릴 때 두 팔로 누군가를 안고 있다고 생각한다. 덤벨 플라이는 부드럽게 이어지는 연속동작이기 때문에 너무 무거운 덤벨을 사용하는 것은 좋지 않다. 동작이 틀리거나 너무 무거운 덤벨을 사용하면 어깨 회선건판을 다칠 수도 있다.

이 운동 역시 올바른 자세를 유지하는 것이 중요하다. 덤벨을 들어올리거나 내릴 때 팔꿈치는 굽힌 상태를 유지해야 한다. 팔을 쭉 편 상태로 운동하면 팔꿈치와 어깨 관절에 무리를 줄 수 있다. 또 어깨 아래로 팔꿈치가 내려가면 안 된다는 점도 명심하자.

시작/종료 자세

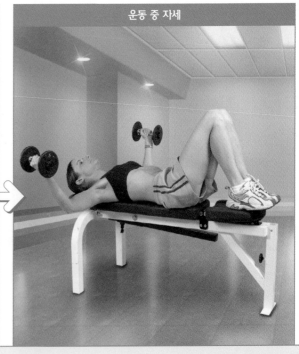

운동 중 자세

1 양손에 각각 하나씩 덤벨을 든다.

2 벤치에 등을 대고 누운 뒤 발을 바닥이나 벤치에 평평하게 둔다.

3 손바닥이 마주보도록 양팔을 쭉 뻗어 덤벨을 가슴 위 일직선으로 들어올린다. 이 때 덤벨끼리 거의 닿아야 한다. 등은 벤치에 밀착시킨다.

4 팔꿈치는 약간 굽힌 채 팔꿈치가 어깨높이에 올 때까지 양옆으로 호를 그리면서 천천히 덤벨을 내린다. 가슴 바깥쪽 근육이 조금 당겨지는 듯한 느낌이 있어야 한다.

5 잠깐 멈춘 뒤 다시 시작 위치로 천천히 덤벨을 들어 올린다.

Tip

덤벨 플라이를 할 때 어떻게 하면 가슴 상부나 가슴 하부 근육을 더 발달시킬 수 있나요?

가슴 상부 근육을 더 발달시키려면 인클라인 벤치에 누워 덤벨 플라이를 하고, 가슴 하부 근육을 더 발달시키려면 디클라인 벤치에 누워 덤벨 플라이를 하면 된다. 디클라인 벤치에서 덤벨 플라이를 할 경우 덤벨을 집어 건네주는 보조역할을 해줄 누군가가 필요하다.

케이블 머신으로 비슷한 운동을 할 수 있나요?

가능하다. 케이블 플라이(cable fly)를 하면 된다. 가장 낮게 설정한 케이블 머신 타워 양쪽에 케이블을 고정시키고 양쪽 케이블에 손잡이를 연결한다. 타워 사이에 수평 벤치를 놓는다. 한 손에 하나씩 손잡이를 잡고 등을 대고 벤치에 눕는다. 이제 위에서 설명한대로 운동하면 된다. 케이블 머신에 대해 더 자세히 알고 싶다면 29페이지를 보라.

금지사항	운동부위

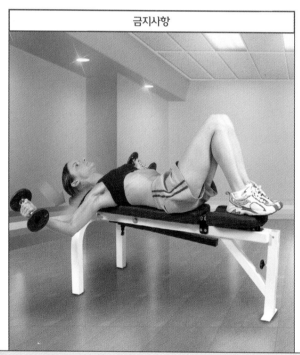

Front View

- 어깨 근육에 무리가 갈 수 있으므로 팔을 어깨보다 낮게 내리지 않는다.
- 덤벨을 올리려고 등을 구부리지 않는다.
- 손목을 굽히지 않는다. 손목은 똑바로 펴고 팔과 일직선이 되어야 한다.

목표 근육

① 가슴
- 큰가슴근 : 빗장뼈머리(빗장뼈 안쪽 1/2)
  복장뼈머리(복장뼈, 1~6갈비물렁뼈)
  → 위팔뼈 두갈래근고랑의 가쪽입술
- 작은가슴근 : 제3~5갈비뼈 앞쪽면 → 어깨뼈의 부리돌기

부가적 근육

② 어깨 앞쪽면
- 앞쪽어깨세모근 : 빗장뼈 가쪽 1/3 → 위팔뼈의 어깨세모근 거친면

팔굽혀펴기
push-up

팔굽혀펴기는 상체의 근력과 지구력을 키우는 데 탁월한 운동으로 근력 운동 프로그램에서 중요한 부분을 차지한다. 팔굽혀펴기는 가슴은 물론 어깨와 위팔세갈래근도 발달시킨다. 팔굽혀펴기를 하면 던지는 힘을 기를 수 있는데, 이는 야구나 풋볼 같은 스포츠에 도움이 된다.

이 운동의 가장 큰 특징 중 한 가지는 웨이트나 특별한 기구를 필요로 하지 않는다는 점이다. 신장만큼의 공간만 있으면 충분히 할 수 있다.

팔굽혀펴기를 할 때는 등을 지지하기 위해 복근에 힘을 주어야 한다는 것을 명심하자. 또 얼굴은 바닥을 향하고 머리는 등과 일직선이 되어야 한다. 운동할 때 머리를 위아래로 움직이면 목을 다칠 수 있다. 팔꿈치를 완전히 펴지 않되 최대한 팔을 쭉 편다.

어깨, 팔꿈치, 손목, 등 하부에 문제가 있다면 이 운동을 변형시킨 방법을 고려해보라.

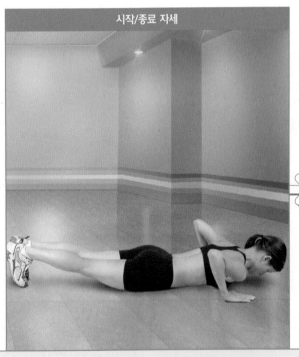

시작/종료 자세 · 운동 중 자세

1 바닥에 엎드려 다리는 모아 쭉 펴고 발끝으로만 바닥에 댄다. 등에 무리가 가지 않도록 복근에 힘을 준다.

2 팔꿈치는 굽히고 어깨 옆 바닥에 손바닥을 댄다. 손가락은 앞을 가리켜야 한다.

3 몸을 올리면서 천천히 팔을 쭉 편다. 등과 다리는 일직선 상태를 유지한다.

4 가슴이 바닥에 거의 닿을 때까지 천천히 몸을 내린다.

Tip

팔굽혀펴기를 보다 쉽게 할 수 있는 방법이 있나요?

있다. 무릎을 꿇고 하거나 벽을 짚고 하면 된다. 무릎을 꿇고 팔굽혀펴기를 할 때는 몸무게를 지탱하기 위해 무릎을 바닥에 대고 한다는 점만 다를 뿐 일반적인 팔굽혀펴기를 할 때처럼 바닥에 엎드린다. 종아리는 바닥에 밀착시키거나 약간 들고 할 수 있지만 발목은 교차시키지 않는다. 벽을 짚고 팔굽혀펴기를 할 때는 발끝에 몸무게를 싣고 벽에서 약 2피트(0.6m)정도 떨어져 선다. 어깨너비보다 약간 넓게 팔을 벌려 손바닥으로 벽을 짚는다. 팔꿈치를 굽혀 벽 쪽으로 몸을 기울인 다음 다시 몸을 뒤로 밀어준다.
일반적인 팔굽혀펴기로는 충분한 자극이 없다.

어떻게 하면 운동 강도를 높일 수 있나요?

발을 올려둔 상태로 팔굽혀펴기를 하면 된다. 손은 바닥에 두고 발을 벤치나 계단에 올려둔 상태로 일반적인 팔굽혀펴기를 할 때처럼 운동한다.

금지사항	운동부위

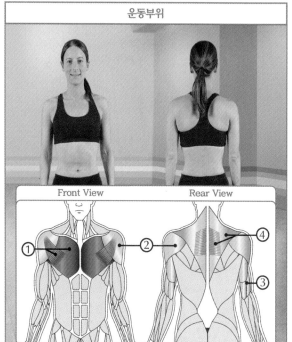

Front View   Rear View

① ② ③ ④

- 몸을 들어올릴 때 등을 구부리지 않는다.
- 팔꿈치를 완전히 펴지 않는다.
- 머리를 앞으로 숙이지 않는다. 머리와 목은 등과 일직선이 되어야 한다.

목표 근육
① 가슴
- 큰가슴근 : 빗장뼈머리(빗장뼈 안쪽 1/2)
  복장뼈머리(복장뼈, 1~6갈비물렁뼈)
  → 위팔뼈 두갈래근고랑의 가쪽입술
- 작은가슴근 : 제3~5갈비뼈 앞부분 → 어깨뼈의 부리돌기

부가적 근육
② 어깨
- 어깨세모근 : 앞부분(빗장뼈 가쪽 1/3)

가운데부분(어깨봉우리 가쪽)
아래부분(어깨뼈가시)
→ 위팔뼈의 어깨세모근 거친면
③ 위팔세갈래근 : 장두(어깨뼈 관절오목 아래결절)
  외측두(위팔뼈 뒤쪽 나선도랑 위)
  내측두(위팔뼈 뒤쪽 나선도랑 아래)
  → 자뼈의 팔꿈치돌기

④ 등 상부
- 마름근 : 작은마름근(제7목뼈와 제1등뼈의 가시돌기)
  큰마름근(제2~5등뼈의 가시돌기)
  → 작은마름근(어깨뼈가시근육)
  큰마름근(어깨뼈가시근육에서 아래각까지의 어깨뼈 척추 모서리)
- 등세모근 : 뒤통수뼈, 목덜미인대, 제7목뼈와 제1~12등뼈의 가시돌기
  → 상부(빗장뼈 가쪽, 어깨봉우리)
  중부(어깨뼈가시)
  하부(어깨뼈가시근육)

어시스티드 딥
assisted dip

어시스티드 딥은 주로 가슴과 위팔세갈래근을 발달시키지만 어깨 전면 근육도 강화할 수 있으며 상체 근력을 키우는 데 최고의 방법 중 하나이다.

어시스티드 딥 머신을 이용하면 쉽게 딥 운동을 연습할 수 있으며 자신의 체중을 들어올려야 할 필요가 없기 때문에 올바른 자세 유지에 더 집중할 수 있다. 머신에 딥 운동을 보조해주는 장치가 있지만 어깨나 팔꿈치, 손목에 문제가 있다면 조심해야 한다.

이 머신은 중량을 선택할 때 헷갈릴 수도 있다. 다른 운동을 할 때 적용하던 중량과 반대로 선택해야 하기 때문이다. 어시스티드 딥 머신은 사용자의 몸무게를 상쇄한다. 따라서 운동을 쉽게 하려면 무거운 중량을 선택하고, 운동 강도를 높이려면 가벼운 중량을 선택해야 한다. 초보자의 경우 몸무게의 60~70% 정도로 중량을 설정하는 것이 가장 효과적이다.

시작/종료 자세

운동 중 자세

1 무릎패드에 무릎을 댄다.

2 손바닥이 안쪽을 향하도록 아래쪽 바를 잡는다. 팔은 쭉 편다. 등은 곧게 펴고 등에 무리가 가지 않도록 복근에 힘을 준다.

3 위팔이 바닥과 평행을 이룰 때까지 천천히 몸을 내린다. 팔꿈치가 옆으로 벌어지면 안 된다.

4 다시 시작 위치로 몸을 들어올리면서 천천히 팔을 쭉 편다.

Tip

어시스티드 딥 머신에서 잡는 방법을 다르게 할 수 있나요?

어떤 어시스티드 딥 머신은 넓게 잡거나 좁게 잡을 수 있도록 손잡이를 조절할 수 있다. 집중하고자 하는 근육에 따라 잡는 방법을 달리하면 된다. 넓게 잡으면 가슴에 집중할 수 있고, 좁게 잡으면 위팔세갈래근에 집중할 수 있다.

상급 딥 운동을 하려면 어떻게 해야 하나요?

보조 장치 없이 딥 운동을 할 수 있는 딥 스테이션(dip station)을 이용하면 된다. 딥 스테이션은 자신의 전체 몸무게를 들어올리고 내려야 한다. 어시스티드 딥 머신과 비슷하지만 딥 스테이션은 무릎패드나 웨이트 스택이 없다. 손바닥이 안쪽을 향하도록 딥 스테이션의 손잡이를 잡고 딥 스테이션의 바 위로 몸을 들어올린다. 팔은 쭉 펴고 무릎은 굽혀 발목을 교차시킨다. 어시스티드 딥 머신을 이용할 때와 같은 팔 동작으로 몸을 내리고 들어올린다. 보조 장치 없이 딥 운동을 할 경우 등 하부에 문제가 있다면 조심해야 한다.

금지사항	운동부위

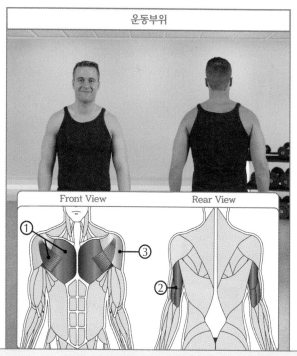

- 팔꿈치를 완전히 펴지 않는다. 팔꿈치는 항상 약간 굽힌 상태를 유지한다.
- 등을 구부리거나 어깨를 움츠리지 않는다.
- 머리를 앞으로 숙이지 않는다. 머리와 목은 몸과 일직선이 되어야 한다.
- 위팔이 바닥과 평행을 이루는 지점보다 낮게 몸을 내리지 않는다.

목표 근육

① 가슴
- 큰가슴근 : 빗장뼈머리(빗장뼈 안쪽 1/2)

　　　　　복장뼈머리(복장뼈, 1~6 갈비물렁뼈)
　　　　　→ 위팔뼈 두갈래근고랑의 가쪽입술
- 작은가슴근 : 제3~5갈비뼈 앞쪽면 → 어깨뼈의 부리돌기
② **위팔세갈래근** : 장두(어깨뼈 관절오목 아래결절)
　　　　　외측두(위팔뼈 뒤쪽 나선도랑 위)
　　　　　내측두(위팔뼈 뒤쪽 나선도랑 아래)
　　　　　→ 자뼈의 팔꿈치돌기

부가적 근육

③ 어깨 앞쪽면
- 앞쪽어깨세모근 : 빗장뼈 가쪽 1/3
　　　　　→ 위팔뼈의 어깨세모근 거친면

체스트 프레스 머신
chest press machine

체스트 프레스 머신은 가슴운동에 중점을 두고 있지만 어깨 전면과 위팔세갈래근도 발달시킨다. 이 머신으로 벤치 프레스와 비슷한 운동을 할 수 있다. 벤치 프레스에 대해 더 자세히 알고 싶다면 42~44페이지를 보라. 체스트 프레스 머신은 프리 웨이트를 들고 하는 운동이 아니기 때문에 벤치 프레스보다 더 안정적이고 가슴 근육을 분리하는 데 도움이 된다. 체스트 프레스 머신을 이용할 때 어깨나 팔꿈치, 손목에 문제가 있다면 각별히 주의해야 한다.

이 운동 역시 올바른 자세 유지가 중요하다. 손잡이를 앞으로 밀어줄 때 너무 빠르게 밀거나 팔꿈치를 완전히 펴면 안 된다. 팔꿈치는 항상 약간 굽힌 상태를 유지해야 한다. 또 손잡이를 앞으로 밀어내려고 어깨, 머리, 둔부가 패드 위로 들리면 안 된다. 복근에 힘을 주는 것도 잊지 말고 등을 구부리지 않도록 주의한다.

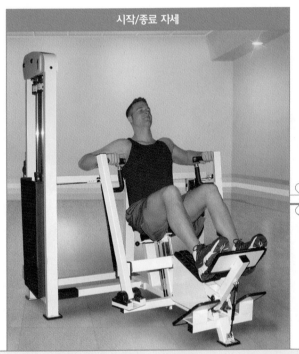
시작/종료 자세

운동 중 자세

1 체스트 프레스 머신에 앉는다. 등에 무리가 가지 않도록 복근에 힘을 준다.

2 머신에 손잡이를 앞으로 작동시키는 레버가 있다면 이를 밟는다.

3 팔꿈치를 양옆으로 벌려 손바닥이 아래를 향하도록 수평 손잡이를 잡는다. 두 손은 가슴 중앙과 일직선상에 놓여야 한다.
• 바람직한 자세를 취할 수 있도록 좌석높이를 조절할 수 있다.

4 손으로 무게가 옮겨지도록 레버에서 발을 뗀다. 발은 바닥이나 발판에 둔다.

5 팔을 쭉 펴 천천히 손잡이를 앞으로 밀어준다. 이때 팔꿈치는 약간 굽힌 상태를 유지한다.

6 두 손이 가슴 앞에 올 때까지 천천히 팔을 굽힌다.

7 운동이 끝나면 레버를 밟고 손잡이를 놓는다. 그 다음 천천히 웨이트가 내려가도록 레버에서 발을 뗀다.

Tip

좀더 강도 높게 운동할 수 있는 방법이 있나요?

어떤 체스트 프레스 머신에는 운동 강도를 높이기 위해 사용할 수 있는 수직 손잡이가 있다. 수직 손잡이를 잡고 운동하면 웨이트를 앞으로 밀어줄 때 어깨에서 충분한 힘을 받지 못하기 때문에 운동 강도가 높아진다. 수직 손잡이를 이용하면 가슴 근육을 분리할 수 있는 가슴 중앙 운동에 효과적이다. 손바닥이 서로 마주보도록 손잡이를 잡고 팔꿈치는 옆구리에 오도록 하고 운동하면 된다.

어떻게 하면 가슴 상부와 어깨 전면 근육을 더 강화할 수 있나요?

인클라인 체스트 프레스 머신을 이용하면 된다. 인클라인 체스트 프레스 머신은 일반적인 체스트 프레스 머신과 유사하지만 인클라인 벤치에 등을 대고 누워 앞이 아닌 위로 웨이트를 밀어올린다. 이 운동을 할 때는 팔을 양옆으로 벌려 손바닥이 앞을 향하도록 손잡이를 잡는다. 손잡이를 밀어올릴 때 팔꿈치는 완전히 펴지 않는다.

금지사항

- 팔을 쭉 펼 때 팔꿈치까지 완전히 펴지 않는다.
- 어깨, 머리, 둔부를 패드 위로 들지 않는다.
- 등을 구부리지 않는다.
- 손목을 굽히지 않는다.
- 팔을 너무 뒤로 젖히지 않는다. 팔꿈치가 어깨보다 뒤로 넘어가면 안 된다.

운동부위

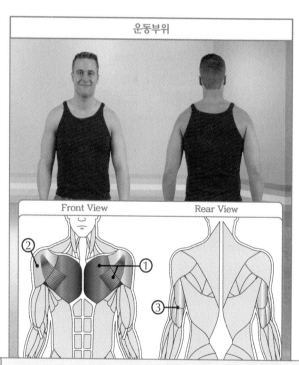

목표 근육
① 가슴
- 큰가슴근 : 빗장뼈머리(빗장뼈 안쪽 1/2)
  복장뼈머리(복장뼈, 1~6 갈비물렁뼈)
  → 위팔뼈 두갈래근고랑의 가쪽입술
- 작은가슴근 : 제3~5갈비뼈 앞쪽면 → 어깨뼈의 부리돌기

부가적 근육
② 어깨 앞쪽면 :
- 앞쪽어깨세모근 : 빗장뼈 가쪽 1/3 → 위팔뼈의 어깨세모근 거친면
③ 위팔세갈래근 : 장두(어깨뼈 관절오목 아래결절)
  외측두(위팔뼈 뒤쪽 나선도랑 위)
  내측두(위팔뼈 뒤쪽 나선도랑 아래)
  → 자뼈의 팔꿈치돌기

펙 플라이 머신
pec fly machine

펙 플라이 머신은 가슴 바깥쪽과 상부 가장자리를 강화하여 가슴을 더욱 뚜렷하게 만들어주고 어깨 전면과 위팔두갈래근도 발달시킨다.

이 운동을 하면 덤벨 플라이를 할 때와 같은 근육을 발달시킬 수 있다. 덤벨 플라이에 대해 더 자세히 알고 싶다면 46페이지를 보라. 펙 플라이 머신은 안정감을 주기 때문에 덤벨 플라이보다 운동하기가 더 쉽다. 따라서 이 머신을 이용할 때는 다소 무거운 중량을 시도해볼 수도 있다. 안정감을 주지만 어깨나 팔꿈치, 목에 문제가 있다면 조심해야 한다.

동작을 반복하면서 웨이트가 스택에 세게 부딪힌다면 동작이 너무 빠르기 때문이다. 자세에 집중하면서 천천히 규칙적으로 동작을 반복해야 한다. 시작 위치로 되돌아갈 때 팔을 너무 뒤로 젖히면 안 된다. 또 상체와 머리는 패드에 밀착시켜야 한다.

시작/종료 자세

운동 중 자세

1 펙 플라이 머신에 앉아 발은 어깨너비로 벌려 바닥이나 발판에 평평하게 둔다. 등은 곧게 펴고 등에 무리가 가지 않도록 복근에 힘을 준다.

2 손바닥이 앞을 향하도록 손잡이를 잡는다. 이때 손은 어깨높이에 있어야 한다.
• 바람직한 자세를 취할 수 있도록 좌석높이를 조절할 수 있다.

3 두 손이 거의 닿을 때까지 몸 중앙을 향해 천천히 손잡이를 밀어준다.

4 다시 시작 위치로 되돌아가면서 천천히 바깥쪽으로 양팔을 벌린다.

Tip

어떻게 해야 이 운동을 할 때 어깨 부상을 피할 수 있나요?

시작 위치와 종료 위치에서 팔꿈치가 어깨와 일직선이 되도록 해야 한다. 어떤 펙 플라이 머신은 팔을 너무 뒤로 젖히지 않도록 손잡이를 조절할 수 있지만 이용 중인 머신에 조절 가능한 손잡이가 없다면 적합한 시작 위치에 손잡이가 오도록 한번에 한 팔씩 교대로 운동할 수도 있다.

이 운동을 조금 더 쉽게 할 수 있나요?

있다. 팔의 위치를 몸과 더 가까이 두고 할 수 있는 펙 덱 머신(pec deck machine)을 이용하면 된다. 펙 플라이 머신과 유사한 운동기구로 팔꿈치를 90도로 굽혀 전완을 패드에 대고 운동할 수 있다. 동작이 틀리기 쉬우므로 자세에 주의를 기울이자.

금지사항	운동부위
	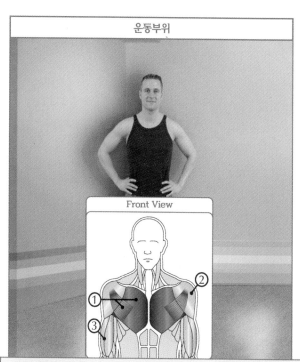 Front View

- 어깨를 다칠 수도 있으므로 팔을 너무 뒤로 젖히지 않는다.
- 등을 구부리지 않는다. 상체와 머리는 등받이에 밀착시킨다.
- 손목을 구부리거나 어깨를 움츠리지 않는다.

목표 근육
① 가슴
- 큰가슴근 : 빗장뼈머리(빗장뼈 안쪽 1/2)
  복장뼈머리(복장뼈, 1~6갈비물렁뼈)
  → 위팔뼈 두갈래근고랑의 가쪽입술
- 작은가슴근 : 제3~5갈비뼈 앞쪽면 → 어깨뼈의 부리돌기

부가적 근육
② 어깨 앞쪽면
- 앞쪽어깨세모근 : 빗장뼈 가쪽 1/3 → 위팔뼈의 어깨세모근 거친면
③ 위팔두갈래근 : 장두(어깨뼈의 관절오목 위결절)
  단두(어깨뼈의 부리돌기)
  → 노뼈 거친면

케이블 크로스오버
cable crossover

케이블 크로스오버는 주로 가슴 근육을 강화하고 뚜렷하게 하지만 어깨 전면 근육을 만드는 데도 좋은 운동이다. 이 운동은 야구, 테니스, 하키, 골프 등 상체 힘이 필요한 스포츠의 능력을 향상시켜준다. 어깨, 팔꿈치, 손목, 등 하부에 문제가 있다면 이 운동을 할 때 조심해야 한다.

케이블 크로스오버를 할 때도 올바른 자세 유지에 집중하는 것이 중요하다. 케이블 머신의 손잡이를 몸 앞으로 당길 때 가슴 근육을 사용해야 한다. 뚜렷한 가슴 근육을 만들려면 운동하는 동안 팔꿈치는 약간 굽히고, 손목을 구부리거나 어깨를 움츠리지 않도록 주의한다. 또 무릎은 약간 굽히고, 상체는 똑바로 세우고 운동한다. 머리와 목, 등은 일직선상에 놓여야 한다.

케이블 머신의 손잡이를 아래로 당길 때 숨을 내쉰다.

시작/종료 자세   운동 중 자세

1 가장 높게 설정한 케이블 머신 타워 양쪽에 케이블을 고정시킨다. 양쪽 케이블에 각각 손잡이를 연결한다.

2 손바닥이 아래를 향하도록 손잡이를 잡는다.

3 케이블 머신의 중앙에 서서 발은 어깨너비로 벌려 한발을 조금 앞으로 내민다. 발은 바닥에 평평하게 두고 무릎을 약간 굽힌다. 등에 무리가 가지 않도록 복근에 힘을 준다.

4 팔꿈치를 약간 굽힌 채 양옆에서 아래로 천천히 손잡이를 당겨 손목을 교차시킨다. 손잡이를 아래로 당길 때 손바닥이 복부를 향하도록 천천히 손목을 돌린다.

5 잠깐 멈춘 뒤 손이 어깨높이에 오도록 천천히 팔을 양옆으로 올린다.

Tip

이 운동으로 가슴 하부 근육을 더 발달시키려면 어떻게 해야 하나요?

가장 낮게 설정한 케이블 머신 타워에 케이블을 고정시키고 운동하면 된다. 손바닥이 몸을 향하도록 손잡이를 잡고 케이블 머신의 중앙보다 약간 앞에 선다. 그 다음 가슴 높이 바로 아래까지 손잡이를 몸 앞으로 당긴다. 이때 손바닥은 천장을 향해야 한다. 이 운동은 위팔두갈래근도 발달시킨다.

한 면씩 따로따로 운동할 수도 있나요?

가능하다. 한번에 몸의 한 면에만 집중하고 싶다면 한 팔만 사용해 케이블 크로스오버를 하면 된다. 한 팔로 풀 세트를 완성한 다음 팔을 바꿔 반복한다. 한 팔만 운동할 때는 다른 한 팔은 허리에 올려둔다.

금지사항	운동부위

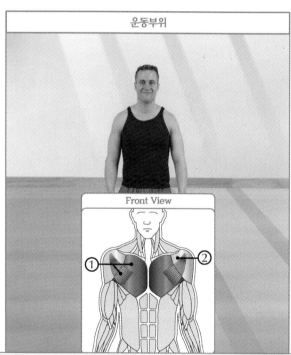

- 몸을 앞으로 숙이지 않는다. 머리와 목, 등은 일직선상에 놓여야 한다.
- 손목을 구부리지 않는다.
- 팔꿈치나 무릎을 완전히 펴지 않는다. 팔꿈치와 무릎은 약간 굽힌 상태를 유지한다.

목표 근육
① 가슴
- 큰가슴근 : 빗장뼈머리(빗장뼈 안쪽 1/2)
  복장뼈머리(복장뼈, 1~6갈비물렁뼈)
- 작은가슴근 : 제3~5갈비뼈 앞쪽면 → 어깨뼈의 부리돌기

부가적 근육
② 어깨 앞쪽면
- 앞쪽어깨세모근 : 빗장뼈 가쪽 1/3 → 위팔뼈의 어깨세모근 거친면

덤벨 숄더 프레스
dumbbell shoulder press

덤벨 숄더 프레스는 오버헤드 프레스(overhead press), 또는 밀리터리 프레스(military press)라고도 하며 어깨와 등 상부는 물론 위팔세갈래근도 발달시킨다. 강하고 넓은 어깨를 만드는 데 탁월한 운동이다. 어깨를 강화하면 머리위로 밀어 올리거나 들어올리는 동작을 보다 쉽게 할 수 있다. 목, 어깨, 등 하부, 팔꿈치에 문제가 있다면 이 운동을 할 때 조심해야 한다.

앉아서나 서서 할 수 있으며 앉아서 한다면 등받이가 있는 벤치를 사용하는 편이 좋다. 등을 받쳐주면 운동하는 동안 등 하부 근육을 쓰지 않을 수 있어 어깨 근육만을 사용할 수 있다.

덤벨을 들어올릴 때 팔을 머리 위로 곧게 올리되 팔꿈치까지 완전히 펴지 않는다. 머리와 목은 똑바로 세우고, 복근에 힘을 주며, 등은 곧게 편 상태를 유지한다. 덤벨을 들어올리려고 등이 구부러진다면 조금 더 가벼운 덤벨을 사용하자.

시작/종료 자세

운동 중 자세

1 한 손에 하나씩 덤벨을 든다.

2 등받이가 있는 벤치에 앉아 발은 어깨너비로 벌려 바닥에 평평하게 둔다.

• 등은 곧게 펴고 머리는 똑바로 세운다. 등에 무리가 가지 않도록 복근에 힘을 준다.

3 팔꿈치는 아래를 향하고, 손바닥은 앞을 향하도록 어깨 바로 위로 덤벨을 든다.

4 덤벨끼리 거의 닿을 때까지 천천히 덤벨을 머리 위로 올린다. 팔꿈치를 완전히 펴지 않되 가능한 곧게 팔을 세워야 한다.

• 팔을 똑바로 세울 때 머리를 뒤로 젖히지 않고도 덤벨을 볼 수 있어야 한다.

5 다시 시작 위치로 천천히 덤벨을 내린다.

Tip

이 운동으로 어깨를 발달시키는 방법을 변형할 수 있나요?

덤벨을 어떻게 잡는지에 따라 강조하는 부위도 조금씩 달라진다. 어깨 전면을 더 발달시키고 싶다면 손바닥이 앞이 아닌 서로 마주보도록 덤벨을 잡고 숄더 프레스를 하면 된다.

솔더 프레스를 바벨로도 할 수 있나요?

가능하다. 스미스 머신이나 바벨 랙의 바 뒤에 벤치를 놓고 앉는다. 벤치나 머신에 등받이가 있어야 한다. 팔은 어깨너비보다 조금 넓게 벌려 손바닥이 앞을 향하도록 바를 잡는다. 바의 높이는 팔꿈치를 90도로 굽힐 수 있는 지점이 되어야 한다. 바를 랙에서 들어올려 턱 높이에서 바를 잡는다. 머리 위로 천천히 바를 똑바로 밀어올린 다음 다시 시작 위치로 천천히 바를 내린다. 스미스 머신에 대해 더 자세히 알고 싶다면 28페이지를 보라.

금지사항	운동부위
	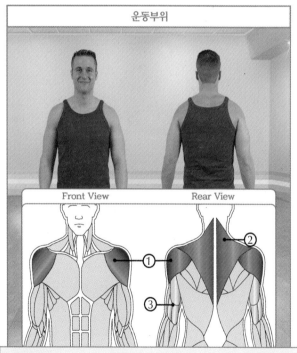

- 덤벨을 들어올리려고 등을 구부리거나 몸을 비틀면 안 된다. 등은 등받이에 밀착시킨다.
- 팔꿈치를 완전히 펴거나 덤벨을 앞뒤로 흔들지 않는다.
- 시작 위치보다 낮게 덤벨을 내리지 않는다.

목표 근육
① 어깨
- 앞쪽어깨세모근: 빗장뼈 가쪽 1/3 → 위팔뼈의 어깨세모근 거친면
- 가운데어깨세모근: 어깨봉우리 가쪽 → 위팔뼈의 어깨세모근 거친면
② 등 상부
- 위쪽등세모근: 뒤통수뼈, 목덜미인대, 제7목뼈와 제1~12등뼈의 가시돌기
  → 빗장뼈 가쪽, 어깨봉우리

부가적 근육
③ 위팔세갈래근: 장두(어깨뼈의 관절오목 아래결절)
  외측두(위팔뼈 뒤쪽 나선도랑 위)
  내측두(위팔뼈 뒤쪽 나선도랑 아래)
  → 자뼈의 팔꿈치돌기

래터럴 레이즈
lateral raise

래터럴 레이즈는 어깨와 등 상부 근육을 발달시킨다. 어깨를 강화하고 모양을 뚜렷하게 만드는 데 좋은 운동으로 신체 전반의 외형을 바로잡는 데도 효과적이다.

다른 운동처럼 이 운동을 할 때도 적합한 자세를 유지해야 하며 목이나 등 하부에 문제가 있다면 각별히 조심해야 한다. 만약 어깨에 문제가 있다면 이 운동은 하지 않는 편이 좋다. 덤벨을 들어올릴 때 위팔두갈래근보다 어깨 근육을 사용하려면 손바닥이 아래를 향해야 한다

는 점을 명심한다. 또 팔꿈치에 무리가 가지 않도록 운동하는 내내 팔꿈치는 약간 굽힌 상태를 유지한다.

부상을 방지하려면 덤벨을 들어올릴 때 팔을 어깨보다 위로 올리지 않고 상체를 앞뒤로 움직이지 않는다. 바른 자세를 유지하고 복근에 힘을 주면 등에 무리가 가는 것을 피할 수 있다. 또 어깨 근육을 사용하는 동안 등에 안정감을 더 주려면 의자나 벤치에 앉아서 운동할 수도 있다.

시작/종료 자세

운동 중 자세

1 한 손에 하나씩 손바닥이 안쪽을 향하도록 덤벨을 든다.

2 어깨너비로 발을 벌려 똑바로 선다. 등에 무리가 가지 않도록 복근에 힘을 준다.

3 양옆에서 바깥쪽으로 천천히 덤벨을 어깨높이까지 들어올린다. 팔꿈치는 약간 굽힌 채 팔을 쭉 펴고 손바닥은 아래를 향하도록 한다.

4 잠깐 멈춘 뒤 다시 천천히 덤벨을 옆으로 내린다.

Tip

어깨가 약합니다. 래터럴 레이즈를 쉽게 할 수 있는 방법이 있나요?

팔꿈치를 90도로 굽힌 상태에서 래터럴 레이즈를 하면 어깨에 주는 긴장을 어느 정도 줄일 수 있다. 팔꿈치는 굽히고 손바닥이 안쪽을 향하도록 덤벨을 몸 앞으로 들고 운동한다. 운동하는 내내 팔꿈치는 굽힌 상태를 유지해야 한다.

회선건판을 강화하기 위해 래터럴 레이즈를 변형할 수 있나요?

손바닥이 안쪽이 아닌 앞쪽을 향하도록 덤벨을 잡고 운동하면 회선건판을 강화할 수 있다. 회선건판을 강화하면 상체 힘을 필요로 하는 스포츠의 능력을 향상시킬 수 있다. 또 이처럼 변형한 운동은 어깨 중앙 부위도 발달시킨다.

금지사항	운동부위
	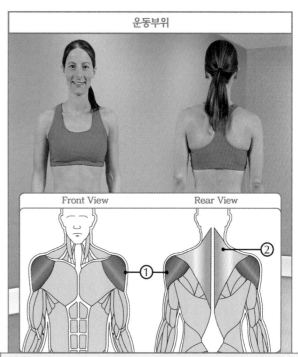

• 덤벨을 들어올리려고 등을 구부리거나 앞뒤로 몸을 흔들지 않는다. 등은 항상 곧게 펴야 한다.
• 어깨높이보다 위로 팔을 들어 올리지 않는다.

목표 근육
① 어깨 중앙
• 가운데어깨세모근 : 어깨봉우리 가쪽 → 위팔뼈의 어깨세모근 거친면
부가적 근육
② 등 상부
• 위쪽등세모근 : 뒤통수뼈, 목덜미인대, 제7목뼈, 제1~12등뼈의 가시돌기
→ 빗장뼈 가쪽, 어깨봉우리

벤트 오버 래터럴 레이즈

bent over laterl raise

벤트 오버 래터럴 레이즈는 어깨 후면과 등 중·상부 근육에 초점을 맞춘 운동이다. 이 운동을 하면 물건을 들어올리는 활동을 보다 수월하게 할 수 있으며 자세를 개선하는 데 도움을 준다.

어깨 후면 근육을 분리하면 균형 잡힌 어깨를 만들 수 있다. 이 운동은 어깨 근육을 사용하기 때문에 어깨나 목에 문제가 있다면 조심해야 한다.

벤트 오버 래터럴 레이즈를 할 때 올바른 자세 유지를 위해 명심해야 할 몇 가지 사항이 있다. 상체와 바닥이 평행이 되도록 상체를 앞으로 숙이고 등은 곧게 편다. 덤벨을 들어올릴 때는 팔동작은 천천히 반복하고 하체는 움직이지 않는다. 덤벨을 들어올릴 때 상체도 같이 올라가지 않도록 동작에 신경 써야 한다.

| 시작/종료 자세 | 운동 중 자세 |

1 한 손에 하나씩 덤벨을 든다.

2 벤치 끝에 앉아 두 다리를 모은다. 상체가 바닥과 평행을 이루도록 상체를 앞으로 숙인다. 등에 무리가 가지 않도록 복근에 힘을 준다.

3 두 팔을 아래로 내려 팔꿈치는 약간 굽히고 손바닥은 안쪽을 향하도록 한다.

4 팔꿈치가 어깨높이에 오도록 양옆에서 바깥쪽으로 천천히 덤벨을 올린다. 팔꿈치는 약간 굽힌 채 팔을 쭉 펴고 손바닥은 아래를 향하도록 한다. 덤벨을 들어올릴 때 양쪽 어깨뼈가 모아지도록 힘을 준다.

5 잠깐 멈춘 뒤 다시 양옆으로 천천히 덤벨을 내린다.

상급 벤트 오버 래터럴 레이즈가 있나요?

있다. 스탠딩 벤트 오버 래터럴 레이즈(standing bent over lateral raise)는 덤벨을 들어올리는 동안 균형성과 안정성을 유지해야 하기 때문에 보다 어려운 상급 운동이다. 발은 어깨너비만큼 벌리고, 상체는 45도 정도 앞으로 숙여 앉아서 할 때와 똑같이 팔동작을 하면 된다.

한쪽 면씩 따로따로 운동할 수 있나요?

케이블 머신을 이용하면 된다. 가장 낮게 설정한 케이블 머신 타워에 케이블을 고정시키고 케이블에 손잡이를 연결한다. 발은 어깨너비만큼 벌려 타워를 향해 오른쪽이나 왼쪽으로 선다. 케이블에서 더 멀리 있는 손으로 손잡이를 잡는다. 상체는 45도 정도 숙여 앉아서 할 때와 똑같이 팔동작을 하고 다른 쪽도 반복한다. 케이블 머신에 대해 더 자세히 알고 싶다면 29페이지를 보라.

금지사항	운동부위

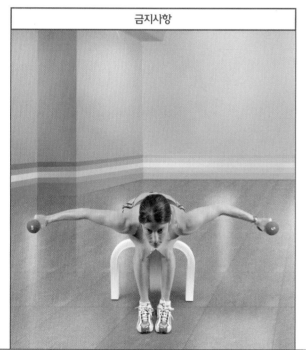

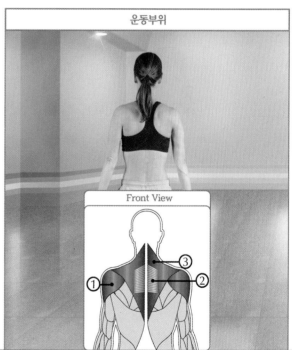

Front View

- 머리를 좌우로 돌리거나 위아래로 움직이지 않는다. 머리와 목은 몸과 일직선상에 놓여야 한다.
- 팔꿈치를 완전히 펴거나 어깨높이보다 위로 팔꿈치를 올리지 않는다.
- 덤벨을 올리고 내릴 때 등을 구부리거나 상체를 움직이지 않는다. 등은 곧게 펴고 상체는 바닥과 평행을 이루어야 한다.

목표 근육
① 어깨 뒤쪽면
- 뒤쪽어깨세모근 : 어깨뼈가시 → 위팔뼈의 어깨세모근 거친면
② 등 중부
- 마름근 : 작은마름근(제7목뼈, 제1등뼈 가시돌기)
　　　　　큰마름근(제2~5등뼈 극돌기)
　　　　　→ 작은마름근(어깨뼈가시근육)
　　　　　큰마름근(어깨뼈가시근육에서 아래각까지의 어깨뼈 척추 모석리)
③ 등 상부
- 위쪽등세모근 : 뒤통수뼈, 목덜미인대, 제7목뼈와 제1~12등뼈의 가시돌기 → 빗장뼈 가쪽, 어깨봉우리

프런트 레이즈
front raise

프런트 레이즈는 어깨 전면을 발달시켜 전반적인 어깨 모양을 바로잡아 준다. 어깨 전면을 강화하면 물건을 들어올리거나 선반에서 물건을 꺼내는 것과 같은 일상적인 일을 할 때 도움이 된다.

덤벨을 들어올리려고 등을 앞뒤로 기울이거나 구부리지 않도록 주의한다. 또 몸을 앞뒤로 흔들면서 덤벨을 들어올려서도 안 된다. 덤벨을 들어올릴 때는 어깨 근육만 사용하도록 집중하자. 팔을 올릴 때는 팔꿈치를 약간 굽혀야 하며 팔을 어깨높이보다 위로 올리면 안 된다.

한번에 한쪽 어깨에만 집중하고 싶다면 왼팔과 오른팔을 한 세트씩 번갈아 한다.

어깨나 목에 문제가 있다면 프런트 레이즈를 할 때 조심해야 한다.

시작/종료 자세

운동 중 자세

1 한 손에 하나씩 손바닥이 몸을 향하도록 허벅지 앞으로 덤벨을 든다.

2 발은 어깨너비로 벌려 똑바로 선다. 무릎과 팔꿈치는 약간 굽힌다. 등에 무리가 가지 않도록 복근에 힘을 준다.

3 팔이 바닥과 평행이 될 때까지 천천히 팔을 앞으로 올린다.

4 다시 시작 위치로 천천히 덤벨을 내린다.

TiP

프런트 레이즈를 할 때 어떻게 하면 등을 더 보호할 수 있나요?

등받이가 있는 벤치에 앉아 프런트 레이즈를 하면 된다. 손바닥이 안쪽을 향하도록 팔을 옆으로 내린다. 그 다음 팔을 들어올릴 때 손목을 돌려 손바닥이 아래를 향하게 한다. 이 운동은 덤벨을 들어올릴 때 다른 근육은 거의 사용하지 않기 때문에 어깨 전면 근육을 분리하는 데 도움이 된다.

케이블 머신으로 프런트 레이즈를 할 수 있나요?

가능하다. 가장 낮게 설정한 케이블 머신 타워에 케이블을 고정시키고 케이블에 손잡이를 연결한다. 타워를 향해 뒤돌아 손잡이 옆에 선다. 이때 어깨너비만큼 발을 벌리고 무릎은 약간 굽힌다. 손바닥이 뒤를 향하도록 손잡이를 잡고 위에서 설명한 대로 운동한다. 한 세트를 완성한 뒤 팔을 바꿔 반복한다. 케이블 머신에 대해 더 자세히 알고 싶다면 29페이지를 보라.

금지사항	운동부위

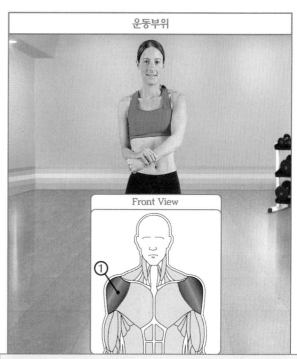

Front View

- 덤벨을 들어올리려고 등을 구부리거나 앞뒤로 기울이면 안 된다. 등은 항상 곧게 편다.
- 어깨높이보다 위로 팔을 올리지 않는다.
- 팔꿈치를 완전히 펴지 않는다. 항상 팔꿈치는 약간 굽힌 상태를 유지한다.
- 머리를 앞뒤로 움직이지 않는다. 머리와 목, 등은 일직선상에 놓여야 한다.

목표 근육
① **어깨 앞쪽면**
- 앞쪽어깨세모근 : 빗장뼈 가쪽 1/3 → 위팔뼈의 어깨세모근 거친면

리버스 플라이
reverse fly

리버스 플라이는 어깨 후면뿐 아니라 등 상부와 위팔 세갈래근을 발달시킨다. 이 운동을 하려면 펙 플라이/리어 델토이드 머신(pec fly/rear deltoid machine)이나 리어 델토이드 플라이 머신(rear deltoid fly machine)을 이용하면 된다.

어깨 전면 근육을 사용하는 대부분의 어깨운동과는 달리 이 운동은 어깨 후면 근육을 사용한다. 따라서 어깨 근육을 균등하게 강화할 수 있다. 게다가 이 운동을 하면 어깨 힘을 기를 수 있어 자세를 개선하는 데도 도움이 된다.

어깨나 목에 문제가 있다면 이 운동을 할 때 조심해야 한다. 어깨 부상을 피하려면 손잡이를 바깥쪽으로 밀어줄 때 팔을 너무 뒤로 젖히지 않는다. 또 천천히 컨트롤하며 운동한다. 등은 곧게 펴고, 복근에 힘을 주며, 머리와 목은 등과 일직선이 되어야 한다.

| 시작/종료 자세 | 운동 중 자세 |

1 펙 플라이/리어 델토이드 머신을 사용한다면, 손잡이가 가급적 웨이트 스택에 가깝도록 머신의 가로대를 조절한다.

2 가슴은 패드에 대고 머신에 앉는다.

3 발은 바닥이나 발판에 평평하게 둔다.

4 손바닥이 아래를 향하도록 손잡이를 잡는다. 이때 손은 어깨높이에 있어야 한다.

• 바람직한 자세를 취할 수 있도록 좌석높이를 조절할 수 있다.

5 팔꿈치는 약간 굽힌 상태에서 팔이 몸과 일직선상에 놓이도록 양옆으로 천천히 손잡이를 밀어준다.

• 등은 곧게 펴고 등에 무리가 가지 않도록 복근에 힘을 준다.

6 다시 시작 위치로 천천히 팔을 모은다.

Tip

한번에 한 팔씩 운동하려면 어떻게 해야 하나요?

한번에 한 팔만 운동하면 두 팔을 따로 강화하는 데 집중할 수 있다. 이 운동은 한 팔이 다른 팔보다 강해 두 팔의 근육을 균형잡고자 할 때 유용하다. 한 팔로 운동하는 동안 안정감을 위해 다른 팔로 가슴패드를 잡는다는 점만 다를 뿐 위에서 설명한 대로 운동한다. 한 팔이 끝나면 다른 팔로 반복한다.

이 운동을 덤벨로도 할 수 있나요?

가능하다. 한 손에 하나씩 가벼운 덤벨을 들고 등받이가 있는 벤치에 앉는다. 발은 어깨너비만큼 벌린다. 팔꿈치는 약간 굽힌 채 손바닥이 아래를 향하도록 팔을 앞으로 뻗어 어깨높이까지 올린다. 덤벨이 몸과 일직선상에 놓이도록 양옆으로 팔을 벌린 다음 다시 시작 위치로 천천히 팔을 모은다. 덤벨을 이용하면 양쪽 어깨를 균등하게 강화할 수 있으며 균형을 잡아야 하기 때문에 운동 강도를 높일 수 있다.

금지사항	운동부위

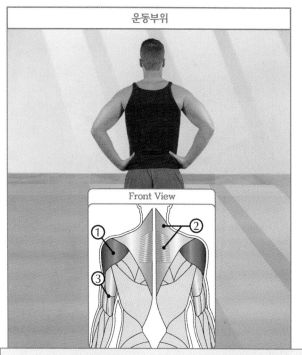

- 어깨를 다칠 수 있으므로 팔을 너무 뒤로 젖히지 않는다.
- 등이나 목을 구부리지 않는다.
- 팔꿈치를 완전히 펴거나 손목을 구부리지 않는다.
- 어깨를 움츠리지 않는다.

목표 근육
① **어깨 후면**
- 뒤쪽어깨세모근 : 어깨뼈가시 → 위팔뼈의 어깨세모근 거친면

부가적 근육
② **등 상부**
- 등세모근 : 뒤통수뼈, 목덜미인대, 제7목뼈와 제1~12등뼈의 가시돌기

→ 상부(빗장뼈 가쪽, 어깨봉우리)
　　중부(어깨뼈가시)
　　하부(어깨뼈가시근육)
- 마름근 : 작은마름근(제7목뼈와 제1등뼈 가시돌기)
　　큰마름근(제2~5등뼈의 가시돌기)
　　→ 작은마름근(어깨뼈가시근육)
　　큰마름근(어깨뼈가시근육에서 아래각까지의 어깨뼈 척추 모서리)
③ **위팔세갈래근** : 장두(어깨뼈의 관절오목 아래결절)
　　외측두(위팔뼈 뒤쪽 나선도랑 위)
　　내측두(위팔뼈 뒤쪽 나선도랑 아래)
　　→ 자뼈의 팔꿈치돌기

숄더 프레스 머신
shoulder press machine

숄더 프레스 머신은 주로 어깨 중앙과 어깨 전면 근육을 발달시키지만 위팔세갈래근과 등 상부 근육도 강화한다. 또 어깨 근육을 강화하는 데도 도움을 준다. 어깨 근육이 강해지면 물건을 머리 위로 들어올리는 동작을 하기가 수월해진다. 숄더 프레스 머신은 균형을 잡아야 하거나 웨이트 기구를 떨어뜨릴 걱정이 없기 때문에 프리 웨이트보다 안전하고 쉽게 운동할 수 있다.

이 머신을 사용할 때는 어깨에 긴장을 풀고 적합한 자세를 유지해야 한다. 손잡이를 위로 밀어올릴 때 머리는 벤치에 기대고 등에 무리가 가지 않도록 복근에 힘을 준다.

어깨나 팔꿈치, 목에 문제가 있다면 주의해야 한다. 특히 손잡이를 위로 밀어올릴 때, 팔꿈치에 과도한 힘이 실리는 것을 피하려고 너무 무리하지 않도록 한다.

시작/종료 자세

운동 중 자세

1 숄더 프레스 머신에 앉아 발은 어깨너비만큼 벌려 바닥에 평평하게 둔다. 등은 곧게 펴고 등에 무리가 가지 않도록 복근에 힘을 준다.

2 손바닥이 앞을 향하도록 수평 손잡이를 잡는다. 이때 손은 어깨높이에 위치하고 팔꿈치는 바닥을 향해야 한다.
• 바람직한 자세를 취할 수 있도록 좌석높이를 조절할 수 있다.

3 팔꿈치는 약간 굽힌 채 팔을 쭉 펴 천천히 손잡이를 위로 밀어올린다.

4 시작 위치보다 약간 위에 팔이 오도록 천천히 손잡이를 내린다.

Tip

어떻게 하면 어깨 전면 근육을 더 발달시키는 데 집중할 수 있나요?

대부분의 숄더 프레스 머신에는 어깨 전면 근육을 발달시킬 수 있도록 손잡이가 하나 더 있다. 그 손잡이를 손바닥이 앞이 아닌 서로 마주보도록 잡고 위에서 설명한 방법대로 운동하면 된다.

두 팔의 근육을 균형 잡기 위해 숄더 프레스 머신을 이용할 수도 있나요?

가능하다. 한번에 한 팔씩 운동할 수 있는 숄더 프레스 머신도 있다. 한 팔씩 운동하면 강한 팔은 더 강해지고, 약한 팔은 더 약해지는 현상을 막을 수 있다. 이때는 중량을 낮춰 사용해야 한다.

금지사항	운동부위
	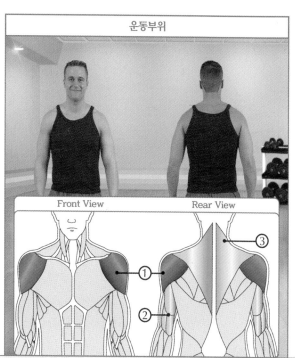

- 머리를 벤치 위로 들지 않는다.
- 웨이트를 들어올리려고 등을 구부리거나 몸을 비틀지 않는다. 등은 패드에 밀착시킨다.
- 웨이트를 밀어올리는 동안 어깨를 움츠리지 않는다.
- 팔꿈치를 완전히 펴지 않는다. 팔꿈치는 항상 약간 굽힌 상태를 유지한다.

목표 근육
① 어깨 중앙 및 어깨 앞쪽면
• 가운데어깨세모근 : 어깨봉우리 가쪽 → 위팔뼈의 어깨세모근 거친면
• 앞쪽어깨세모근 : 빗장뼈 가쪽 1/3 → 위팔뼈의 어깨세모근 거친면
부가적 근육
② 위팔세갈래근 : 장두(어깨뼈의 관절오목 아래결절)
　　　　　　　　외측두(위팔뼈 뒤쪽 나선도랑 위)
　　　　　　　　내측두(위팔뼈 뒤쪽 나선도랑 아래)
　　　　　　　　→ 자뼈의 팔꿈치돌기
③ 등 상부
• 위쪽등세모근 : 뒤통수뼈, 목덜미인대, 제7목뼈와 제1~12등뼈의 가시돌기 → 빗장뼈 가쪽, 어깨봉우리

덤벨 익스터널 로테이션
dumbbell external rotation

덤벨 익스터널 로테이션은 회선건판이라 불리는 어깨 심부 근육을 발달시킨다. 회선건판은 어깨 관절구안에서 팔을 회전하고 고정시키는 역할을 한다. 따라서 회선건판을 강화하면 야구나 테니스처럼 던지는 힘이 필요한 스포츠나 라켓스포츠의 능력을 향상시킬 수 있다.

올바른 자세를 유지하려면 어깨가 팔을 들어올릴 때는 열리고, 팔을 내릴 때는 닫히는 돌쩌귀 구실을 한다고 생각한다. 덤벨을 들어올릴 때 몸은 고정시키고 팔만 뒤로 움직인다. 최근에 회선건판을 다쳤다면 이 운동을 할 때 조심해야 한다.

운동하는 동안 목에 팽팽함을 느낄 수도 있다. 목에 가해지는 긴장을 줄이려면 팔을 펴고 누우면 된다. 목 아래 수건을 대면 보다 편안하게 운동할 수 있다.

| 시작/종료 자세 | 운동 중 자세 |

1 오른손으로 덤벨을 잡는다.

2 바닥이나 벤치에 왼쪽으로 누워 두 다리를 모으고 무릎은 약간 굽힌다. 왼손으로 머리를 받치거나 왼팔을 펴고 누워도 된다.

3 오른쪽 팔꿈치를 90도로 굽혀 옆구리에 붙이고 손바닥이 복부를 향하도록 아래팔은 복부 위에 둔다.

4 위팔은 고정시키고 최대한 높이 오른손을 천천히 올린다. 등에 무리가 가지 않도록 복근에 힘을 준다.

5 다시 복부 쪽으로 천천히 오른손을 내린다.

6 오른팔로 한 세트를 완성한 뒤 반대로 누워 왼팔로 반복한다.

Tip

이 운동을 서서 할 수 있도록 변형한 방법이 있나요?

있다. 이 운동을 일어서서 하려면 어깨너비만큼 발을 벌리고 서서 한 팔을 옆으로 벌려 어깨높이에서 덤벨을 잡는다. 손바닥이 바닥을 향한 상태에서 팔 모양이 90도가 되도록 아래팔을 앞으로 옮겨 팔꿈치를 굽힌다. 위팔은 어깨높이에 고정하고 손바닥이 앞을 향하도록 아래팔을 올린 다음 다시 시작 위치로 아래팔을 내린다. 한 세트를 완성한 뒤 팔을 바꿔 반복한다.

덤벨을 들어 올리기가 힘들다면 어떻게 해야 하나요?

덤벨을 이용하는 대신 케이블 머신으로 운동하면 된다. 둔부높이로 설정한 케이블 머신 타워에 케이블을 고정시키고 케이블에 손잡이를 연결한다. 타워를 향해 오른쪽이나 왼쪽으로 서서 발은 어깨너비만큼 벌린다. 케이블에서 더 멀리 있는 손으로 손잡이를 잡는다. 그런 다음 누워서 할 때와 똑같이 하면 된다. 케이블 머신에 대해 더 자세히 알고 싶다면 29페이지를 보라.

금지사항	운동부위
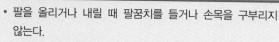	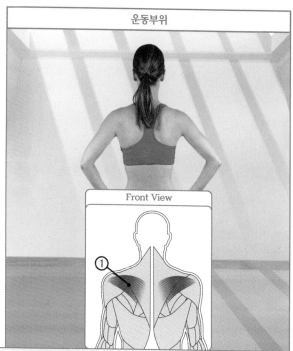 Front View

- 팔을 올리거나 내릴 때 팔꿈치를 들거나 손목을 구부리지 않는다.
- 몸을 앞뒤로 흔들지 않는다. 몸은 움직이지 않도록 고정시킨다.
- 목에 힘을 주지 않는다. 한 팔로 머리를 받치거나 팔을 펴고 눕는다.

목표 근육
① 어깨 심부(회선건판)

덤벨 인터널 로테이션
dumbbell internal rotation

덤벨 인터널 로테이션은 회선건판에 중점을 두고 있다. 회선건판은 어깨 심부에 있으며 어깨 관절구안에서 팔을 회전하고 고정시키는 역할을 한다. 이러한 이유에서 회선건판을 강화하면 풋볼이나 스쿼시 같은 라켓스포츠나 던지는 힘이 필요한 스포츠의 능력을 향상시킬 수 있다.

어깨가 팔을 들어올릴 때는 닫히고, 팔을 내릴 때는 열리는 돌쩌귀 역할을 한다고 생각하면 올바른 자세를 유지하는 데 도움이 될 수 있다. 팔을 들어올리거나 내리려고 몸을 앞뒤로 흔들면 안 된다. 몸은 고정된 상태를 유지해야 한다.

최근 회선건판에 부상을 입었다면 이 운동을 할 때 조심해야 한다. 또 목에 긴장을 주지 않도록 유의해야 한다. 목에 무리가 가지 않도록 머리를 바닥에 두거나 머리 밑에 수건을 받쳐준다.

시작/종료 자세 — **운동 중 자세**

1 오른손으로 덤벨을 잡는다.

2 바닥이나 벤치에 오른쪽으로 누워 두 다리를 모으고 무릎을 약간 굽힌다. 왼팔은 옆구리에 붙인다. 등에 무리가 가지 않도록 복근에 힘을 준다.

3 오른쪽 팔꿈치를 90도로 굽혀 옆구리에 붙이고 팔은 바닥에 댄다.

4 오른쪽 위팔은 고정시키고 천천히 오른손을 몸쪽으로 들어올린다.

5 다시 시작 위치로 천천히 오른손을 내린다.

6 오른팔로 한 세트를 완성한 뒤 반대로 누워 왼팔로 반복한다.

Tip

덤벨을 들어올리기가 힘들다면 어떻게 해야 하나요?

대신 케이블 머신으로 운동하면 된다. 둔부높이로 설정한 케이블 머신 타워에 케이블을 고정시키고 케이블에 손잡이를 연결한다. 타워를 향해 오른쪽이나 왼쪽으로 서서 발은 어깨너비만큼 벌린다. 케이블과 가까이 있는 손으로 손잡이를 잡고 누워서 할 때와 똑같이 운동하면 된다. 케이블 머신에 대해 더 자세히 알고 싶다면 29페이지를 보라.

어떻게 하면 이 운동을 조금 더 어렵게 변형할 수 있나요?

어깨높이로 설정한 케이블머신 타워에 케이블을 고정시키고 케이블에 손잡이를 연결한다. 타워를 향해 뒤돌아서서 발은 어깨너비만큼 벌려 한 발을 앞으로 내민다. 손바닥이 앞을 향하도록 오른손으로 손잡이를 잡는다. 위팔은 바닥과 평행을 이루고 팔이 90도가 되도록 아래팔을 위로 올린다. 위팔은 고정시키고 손바닥이 바닥을 향하도록 손잡이를 앞으로 당긴 다음 다시 시작 위치로 되돌아간다. 한 세트를 완성한 뒤 다른 팔로 반복한다.

금지사항	운동부위

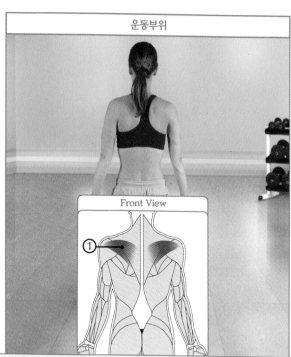

Front View

①

• 목에 힘을 주지 않는다. 머리는 바닥에 대거나 머리 밑에 수건을 받쳐준다.

• 몸을 앞뒤로 흔들지 않는다. 몸이 움직이지 않도록 고정시킨다.

목표 근육
① 어깨 심부(회선건판)

랫 풀다운
lat pulldown

랫 풀다운은 등의 두 가지 주요 근육을 목표로 한 운동으로 근육량을 늘리고 매력적인 V자형을 만드는 데 효과적인 운동이다. 또 어깨와 위팔두갈래근도 강화한다.

랫 풀다운은 역도선수들이 자주 하는 운동이며 특히 상체 힘을 키워야 하는 수영선수나 조정선수, 암벽등반가와 같은 운동선수들에게 매우 유용하다.

이 운동 역시 바른 자세를 유지하는 데 집중해야 한다. 등은 곧게 펴고 등에 무리가 가지 않도록 복근에 힘을 준다. 끌어내리는 힘을 받으려고 몸을 앞뒤로 흔들거나 너무 뒤로 젖히지 않는다.

한 세트를 완성한 뒤 반드시 일어서서 웨이트를 스택에 천천히 내려놓아야 한다. 바를 그냥 놓아버리면 웨이트가 스택에 세게 부딪히며 떨어져버리게 된다.

어깨, 팔꿈치, 등 하부, 목에 문제가 있다면 각별히 조심해야 한다.

시작/종료 자세

운동 중 자세

1. 랫 풀다운 머신에 앉아 허벅지 패드 아래 허벅지 윗부분이 닿도록 하고 발은 바닥에 평평하게 둔다.
- 바람직한 자세를 취할 수 있도록 좌석이나 허벅지 패드의 높이를 조절할 수 있다.

2. 일어서서 두 손을 어깨너비보다 조금 넓게 벌려 손바닥이 앞을 향하도록 바를 잡는다.

3. 바를 잡은 상태로 앉아 상체를 약간 뒤로 젖힌다.

4. 가슴 윗부분까지 바를 천천히 끌어내린다. 이때 어깨는 내리고 양쪽 견갑골이 모아지도록 힘을 준다.
- 등은 곧게 펴고 팔꿈치는 바닥을 향하도록 한다.

5. 잠깐 멈춘 뒤 다시 시작 위치로 천천히 팔을 곧게 편다.

6. 한 세트를 완성한 뒤 일어서서 천천히 웨이트를 내려놓는다.

Tip

어떻게 하면 위팔두갈래근과 아래팔을 더 발달시킬 수 있나요?

리버스-그립(reverse-grip) 랫 풀다운을 하면 된다. 이 운동을 하려면 두 손을 어깨너비만큼 벌려 손바닥이 몸을 향하도록 바를 잡는다는 점만 다를 뿐 위에서 설명한 방법대로 하면 된다. 이 운동은 등 안쪽 근육(넓은등근)도 강화한다.

어떻게 하면 등 하부와 어깨 뒤쪽면에 더 중점을 둘 수 있나요?

등 하부(넓은등근)와 어깨 뒤쪽면에 더 중점을 두려면 스트레이트 암(straight arm) 랫 풀다운을 하면 된다. 발은 어깨너비로 벌려 랫 풀다운 머신의 좌석 뒤에 선다. 두 손은 어깨너비만큼 벌려 손바닥이 바닥을 향하도록 바를 잡는다. 팔꿈치와 무릎은 약간 굽히고 복근에 힘을 준다. 그 다음 팔을 편 상태로 천천히 바를 허벅지까지 아래로 당긴다.

금지사항

운동부위

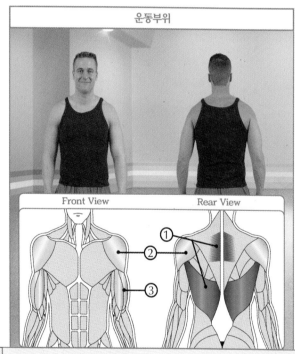

- 어깨를 움츠리지 않는다.
- 바를 아래로 당기려고 몸을 너무 뒤로 젖히거나 앞뒤로 흔들지 않으며 등을 구부리지 않는다.
- 바를 다시 시작 위치로 올릴 때 몸이 좌석 위로 들리면 안 된다.
- 손목을 굽히거나 팔꿈치를 완전히 펴지 않는다.
- 머리와 목, 등은 일직선이 되어야 한다.

목표 근육
① 등
- 넓은등근 : 제7등뼈에서 엉덩뼈능선까지의 등허리널힘줄 하부 제3 또는 제4갈비뼈
  어깨뼈의 아래각 → 위팔뼈의 두갈래근고랑

- 마름근 : 작은마름근(제7목뼈와 제1등뼈 가시돌기)
  큰마름근(제2∼5등뼈 가시돌기)
  → 작은마름근(어깨뼈가시근육)
  큰마름근(어깨뼈가시근육에서 아래각까지의 어깨뼈 척추모서리)

부가적 근육
② 어깨
- 어깨세모근 : 앞부분(빗장뼈 가쪽 1/3)
  가운데부분(어깨봉우리 가쪽)
  아래부분(어깨뼈가시) → 위팔뼈의 어깨세모근 거친면
③ 위팔두갈래근 : 장두(어깨뼈의 관절오목 위결절)
  단두(어깨뼈의 부리돌기) → 노뼈 거친면

원-암 덤벨 로우
one-arm dumbbell row

원-암 덤벨 로우는 등 근육을 발달시키며 부차적으로 어깨 뒤쪽면과 위팔두갈래근도 강화한다. 이 운동은 등 근육을 뚜렷하게 하고 근육량을 늘리고 싶은 사람들에게 유용하다.

사람들은 대개 이 운동을 할 때 팔 동작에 신경을 쓴다. 그러나 원-암 덤벨 로우는 등 운동으로 덤벨을 들어올릴 때 등 근육을 써야 한다는 점을 명심해야 한다. 이 운동은 등을 한 면씩 강화할 수 있어 등 근육의 불균형을

바로잡을 수 있다.

올바른 자세를 유지하려면 항상 복근에 힘을 주고 등은 곧게 펴 바닥과 평행을 이루도록 한다. 팔꿈치를 뒤로 당길 때 어깨뼈에 힘을 줄 수 있으면 적당한 중량을 사용하고 있는 것이다. 덤벨을 들어올리려고 몸을 비틀거나 덤벨을 흔들면 안 된다.

어깨나 목, 등 하부에 문제가 있다면 이 운동을 할 때 조심해야 한다.

시작/종료 자세 → 운동 중 자세

1 무릎은 약간 굽히고 수평 벤치 옆 바닥에 오른발을 평평하게 둔다. 왼쪽 무릎은 벤치에 올려놓는다.

2 몸을 앞으로 숙여 상체를 지지할 수 있도록 왼손을 벤치에 올려놓는다.

· 등은 곧게 펴고 바닥과 수평을 이루도록 한다.

3 오른팔은 아래로 곧게 내려 손바닥이 안쪽을 향하도록 덤벨을 잡는다.

4 팔꿈치를 최대한 뒤로 당기면서 천천히 덤벨을 들어올린다. 어깨뼈에 힘을 주고 팔은 옆구리에 접하도록 한다.

· 등에 무리가 가지 않도록 복근에 힘을 준다.

5 다시 시작 위치로 천천히 덤벨을 내린다.

6 오른팔로 한 세트를 완성한 뒤 오른손과 오른쪽 무릎을 벤치에 올려놓고 왼팔로 반복한다.

Tip

어떻게 하면 운동 강도를 조금 더 높일 수 있나요?

손목을 돌려 운동하면 등 근육을 더 발달시키는 데 도움이 된다. 손바닥이 뒤를 향하도록 덤벨을 잡고 시작해 덤벨을 들어올릴 때 손바닥이 몸을 향하도록 손목을 돌린다.

케이블 머신으로 원-암 덤벨 로우를 할 수 있나요?

가능하다. 가장 낮게 설정한 케이블 머신 타워에 케이블을 고정시키고 케이블에 손잡이를 연결한다. 한 발을 앞으로 내밀어 타워 옆에 선다. 이때 발은 어깨 너비로 벌리고 무릎은 약간 굽힌다. 그런 다음 상체를 45도로 굽힌 뒤 팔을 앞으로 뻗어 손바닥이 바닥을 향하도록 손잡이를 잡는다. 손바닥이 몸을 향하도록 손목을 돌린다는 점만 빼고 위에서 설명한 방법대로 똑같이 운동한다. 한쪽으로 풀세트를 완성한 다음 다른 쪽으로 반복한다.

금지사항	운동부위

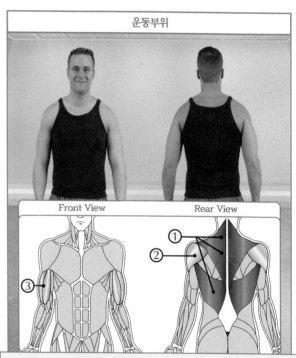

- 등을 구부리지 않는다. 등은 항상 곧게 펴서 바닥과 평행을 이루도록 한다.
- 덤벨을 들어올리려고 몸을 비틀거나 덤벨을 흔들지 않는다.
- 목을 구부리지 않는다. 머리와 목, 등은 일직선상에 놓여야 한다.
- 서 있는 다리의 무릎이나 몸을 지지하는 팔의 팔꿈치를 완전히 펴지 않는다

① 등
- 넓은등근 : 제7등뼈에서 엉덩뼈능선까지의 등허리널힘줄 하부 제3 또는 제4갈비뼈, 어깨뼈 아래각
  → 위팔뼈의 두갈래근고랑

- 마름근 : 작은마름근(제7목뼈와 제1등뼈 가시돌기)
  큰마름근(제2~5등뼈의 가시돌기)
  → 작은마름근(어깨뼈가시근육)
  큰마름근(어깨뼈가시근육에서 아래각까지의 어깨뼈 척추모서리)
- 위쪽등세모근 : 뒤통수뼈, 목덜미인대, 제7목뼈와 제1~12등뼈의 가시돌기 → 빗장뼈 가쪽, 어깨봉우리

부가적 근육
② 어깨 뒤쪽면
- 뒤쪽어깨세모근 : 어깨뼈가시 → 위팔뼈의 어깨세모근 거친면
③ 위팔두갈래근 : 장두(어깨뼈의 관절오목 위결절)
  단두(어깨뼈의 부리돌기) → 노뼈 거친면

벤트 오버 바벨 로우
bent over barbell row

벤트 오버 바벨 로우는 등 근육을 목표로 하지만 어깨 후면 근육도 발달시킨다. 규칙적으로 이 운동을 하면 등 상부 근육을 강화하고 근육량을 늘릴 수 있다.

벤트 오버 바벨 로우를 할 때는 허리가 아닌 둔부부터 앞으로 숙여야 한다는 점을 명심하자. 또 바벨을 들어올리려고 등을 구부리면 안 된다. 운동하는 동안 등은 곧게 펴고 등에 무리가 가지 않도록 복근에 힘을 준다. 바벨을

올리고 내릴 때 팔꿈치는 옆구리에 접하도록 한다. 어떤 운동이든 모든 동작은 천천히 컨트롤하며 해야 최대 효과를 거둘 수 있다.

부상을 입지 않도록 하기 위해 운동하는 동안에는 팔꿈치와 무릎을 완전히 펴지 않는다. 그리고 손목과 목을 구부리지 않는다. 등 하부나 어깨, 목에 문제가 있다면 운동할 때 조심해야 한다.

시작/종료 자세

운동 중 자세

1 무릎은 약간 굽히고 발은 어깨너비로 벌려 바닥에 평평하게 둔다.

2 팔꿈치는 약간 굽히고 두 손은 어깨너비만큼 벌려 손바닥이 뒤를 향하도록 바를 잡는다.

3 둔부부터 상체를 45도 정도 앞으로 숙인다. 등은 곧게 펴고 등에 무리가 가지 않도록 복근에 힘을 준다.

4 바를 복부까지 들어올리면서 천천히 팔을 굽힌다.

5 잠깐 멈춘 뒤 천천히 바를 내리면서 팔을 쭉 편다.

TiP

덤벨을 이용해 벤트 오버 로우를 할 수 있나요?

바벨 대신 덤벨을 이용해 벤트 오버 로우를 할 수 있다. 손바닥이 뒤를 향하도록 덤벨을 잡고 위에서 설명한 방법대로 운동한다. 덤벨을 이용하면 한 팔에 하나씩 덤벨을 들어올리기 때문에 등 근육의 불균형을 바로잡을 수 있다.

벤트 오버 로우를 할 때 어떻게 하면 위팔두갈래근을 강화할 수 있나요?

등과 어깨 후면 근육뿐 아니라 바벨이나 덤벨을 손바닥이 앞을 향하도록 잡으면 위팔두갈래근도 발달시킬 수 있다. 손바닥이 앞을 향하도록 바벨이나 덤벨을 잡으면 동작의 범위를 보다 크게 할 수 있다. 따라서 팔꿈치를 뒤로 더 당길 수 있어 등과 어깨 후면은 물론 위팔두갈래근도 발달시킬 수 있다.

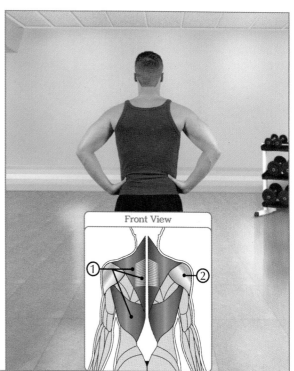

Front View

① ②

- 웨이트를 들어올리려고 등을 구부리지 않는다.
- 팔꿈치가 몸에서 너무 떨어지면 안 된다. 팔꿈치는 옆구리에 접하도록 한다.
- 무릎이나 팔꿈치를 완전히 펴지 않는다.
- 손목과 목을 구부리지 않는다.

목표 근육

① 등
- 넓은등근 : 제7등뼈에서 엉덩뼈능선까지의 등허리널힘줄 하부 제3, 4 갈비뼈, 어깨뼈의 아래각 → 위팔뼈의 두갈래근고랑
- 마름근 : 작은마름근(제7목뼈와 제1등뼈 가시돌기)

큰마름근(제2~5등뼈의 가시돌기)
→ 작은마름근(어깨뼈가시근육)
　큰마름근(어깨뼈가시근육에서 아래각까지의 어깨뼈의 척추모서리)
- 등세모근 : 뒤통수뼈, 목덜미인대, 제7목뼈와 제1~12등뼈의 가시돌기
→ 상부(빗장뼈 가쪽, 어깨봉우리)
　중부(어깨뼈가시)
　하부(어깨뼈가시근육)

부가적 근육

② 어깨 뒤쪽면
- 뒤쪽어깨세모근 : 어깨뼈가시 → 위팔뼈의 어깨세모근 거친면

덤벨 시러그
dumbbell shrug

덤벨 시러그는 등 상부와 어깨 근육을 강화하는 데 효과적인 운동으로 운동 방법도 매우 쉽다. 어깨와 목 사이의 근육을 발달시키는 데 도움이 되며 목에 근력과 안정성을 키울 수 있다. 목에 안정성이 커지면 풋볼과 같은 접촉 스포츠나 목과 머리 부상의 위험이 큰 활동을 할 때 유용하다. 등 상부와 어깨 근육을 강화하면 어깨 위로 무거운 가방을 지는 것과 같은 일상생활의 활동도 보다 쉽게 할 수 있다. 다만 목이나 등 하부에 문제가 있다면 이 운동을 할 때 조심해야 한다.

어깨 관절에 필요이상으로 긴장을 주지 않으려면 어깨를 움츠릴 때 원을 그리며 어깨를 돌리면 안 된다. 대신 어깨를 똑바로 올렸다 내리도록 집중한다. 근육에 힘이 빠지면 동작의 범위가 작아질 수 있지만 운동하는 내내 동작을 크게 하도록 한다.

시작/종료 자세	운동 중 자세

1 팔꿈치는 약간 굽히고 손바닥이 안쪽을 향하도록 양옆으로 한 손에 하나씩 덤벨을 든다.

2 무릎을 약간 굽히고 발을 어깨너비로 벌리고 선 뒤 머리를 똑바로 세운다. 등에 무리가 가지 않도록 복근에 힘을 준다.

3 귀에 가까워지도록 어깨를 천천히 올린다.

4 잠깐 멈춘 뒤 다시 시작 위치로 천천히 어깨를 내린다.

Tip

바벨을 이용해 시러그를 하려면 어떻게 해야 하나요?

발을 어깨너비로 벌리고 서서 팔꿈치를 약간 굽힌 뒤, 손바닥이 뒤를 향하도록 등 뒤에서 바벨을 잡는다. 어깨뼈가 모아지도록 힘을 주면서 귀를 향해 어깨를 올린다. 그 다음 다시 시작 위치로 되돌아간다. 바벨 시러그는 등 중·상부 근육을 더 발달시키며 팔이 뒤에 위치하기 때문에 덤벨 시러그보다 더욱 효과적인 운동이다. 등 뒤에서 바벨을 잡는 것이 불편하다면 허벅지 앞으로 바벨을 잡을 수도 있다.

이 운동을 하기 위해 이용할 수 있는 머신이 있나요?

있다. 시러그 머신이 구비되어 있는 체육관에서 머신에 앉아 양옆으로 손바닥이 안쪽을 향하도록 손잡이를 잡는다. 필요하다면 손잡이를 잡을 때 팔꿈치가 약간 굽혀지도록 좌석높이를 조절할 수 있다. 어깨를 올릴 때 손잡이를 들어올리고 어깨를 내릴 때 천천히 손잡이를 내린다. 시러그 머신을 이용하면 균형을 유지하면서 더 무거운 중량을 들어올릴 수 있다.

금지사항

- 덤벨을 들어올리려고 몸을 앞뒤로 흔들지 않는다.
- 원을 그리며 어깨를 돌리지 않는다. 어깨는 위아래 일직선으로 올렸다 내린다.
- 팔꿈치를 완전히 펴지 않는다. 팔꿈치는 항상 약간 굽힌 상태를 유지한다.
- 머리를 숙이지 않는다. 머리, 목, 등은 일직선을 이루어야 한다.

운동부위

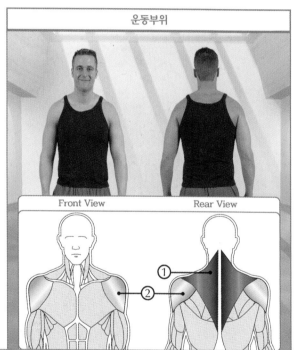

목표 근육
① 등 상부
• 위쪽등세모근 : 뒤통수뼈, 목덜미인대, 제7목뼈와 제1~12등뼈의 가시돌기 → 빗장뼈 가쪽, 어깨봉우리

부가적 근육
② 어깨
• 어깨세모근 : 앞부분(빗장뼈 가쪽 1/3)
가운데부분(어깨봉우리 가쪽)
아래부분(어깨뼈가시)
→ 위팔뼈의 어깨세모근 거친면

어시스티드 친-업
assisted chin-up

어시스티드 친-업은 주로 등 근육을 발달시키지만 어깨와 위팔두갈래근도 강화한다. 등 모양을 다듬고 상체 근력을 형성하는 데 이로운 운동이다. 상체에 근력이 커지면 수영이나 암벽등반처럼 자신의 몸무게를 끌어당기는 활동에 도움이 된다.

어시스티드 친-업 머신을 이용하면 몸무게의 일부만을 들어올릴 수 있다. 이 머신은 몸무게를 상쇄하기 때문에 쉽게 운동하려면 무거운 중량을 선택하고 운동 강도를 높이려면 가벼운 중량을 선택해야 한다. 사용하는 머신의 유형에 따라 무릎을 꿇고 하거나 서서 할 수 있다.

운동할 때는 어깨가 귀 쪽으로 올라가지 않도록 어깨에 힘을 빼야 한다. 그리고 등에 무리가 가지 않도록 복근에 힘을 준다. 목이나 어깨, 팔꿈치에 문제가 있다면 이 운동을 할 때 조심해야 한다.

시작/종료 자세	운동 중 자세

1 어시스티드 친-업 머신의 발판에 무릎을 댄다.

2 두 손은 어깨너비로 벌려 손바닥이 자신을 향하도록 위쪽 손잡이를 잡는다. 팔은 곧게 편다.
• 등은 곧게 펴고 등에 무리가 가지 않도록 복근에 힘을 준다.

3 턱이 손잡이 높이에 오도록 팔을 굽혀 천천히 몸을 들어올린다.

4 다시 시작 위치로 몸이 내려가도록 천천히 팔을 곧게 편다.

어떻게 하면 위팔두갈래근과 아래팔, 어깨 앞쪽면에 더 집중할 수 있나요?

잡는 방법을 다르게 할 수 있도록 손잡이가 더 있는 머신도 있다. 손잡이를 잡는 방법을 달리 하면 위팔두갈래근과 아래팔, 어깨 앞쪽면에 더 집중할 수 있다. 손바닥이 앞쪽이 아닌 서로 마주보게 손잡이를 잡고 위에서 설명한 방법과 똑같이 운동한다.

턱걸이를 조금 더 어렵게 하려면 어떻게 해야 하나요?

보조 장치 없이 턱걸이를 할 수 있는 철봉을 이용하면 된다. 철봉에서 턱걸이를 하려면 자신의 몸무게 전체를 들어올렸다 내려야 한다. 철봉에 매달릴 때 무릎은 굽히고 두 발은 교차시킨다. 등 하부에 문제가 있다면 조심해야 한다.

친-업과 풀-업(pull-ups)은 무엇이 다른가요?

친-업과 풀-업의 차이점은 손잡이를 잡는 방식에 있다. 풀-업을 할 때는 팔을 어깨너비의 1.5배 정도로 넓게 벌려 손바닥이 자신을 향하도록 손잡이를 잡는다. 풀-업은 등 근육에 중점은 둔 운동으로 V자형을 만드는 데 더 효과적이다.

금지사항

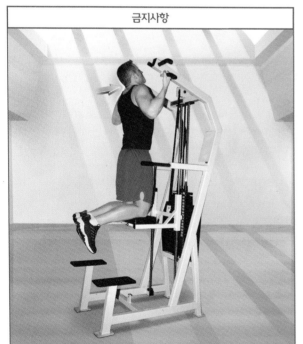

운동부위

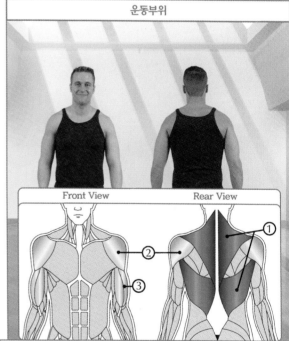

Front View · Rear View

• 목을 뒤로 젖히거나 어깨를 움츠리지 않는다.
• 몸을 들어올리려고 몸을 뒤로 젖히거나 등을 구부리지 않는다.
• 몸을 들어올릴 때 상체를 굽히지 않는다.
• 팔꿈치를 완전히 펴지 않는다.

목표 근육
① 등
• 넓은등근 : 제7등뼈에서 엉덩뼈능선까지의 등허리널힘줄 하부 제3 또는 제4늑골, 어깨뼈 아래모 → 위팔뼈의 두갈래근고랑
• 등세모근 : 뒤통수뼈, 목덜미인대, 제7목뼈와 제1~12등뼈의 가시돌기

→ 상부(빗장뼈 가쪽, 어깨봉우리)
　　중부(어깨뼈가시)
　　하부(어깨뼈가시근육)

목표 근육
② 어깨
• 어깨세모근 : 앞부분(빗장뼈 가쪽 1/3)
　　　　　　가운데부분(어깨봉우리 가쪽)
　　　　　　아래부분(어깨뼈가시)
　　　　　→ 위팔뼈의 어깨세모근 거친면
③ 위팔두갈래근 : 장두(어깨뼈의 관절오목 위결절)
　　　　　　　단두(어깨뼈의 부리돌기)
　　　　　　→ 노뼈 거친면

업라이트 로우
upright row

업라이트 로우는 등과 어깨 근육을 뚜렷하게 하고 모양을 잡아준다. 이 운동은 등 중·상부는 물론 어깨 중앙과 전면, 그리고 위팔두갈래근도 발달시킨다. 목이나 어깨에 문제가 있다면 조심해야 한다.

바벨이 너무 무거워 운동하기가 어렵다면 보다 가벼운 이지 컬 바를 이용할 수도 있다. 이지 컬 바를 이용할 때는 바 중앙쪽 굽은 부분을 잡고 한다.

손으로 바를 끌어올리는 대신 팔꿈치를 올리는 데 집중하면 팔 동작은 자연적으로 이루어질 수 있다. 최대의 운동 효과를 거두려면 바를 내린 즉시 천천히 바를 끌어올린다. 팔을 내린 동작에서 쉬지 않으며 동작을 반복하는 중에 등과 어깨 근육에 긴장이 풀리지 않도록 동작의 흐름에 주의한다.

시작/종료 자세

운동 중 자세

1 두 손을 어깨너비로 벌려 손바닥이 뒤를 향하도록 바벨을 잡는다.

2 무릎은 약간 굽히고 발은 어깨너비로 벌려 똑바로 선다.

3 손바닥이 허벅지 앞쪽을 향하도록 팔은 아래로 곧게 내린다. 이때 팔꿈치는 약간 굽힌다.

4 손이 가슴 상부 높이에 올 때까지 바를 수직으로 올리면서 천천히 팔을 굽힌다. 팔꿈치가 어깨보다 올라가지 않도록 주의한다.

• 등은 곧게 펴고 등에 무리가 가지 않도록 복근에 힘을 준다.

5 잠깐 멈춘 뒤 다시 시작 위치로 바를 내리면서 천천히 팔을 쭉 편다.

Tip

덤벨을 이용해 이 운동을 하려면 어떻게 해야 하나요?

손바닥이 몸을 향하도록 허벅지 앞에서 한 손에 하나씩 덤벨을 잡는다. 그 다음 바벨로 운동할 때처럼 덤벨을 올렸다 내린다. 한쪽 근육이 다른 쪽 근육보다 강해 근육 불균형을 바로잡고 싶을 경우 바벨 대신 덤벨을 이용하면 도움이 된다. 따로따로 움직이기 때문에 강한 쪽이 약한 쪽을 보완할 수 없기 때문이다.

케이블 머신으로 업라이트 로우를 할 수 있나요?

가능하다. 가장 낮게 설정한 케이블 머신 타워에 케이블을 고정시키고 케이블에 수평 바를 연결한다. 두 손은 어깨너비로 벌려 손바닥이 몸을 향하도록 바를 잡는다. 발은 어깨너비로 벌려 타워 가까이 선다. 그 다음 손이 가슴 상부에 올 때까지 바를 위로 당긴다. 케이블 머신을 이용하면 보다 무거운 중량을 들어올릴 수 있으며 프리 웨이트로 운동할 때와 다른 저항력을 줄 수 있다.

금지사항

- 바를 너무 높이 들어올리지 않는다. 팔꿈치가 어깨보다 높이 올라가면 안 된다.
- 손목을 구부리지 않는다.
- 바벨을 들어올리려고 몸을 뒤로 젖히거나 앞뒤로 흔들지 않는다.
- 바를 들어올릴 때 손이 팔꿈치보다 높이 위치하면 안 된다.

목표 근육
① 등 중·상부
- 등세모근 : 뒤통수뼈, 목덜미인대, 제7목뼈와 제1~12등뼈의 가시돌기
  → 상부(빗장뼈 가쪽, 어깨봉우리)

운동부위

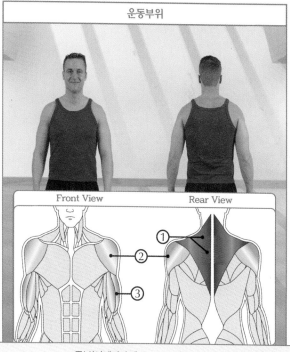

중부(어깨뼈가시)
하부(어깨뼈가시근육)
- 마름근 : 작은마름근(제7목뼈와 제1등뼈의 가시돌기)
  큰마름근(제2~5등뼈의 가시돌기)
  → 작은마름근(어깨뼈가시근육)
  큰마름근(어깨뼈가시근육에서 아래각까지의 어깨뼈 척추 모서리)

부가적 근육
② 어깨 중앙과 앞쪽면
- 가운데어깨세모근 : 어깨봉우리 가쪽 → 위팔뼈의 어깨세모근 거친면
- 앞쪽어깨세모근 : 빗장뼈 가쪽 1/3 → 위팔뼈의 어깨세모근 거친면
③ 위팔두갈래근 : 장두(어깨뼈의 관절오목 위결절)
  단두(어깨뼈의 부리돌기) → 노뼈 거친면

로만 체어를 이용한 백 익스텐션
back extension

로만 체어를 이용한 백 익스텐션은 등 하부를 단련하는 데 제격인 운동이다. 이 운동은 등 하부 근력이 필요한 일상적인 활동에 도움을 주며 등 하부 근육뿐만 아니라 둔부 근육도 발달시킨다.

로만 체어에서 백 익스텐션을 할 때 등은 항상 곧게 편 상태를 유지해야 한다. 또 운동하는 동안 목을 굽히면 안 된다. 상체를 올리고 내릴 때 머리와 목, 등은 일직선을 이루어야 한다.

운동 강도를 높이고 싶다면 팔꿈치가 바깥쪽을 향하도록 두 손을 머리 뒤에 가볍게 올리고 운동하면 된다. 이때 손가락은 깍지 끼지 않는다. 또 웨이트 플레이트를 가슴에 안고 운동해도 운동 강도를 높일 수 있다.

등 하부에 문제가 있다면 이 운동은 하지 않는 편이 좋다.

시작/종료 자세

운동 중 자세

1 발목패드 아래 발목이 오도록 로만 체어에 엎드린다. 허벅지 윗부분은 패드에 밀착시키고 둔부가 패드 끝부분에 오는지 확인한다.
- 바람직한 자세를 취할 수 있도록 패드높이를 조절할 수 있다.

2 몸 전체가 일직선이 된 상태로 시작한다. 두 손은 교차시켜 가슴에 둔다.

3 둔부부터 몸을 굽혀 천천히 몸을 최대한 숙인다. 등은 항상 곧게 편 상태를 유지한다.

4 다시 시작 위치로 천천히 몸을 올린다.

Tip

로만 체어를 이용하지 않고 백 익스텐션을 할 수 있나요?

가능하다. 운동용 매트에 엎드려 팔은 앞으로 쭉 펴고 다리는 뒤로 쭉 편다. 오른팔과 왼쪽 다리를 들어올린다. 다리를 들어올리는 동안 무릎은 굽히지 않는다. 2~3초간 멈춘 뒤 내리고 왼팔과 오른쪽 다리를 들어올린다. 반대쪽 팔과 다리를 번갈아 하면서 한 세트를 완성한다. 이 운동은 등에 문제가 있는 사람에게 좋은 운동이다.

등 하부가 약하기 때문에 로만 체어에서 백 익스텐션을 하기가 너무 어렵습니다. 제가 할 수 있는 이와 비슷한 운동이 있나요?

있다. 백 익스텐션 머신을 이용하면 된다. 등 하부가 약하거나 등 부상을 회복중인 경우에는 백 익스텐션 머신이 안성맞춤이다. 백 익스텐션 머신에 앉아 자세가 안정되도록 벨트를 한다. 무릎이 90도가 되도록 발판을 조절한다. 등 하부 근육을 사용해 롤러 패드를 뒤로 밀어준다. 잠깐 멈춘 뒤 천천히 시작 위치로 되돌아간다.

금지사항	운동부위

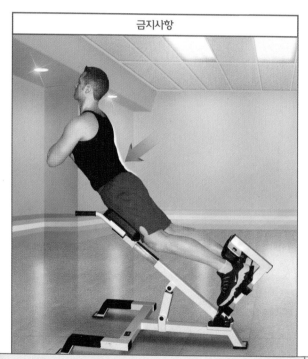

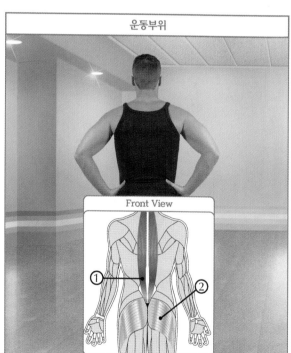

Front View

- 등을 구부리지 않는다.
- 목을 구부리지 않는다. 머리, 목, 등은 일직선을 이루어야 한다.
- 무릎을 완전히 펴지 않는다. 무릎은 약간 굽힌 상태를 유지한다.

목표 근육
① 등 하부
- 척추세움근 : 엉덩갈비근(등허리널힘줄, 갈비뼈 뒷부분)
　　　　　　　가장긴근(등허리널힘줄, 등·허리뼈의 가로돌기)
　　　　　　　가시근(목덜미인대, 목·등뼈의 가시돌기)
　　　　　　→ 엉덩갈비근(갈비뼈 뒷부분, 목뼈가로돌기)
　　　　　　　가장긴근(목·등뼈의 가로돌기, 꼭지돌기)
　　　　　　　가시근(목·등뼈의 가시돌기, 뒤통수뼈)

부가적 근육
② 둔부
- 큰볼기근 : 엉치뼈 뒷면, 엉덩뼈, 엉덩뼈 앞볼기근선
　　　　　　→ 넙다리뼈의 볼기근 거친면, 엉덩정강근막띠

시티드 케이블 로우
seated cable row

시티드 케이블 로우는 등 상부 근육을 뚜렷하게 할 뿐만 아니라 등 중·상부 모양을 다듬고 근육량을 늘리는 데 효과적인 운동이다. 이 운동은 주로 등에 중점을 두고 있지만 위팔두갈래근과 어깨 뒤쪽면 근육도 발달시키며 자세를 개선하는 데도 도움을 준다.

이 운동을 할 때도 천천히 컨트롤하며 운동한다. 동작을 컨트롤하기 어렵거나 반복하는 중에 웨이트가 스택에 세게 부딪히며 떨어진다면 중량을 낮춘다.

목, 어깨, 팔꿈치, 등에 문제가 있다면 조심해야 한다. 등 부상을 방지하려면 운동할 때 등을 곧게 편다.

케이블 로우 머신이 없다면 바닥에 앉아 케이블 머신을 이용해 비슷한 운동을 할 수 있다. 가장 낮은 높이에서 약간 위로 케이블을 고정시키고 수평 바를 연결한다. 케이블 머신의 밑 부분 바로 옆에 스텝을 놓고 스텝에 발을 대고 운동하면 된다.

시작/종료 자세

운동 중 자세

1 케이블 로우 머신에 앉아 발판에 발을 댄다.

2 손바닥이 서로 마주보도록 손잡이를 잡는다. 팔은 앞으로 쭉 뻗되 팔꿈치는 약간 굽힌다.

3 무릎은 약간 굽히고 똑바로 앉는다.

4 팔은 옆구리에 접하도록 하고 복부 위쪽을 향해 손잡이를 당기며 천천히 팔을 굽힌다.
• 등과 어깨는 곧게 펴고 복근에 힘을 준다.

5 잠깐 멈춘 뒤 손잡이를 다시 시작 위치로 되돌리며 천천히 팔을 쭉 편다.

Tip

시티드 케이블 로우를 할 때 다른 부착물을 사용할 수 있나요?

있다. 수평 바를 부착하면 등 중·상부에 더 집중할 수 있고 아래팔을 발달시킬 수 있다. 두 손을 어깨너비로 벌려 손바닥이 아래를 향하도록 바를 잡는다. 위팔두갈래근과 아래팔의 다른 면을 더 발달시키려면 손바닥이 위를 향하도록 바를 잡아도 된다. 한번에 한 팔씩 운동하려면 편자형 손잡이를 부착할 수도 있으며 이는 근육 불균형을 바로잡는 데 도움이 된다. 이 경우 손바닥이 안쪽을 향하도록 손잡이를 잡는다.

등 하부에 문제가 있습니다. 시티드 로우를 보다 안전하게 할 수 있는 방법이 있나요?

보다 안전한 머신 로우를 이용할 수 있다. 또 안정성을 높여주기 때문에 초보자들에게도 제격이다. 머신 로우에 웨이트 스택을 향해 앉아 팔은 앞으로 쭉 펴고 손바닥이 아래를 향하도록 손잡이를 잡는다. 팔이 손잡이 높이에 오도록 좌석을 조절한다. 손이 가슴 옆으로 올 때까지 몸쪽으로 손잡이를 당기며 천천히 팔을 굽힌다.

금지사항	운동부위
	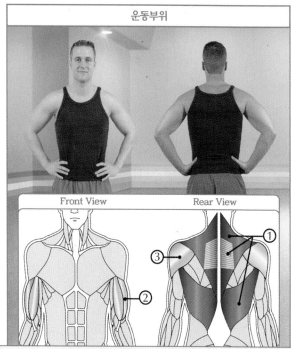

Front View   Rear View

- 웨이트를 당기려고 상체를 앞뒤로 흔들거나 뒤로 젖히지 않도록 하고 등을 구부리지 않는다.
- 손목을 구부리지 않는다.
- 팔꿈치나 무릎을 완전히 펴지 않는다.

목표 근육

① 등
- 넓은등근 : 제7등뼈에서 엉덩뼈능선까지의 등허리널힘줄 하부 제3 또는 제4갈비뼈, 어깨뼈의 아래각 → 위팔뼈의 두갈래근고랑
- 마름근 : 작은마름근(제7목뼈와 제1등뼈 가시돌기) 큰마름근(제2~5등뼈의 가시돌기)

→ 작은마름근(어깨뼈가시근육)
큰마름근(어깨뼈가시근육에서 아래각까지의 어깨뼈의 척추모서리)
- 가운데등세모근 : 뒤통수뼈, 목덜미인대, 제7목뼈, 제1~12등뼈의 가시돌기 → 어깨뼈가시

부가적 근육

② 위팔두갈래근 : 장두(어깨뼈의 관절오목 위결절) 단두(어깨뼈의 부리돌기) → 노뼈 거친면

③ 어깨 뒤쪽면
- 뒤쪽어깨세모근 : 어깨뼈가시 → 위팔뼈의 어깨세모근 거친면

벤치 딥
bench dip

벤치 딥은 주로 위팔세갈래근을 강화하고 모양을 잡아준다. 대부분의 위팔세갈래근 운동은 위팔세갈래근만 사용하지만 벤치 딥은 어깨와 등 상부를 포함한 다른 근육도 사용한다.

팔운동이니만큼 팔을 굽히고 펼 때 팔의 힘으로 몸을 올리고 내려야 한다. 벤치 딥을 할 때 단순하게 둔부를 위아래로 움직이지 않도록 한다. 위팔이 바닥과 평행이

될 때까지만 몸을 내린다. 몸을 너무 낮게 내리면 어깨를 뺄 수도 있다. 벤치나 의자에서 상체가 너무 멀리 떨어져 있어도 어깨를 뺄 수 있다.

목이나 등 하부에 문제가 있다면 이 운동을 할 때 조심해야 한다. 그러나 손목이나 팔꿈치, 어깨에 문제가 있다면 이 운동은 하지 않는 편이 좋다.

시작/종료 자세

운동 중 자세

1 다리를 쭉 펴고 발끝을 모아 위를 향하도록 벤치나 의자 끝에 앉는다.

2 두 손은 둔부 옆 벤치나 의자 끝에 둔다.

• 등에 무리가 가지 않도록 복근에 힘을 준다.

3 양팔로 몸무게를 지탱하면서 팔을 곧게 펴고 둔부를 벤치나 의자에서 들어올려 몸을 약간 앞으로 이동시킨다.

4 둔부와 등이 벤치나 의자 가까이 있도록 유지하면서 위팔이 바닥과 평행이 되도록 천천히 팔을 굽혀 몸을 내린다. 이때 팔꿈치가 양 옆으로 벌어지면 안 된다.

5 다시 시작 위치로 천천히 팔을 곧게 펴면서 몸을 밀어올린다.

Tip

벤치 딥이 너무 어렵다면 어떻게 해야 하나요?

벤치 딥을 보다 쉽게 하려면 이 운동을 변형시키면 된다. 무릎을 90도로 굽히고 발을 바닥에 평평하게 둔다. 그리고 위에서 설명한 방법과 똑같이 운동한다. 이 자세는 딥을 할 때 의자에 앉는 것처럼 보인다.

어떻게 하면 벤치 딥의 운동 강도를 조금 더 높일 수 있나요?

똑같은 높이의 벤치나 의자에 발을 올려놓고 위에서 설명한 방법과 똑같이 운동하면 된다. 팔로 지탱하는 벤치나 의자 가까이 둔부를 위치시키고 발뒤꿈치를 다른 벤치나 의자에 올려놓는다. 몸을 안정시킬 수 있도록 복근에 힘을 주고 무릎은 완전히 펴지 않는다. 운동 강도를 더 높이려면 허벅지에 웨이트 플레이트를 올려놓고 하면 된다.

금지사항	운동부위
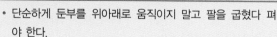	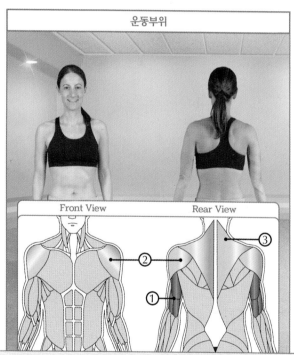

• 단순하게 둔부를 위아래로 움직이지 말고 팔을 굽혔다 펴야 한다.
• 몸을 너무 낮게 내리지 않는다. 위팔이 바닥과 평행을 이루는 지점보다 낮게 몸이 내려가면 안 된다.
• 팔꿈치를 완전히 펴거나 벤치나 의자에서 몸이 너무 멀리 떨어지면 안 된다.
• 팔꿈치가 양옆으로 너무 벌어지면 안 된다.

목표 근육
① 위팔세갈래근 : 장두(어깨뼈 관절오목 아래결절)
　　　　　　　　외측두(위팔뼈 뒤쪽 나선도랑 위)
　　　　　　　　내측두(위팔뼈 뒤쪽 나선도랑 아래)
　　　　　　　　→ 자뼈의 팔꿈치돌기

부가적 근육
② 어깨
• 어깨세모근 : 앞부분(빗장뼈 가쪽 1/3)
　　　　　　　가운데부분(어깨봉우리 가쪽)
　　　　　　　아래부분(어깨뼈가시)
　　　　　　　→ 위팔뼈의 어깨세모근 거친면
③ 위쪽등세모근 : 뒤통수뼈, 목덜미인대, 제7목뼈와 제1~12등뼈의 가시돌기
　　　　　　　　→ 빗장뼈 가쪽, 어깨봉우리

트라이셉 킥백
tricep kickback

트라이셉 킥백은 위팔세갈래근의 근육량을 늘리기보다는 위팔세갈래근을 강화하고 뚜렷하게 해준다. 이 운동은 특히 가벼운 중량만 들어올릴 수 있는 초보자들이 하기에 적합하다.

운동 효과를 거두려면 팔동작을 정확하게 하는 것이 가장 중요하다. 위팔은 고정시키고 바닥과 평행을 이뤄야 한다. 팔을 곧게 펼 때 팔꿈치까지 완전히 펴지 않는다. 동작을 정확하게 하고 있다면 위팔 뒷면에 타는 듯한

느낌이 있을 것이다.

목이나 등이 다치지 않도록 머리와 목, 등은 일직선이 되어야 한다. 목을 수평 상태로 유지하려면 위를 보거나 옆을 보지 않고 시선을 아래에 둔다. 운동하는 내내 등에 무리가 가지 않도록 복근에 힘을 준다.

어깨나 팔꿈치, 등 하부에 문제가 있다면 이 운동을 할 때 조심해야 한다.

시작/종료 자세　　　　　　　　　　**운동 중 자세**

1 무릎을 약간 굽혀 오른발은 벤치 옆 바닥에 평평하게 두고 왼쪽 무릎은 벤치에 올려놓는다.

2 상체를 앞으로 숙이고 왼손은 상체를 지탱하도록 벤치에 올려놓는다.

3 오른손으로 손바닥이 안쪽을 향하도록 덤벨을 든다. 위팔이 바닥과 평행을 이루도록 팔꿈치를 90도로 굽힌다.

4 위팔은 고정시킨 채 천천히 팔을 쭉 편다. 팔은 옆구리 가까이에 있어야 한다.
• 등에 무리가 가지 않도록 복근에 힘을 준다.

5 다시 시작 위치로 덤벨을 내리며 천천히 팔을 굽힌다.

6 오른팔로 한 세트를 완성한 뒤 오른손과 오른쪽 무릎을 벤치에 올려놓고 왼팔로 반복한다.

Tip

케이블 머신으로 위팔세갈래근 킥백을 할 수 있나요?

가능하다. 가장 낮게 설정한 케이블 머신 타워에 케이블을 고정시키고 케이블에 손잡이를 연결한다. 타워를 향해 서서 발은 어깨너비로 벌리고 무릎은 약간 굽힌다. 오른손으로 손바닥이 위를 향하도록 손잡이를 잡는다. 그 다음 상체를 45도로 숙이고 등은 곧게 편 상태를 유지한다. 왼손은 허벅지 위에 둔다. 시작할 때 손바닥이 앞을 향한다는 점만 다를 뿐 위에서 설명한 방법과 똑같이 운동하면 된다. 팔을 곧게 펼 때는 손바닥이 바닥을 향해야 한다. 풀 세트를 완성한 다음 왼팔로 반복한다.

운동 강도를 조금 더 높이려면 어떻게 해야 하나요?

팔을 뻗을 때 손바닥이 천장을 향하도록 손목을 돌리면 된다. 이처럼 변형시킨 운동은 마지막 동작을 할 때 위팔세갈래근을 더 많이 사용하게 된다.

금지사항	운동부위

Front View

- 위팔을 내리지 않는다. 위팔은 바닥과 평행 상태를 유지해야 한다.
- 등을 구부리지 않는다. 등은 곧게 편 상태를 유지해야 한다.
- 목을 구부리지 않는다. 머리, 목, 등은 일직선상에 놓여야 한다.
- 서 있는 다리의 무릎을 완전히 펴거나 팔을 뻗을 때 팔꿈치까지 완전히 펴지 않는다.

목표 근육
① **위팔세갈래근** : 장두(어깨뼈의 관절오목 아래결절)
외측두(위팔뼈 뒤쪽 나선도랑 위)
내측두(위팔뼈 뒤쪽 나선도랑 아래)
→ 자뼈의 팔꿈치돌기

트라이셉스 푸시다운
triceps pushdown

케이블 머신을 이용한 트라이셉스 푸시다운은 위팔세 갈래근 형성에 좋은 운동이다. 위팔세갈래근을 강화할 때 케이블 머신을 이용하면 보다 무거운 중량으로 운동할 수 있다.

이 운동을 할 때 동작을 천천히 컨트롤하며 중량을 들어올리고 내려야 한다. 그리고 몸을 앞으로 숙이거나 등을 구부리지 않도록 주의한다. 등을 곧게 편 상태로 유지하려면 머리를 똑바로 세우고 앞을 바라본다. 복근에 힘을 주면 등을 곧게 편 상태를 유지하는 데 도움이 되며 등에 무리가 가는 것을 막을 수 있다. 바를 아래로 당길 때 팔꿈치는 옆구리에 접해야 한다는 점을 명심한다.

균형을 유지하기가 어렵다면 한 발을 약간 앞으로 내밀어 보다 안정적인 자세를 취할 수도 있다. 이 자세는 웨이트를 들어올릴 때 다른 근육이 쓰이지 않도록 하는 데 도움이 된다.

등, 목, 어깨, 팔꿈치에 문제가 있다면 조심해야 한다.

시작/종료 자세 → 운동 중 자세

1 가장 높게 설정한 케이블 머신 타워에 케이블을 고정시키고 케이블에 수평 바나 V자형 바를 연결한다.

2 두 손은 어깨너비로 벌려 손바닥이 아래를 향하도록 바를 잡는다.

3 머신에서 한 발 떨어져 무릎은 약간 굽히고 발은 어깨너비로 벌려 바닥에 평평하게 둔다.

4 아래팔이 바닥과 평행을 이루도록 팔꿈치를 굽혀 옆구리에 붙인다.

5 허벅지 앞으로 바를 내리면서 천천히 팔을 쭉 편다.

• 등은 곧게 펴고, 머리는 똑바로 세우며, 팔꿈치는 옆구리에 붙인다. 등에 무리가 가지 않도록 복근에 힘을 준다.

6 잠깐 멈춘 뒤 시작 위치보다 조금 위로 천천히 팔을 굽혀 바를 올린다.

Tip

위팔세갈래근뿐만 아니라 아래팔도 발달시키려면 트라이셉스 푸시다운을 어떻게 변형해야 하나요?

리버스-그립 푸시다운을 하면 된다. 케이블에 수평 바를 연결하고 손바닥이 위를 향하도록 바를 잡는다. 그리고 위에서 설명한 방법대로 운동한다.

한번에 한 팔씩 운동할 수 있나요?

있다. 한번에 한 팔씩 운동하면 두 팔의 위팔세갈래근을 균형잡는 데 도움이 된다. 케이블에 편자형 손잡이를 연결하고 손바닥이 아래를 향하도록 손잡이

를 잡는다. 손바닥이 위를 향하게 잡으면 위팔세갈래근 안쪽을 더 발달시킬 수 있다. 그 다음 위에서 설명한 방법대로 운동한다.

위팔세갈래근 전체를 더 발달시키려면 트라이셉스 푸시다운을 어떻게 변형할 수 있나요?

수평 바나 V자형 바 대신 로프를 연결해 운동하면 된다. 손바닥이 마주보도록 각각 로프 끝을 잡는다. 그 다음 허벅지 바깥쪽으로 로프를 당기면서 위에서 설명한 방법과 똑같이 운동한다.

금지사항

운동부위

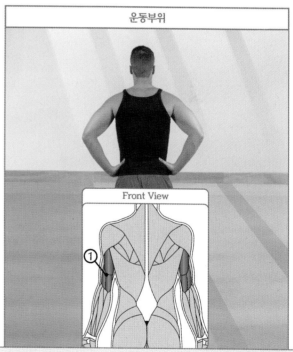

Front View

- 바를 아래로 당길 때 팔꿈치를 양옆으로 벌리면 안 된다.
- 팔을 펼 때 팔꿈치까지 완전히 펴지지 않는다.
- 바를 아래로 당길 때 몸을 앞으로 숙이거나 등을 구부리지 않는다. 등은 곧게 펴고 머리는 똑바로 세운다.
- 손목을 구부리거나 무릎을 완전히 펴지 않는다.

목표 근육
① **위팔세갈래근** : 장두(어깨뼈의 관절오목 아래결절)
　　　　　　　　　외측두(위팔뼈 뒤쪽 나선도랑 위)
　　　　　　　　　내측두(위팔뼈 뒤쪽 나선도랑 아래)
　　　　　　　　　→ 자뼈의 팔꿈치돌기

바벨 트라이셉스 프레스
barbell triceps press

바벨 트라이셉스 프레스는 위팔세갈래근 형성에 탁월한 운동으로 어깨 앞쪽면 근육도 발달시킨다.

이 운동은 주로 가슴 근육을 사용하는 바벨 벤치 프레스와 유사하지만 바벨 벤치 프레스를 할 때와는 팔의 위치가 다르다. 바벨 트라이셉스 프레스는 바벨을 잡는 폭이 좁고 위팔을 몸 가까이 위치시켜 가슴 근육 대신 위팔세갈래근을 사용한다. 바벨 벤치 프레스에 대해 더 자세히 알고 싶다면 44페이지를 보라.

바벨이 너무 무겁다면 표준 바벨보다 가벼운 이지 컬 바로 운동할 수도 있다. 그러나 이지 컬 바의 굽은 부분을 잡으면 안 된다. 반드시 양손은 6인치 정도만 벌려 바를 잡아야 한다. 이지 컬 바에 대해 더 자세히 알고 싶다면 26페이지를 보라.

이 운동의 경우 팔동작 때문에 어깨에 문제가 있다면 조심해야 한다. 그리고 팔꿈치나 손목에 문제가 있다면 이 운동은 하지 않는 편이 좋다.

시작/종료 자세

운동 중 자세

1 벤치에 등을 대고 누워 발은 바닥이나 벤치에 평평하게 둔다. 등에 무리가 가지 않도록 복근에 힘을 준다.

2 두 손을 6인치 정도 벌려 손바닥이 앞을 향하도록 바를 잡는다.

3 가슴 위로 바를 들어올리면서 팔을 쭉 편다. 이때 팔꿈치는 약간 굽힌 상태를 유지해야 한다.

4 가슴 위로 천천히 바를 내린다. 팔꿈치는 어깨높이보다 약간 아래 위치해야 한다.
• 팔꿈치가 양옆으로 벌어지지 않도록 주의한다.

5 잠깐 멈춘 뒤 다시 시작 위치로 천천히 바를 올린다. 바를 들어올리는 동안 어깨뼈를 벤치 쪽으로 밀어준다.

Tip

한 팔씩 따로 운동하도록 이 운동을 변형할 수 있나요?

있다. 위팔세갈래근의 불균형을 바로잡는 데 도움이 되는 덤벨 트라이셉스 프레스를 하면 된다. 손바닥이 서로 마주보도록 한 손에 하나씩 덤벨을 잡는다. 그 다음 양쪽 덤벨을 동시에 들어올리면서 위에서 설명한 방법대로 운동한다. 한번에 한 팔에만 집중하려면 한 팔로 풀 세트를 완성한 뒤 다른 팔로 반복한다. 이 운동은 팔을 내리는 동작에서 웨이트를 컨트롤해야 하기 때문에 위팔두갈래근도 발달시킬 수 있다.

웨이트를 사용하지 않고 위팔세갈래근을 발달시킬 수 있는 방법이 있나요?

일반적인 팔굽혀펴기보다 두 손을 조금 더 가깝게 두고 팔굽혀펴기를 하면 위팔세갈래근을 발달시킬 수 있다. 바닥에 엎드려 두 다리를 모아 쭉 뻗고 발끝을 바닥에 댄다. 팔꿈치는 굽히고 손가락이 앞을 향하도록 어깨 아래 바닥에 손바닥을 댄다. 팔을 쭉 펴 천천히 몸을 들어올린다. 그 다음 가슴이 바닥에 거의 닿을 때까지 천천히 몸을 내린다. 이 방법이 너무 어렵다면 무릎을 바닥에 대고 할 수도 있다.

금지사항	운동부위

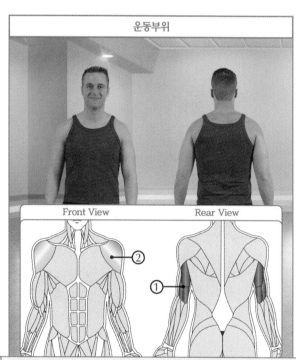

Front View　　Rear View

- 양옆으로 팔꿈치가 벌어지면 안 된다.
- 팔을 쭉 펼 때 손목을 굽히거나 팔꿈치까지 완전히 펴지 않는다.
- 머리를 벤치 위로 들지 않는다.
- 바벨을 들어올리려고 등을 구부리거나 몸을 비틀지 않는다. 등은 벤치에 밀착시키고 다리와 발은 지탱할 수 있도록 고정시킨다.

목표 근육
① 위팔세갈래근 : 장두(어깨뼈의 관절오목 아래결절)
　　　　　　　　　외측두(위팔뼈 뒤쪽 나선도랑 위)
　　　　　　　　　내측두(위팔뼈 뒤쪽 나선도랑 아래)
　　　　　　　　　→ 자뼈의 팔꿈치돌기

부가적 근육
② 어깨 앞쪽면
- 앞쪽어깨세모근 : 빗장뼈 가쪽 1/3 → 위팔뼈의 어깨세모근 거친면

덤벨 오버헤드 트라이셉스 익스텐션
dumbbell overhead triceps extension

덤벨 오버헤드 트라이셉스 익스텐션은 위팔세갈래근을 강화하는 데 가장 좋은 운동이다.

앉아서나 서서 할 수 있으며 서서 할 경우에는 발을 어깨너비로 벌리고 무릎은 약간 굽힌다. 앉아서 하건 서서 하건 머리, 목, 등은 항상 일직선상에 놓여야 한다. 또 등에 무리가 가지 않도록 복근에 힘을 준다.

위팔세갈래근에 더 집중하고 어깨 부상을 피하려면 웨이트를 들어올리고 내릴 때 팔꿈치가 머리 바로 옆에서 앞을 향하도록 자세에 주의해야 한다. 팔꿈치가 자꾸 바깥쪽으로 향한다면 양쪽 손목이 가까이 모이도록 덤벨을 잡자.

손목에 문제가 있을 경우 운동을 할 때 조심하고, 목이나 어깨, 팔꿈치에 문제가 있다면 운동을 삼가야 한다.

시작/종료 자세

운동 중 자세

1 두 손으로 덤벨을 잡는다.

2 등받이가 있는 벤치에 앉아 다리는 약간 벌리고 발은 바닥에 평평하게 둔다. 등에 무리가 가지 않도록 복근에 힘을 준다.

3 손바닥이 위를 향하도록 덤벨의 한쪽 끝을 두 손으로 잡는다.

4 팔을 위로 쭉 펴 덤벨을 머리 위로 들어올린다. 이때 팔꿈치는 약간 굽힌다.

5 팔꿈치는 머리 바로 옆에 두고 머리 아래로 덤벨을 내리면서 천천히 팔을 굽힌다.

6 잠깐 멈춘 뒤 머리 위로 덤벨을 들어올리면서 천천히 팔을 편다.

Tip

한번에 한 팔만 운동하려면 어떻게 해야 하나요?

한번에 한 팔씩 운동하면 위팔세갈래근의 불균형을 바로잡을 수 있다. 손바닥은 머리를 향하고 엄지손가락이 바닥을 가리키도록 한 손으로 덤벨을 잡고 머리위로 웨이트를 들어올린다. 그 다음 팔꿈치를 굽혀머리 아래로 웨이트를 내린다. 다른 팔로 운동하는팔의 팔꿈치 아래를 받쳐 지지하도록 할 수 있다.

케이블 머신으로 오버헤드 트라이셉스 익스텐션을 할 수 있나요?

가능하다. 가장 높게 설정한 케이블 머신 타워에 케이블을 고정시키고 케이블에 로프를 연결한다. 타워를 향해 뒤돌아서서 손바닥을 서로 마주보고 위팔이머리 옆에 오도록 각각 로프 끝을 잡는다. 타워에서한 발 떨어져 발은 어깨너비로 벌리고 한 발을 앞으로 내민다. 상체를 약간 앞으로 숙이고 팔을 머리 위로 쭉 편다.

금지사항	운동부위

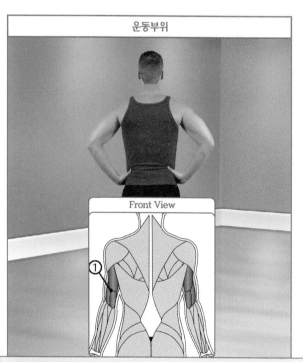

Front View

- 팔꿈치가 양옆으로 벌어지면 안 된다. 어깨가 아닌 위팔세갈래근을 발달시키도록 팔꿈치는 머리 바로 옆에 위치시키고 앞을 향하게 한다.
- 등을 구부리지 않는다.
- 팔을 쭉 펼 때 팔꿈치까지 완전히 펴지 않는다.
- 목을 구부리지 않는다. 머리, 목, 등은 일직선상에 놓여야한다.

목표 근육
① 위팔세갈래근 : 장두(어깨뼈의 관절오목 아래결절)
외측두(위팔뼈 뒤쪽 나선도랑 위)
내측두(위팔뼈 뒤쪽 나선도랑 아래)
→ 자뼈의 팔꿈치돌기

라잉 바벨 트라이셉스 익스텐션
lying barbell triceps extension

라잉 바벨 트라이셉스 익스텐션은 상급 운동으로 위팔세갈래근과 아래팔을 발달시킨다. 프렌치 프레스(French press)나 스컬 크러셔(skull crusher)라고 불리며 위팔세갈래근을 형성하고 강화한다.

이 운동을 하려면 짧은 바벨을 사용해야 한다. 바벨이 너무 무겁다면 대신 이지 컬 바를 사용해도 된다. 이지 컬 바를 사용할 때는 굽은 부분 바로 안쪽의 수평 부분을 잡아야 한다.

라잉 바벨 트라이셉스 익스텐션을 할 때는 바를 내리는 동작에서도 위팔이 움직이지 않도록 집중한다. 실수로 머리를 치지 않도록 바가 이마에 닿기 전에 내리는 동작을 멈춘다. 바를 들어올리고 내리려고 벤치에서 머리를 들거나 등을 구부리면 안 된다.

초보자이거나 어깨나 팔꿈치에 문제가 있다면 주의하자. 정확한 동작으로 운동하지 않을 경우 팔꿈치 부상이 더 악화될 수 있다.

시작/종료 자세

운동 중 자세

1 두 손은 어깨너비로 벌려 바벨을 잡는다.

2 벤치에 등을 대고 누워 발은 바닥이나 벤치에 평평하게 둔다.

• 등에 무리가 가지 않도록 복근에 힘을 준다.

3 어깨 위 일직선으로 바를 들어올리면서 팔을 쭉 편다. 이때 팔꿈치는 약간 굽힌다.

4 위팔은 고정시킨 채 바를 이마 위로 내리면서 천천히 팔을 굽힌다. 팔꿈치는 위를 가리키고 몸 가까이 위치시킨다.

5 잠깐 멈춘 뒤 다시 시작 위치로 바를 올리면서 천천히 팔을 편다.

Tip

운동 강도를 조금 더 높이려면 어떻게 해야 하나요?

시티드(seated) 바벨 트라이셉스 익스텐션을 하면 된다. 두 손을 어깨너비로 벌린 뒤 손바닥이 아래를 향하도록 바벨을 잡는다. 등받이가 있는 벤치에 앉아 두 다리를 모은다. 머리 위 일직선으로 바를 들어올리면서 팔을 쭉 편다. 이때 팔꿈치는 앞을 향하고 약간 굽힌다. 90도로 팔꿈치를 굽혀 천천히 바를 뒤로 내린다.

한번에 한 팔씩 운동하려면 어떻게 해야 하나요?

라잉 덤벨 트라이셉스 익스텐션을 하면 된다. 한 손으로 덤벨을 잡고 벤치에 눕는다. 어깨 위 일직선으로 덤벨을 들어올리면서 팔을 쭉 편다. 이때 팔꿈치는 약간 굽히고 손바닥은 안쪽을 향하게 한다. 다른 팔은 옆구리에 두거나 운동하는 팔의 위팔을 지지할 수도 있다. 머리 옆으로 덤벨을 내리면서 천천히 팔을 굽힌다. 이 운동은 위팔세갈래근과 아래팔의 근육 불균형을 바로잡는 데 도움이 된다.

금지사항	운동부위

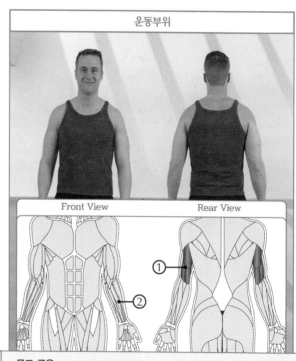

- 운동하는 동안 위팔을 움직이지 않는다.
- 팔을 쭉 펼 때 팔꿈치까지 완전히 펴지지 않는다.
- 머리를 벤치 위로 들지 않는다.
- 바벨을 들어올리려고 등을 구부리지 않는다.
- 손목을 구부리지 않는다.

목표 근육
① 위팔세갈래근 : 장두(어깨뼈의 관절오목 아래결절)
　　　　　　　　외측두(위팔뼈 뒤쪽 나선도랑 위)
　　　　　　　　내측두(위팔뼈 뒤쪽 나선도랑 아래)
　　　　　　　　→ 자뼈의 팔꿈치돌기

부가적 근육
② 아래팔굽힘근

트라이셉스 익스텐션 머신
triceps extension machine

트라이셉스 익스텐션 머신은 위팔세갈래근을 분리하고 발달시킨다. 팔꿈치나 손목에 문제가 있다면 이 머신을 이용할 때 주의해야 한다.

웨이트 트레이닝이 처음이라면 트라이셉스 익스텐션 머신을 이용하는 것이 위팔세갈래근 운동을 시작하기에 좋은 방법이다. 위팔세갈래근을 분리하고 위팔세갈래근 운동에 집중할 수 있도록 안정성을 주며 적합한 자세를 유지하는 데 도움을 준다.

트라이셉스 익스텐션 머신을 이용할 때 팔꿈치는 양 옆 바깥쪽이 아닌 정면을 가리켜야 한다. 머신 손잡이를 앞으로 밀면서 팔을 펼 때는 팔꿈치까지 완전히 펴거나 손목을 구부리면 안 된다. 또 등을 구부리거나 어깨를 움츠리지 않도록 한다. 등은 곧게 펴고 등에 무리가 가지 않도록 복근에 힘을 준다.

최대의 운동 효과를 거두려면 운동하는 내내 동작을 연속적으로 컨트롤하며 동작의 흐름에 주의해야 한다.

시작/종료 자세 → **운동 중 자세**

1 트라이셉스 익스텐션 머신에 앉은 다음 발을 어깨너비로 벌려 바닥이나 발판에 평평하게 둔다.

2 팔 패드에 가슴을 댄다. 패드 윗부분에 가슴 중앙이 닿아야 한다.

• 바람직한 자세를 취할 수 있도록 좌석높이를 조절할 수 있다.

3 팔을 패드 위에 올려놓고 손바닥이 마주보도록 손잡이를 잡는다.

4 팔꿈치가 앞을 가리키도록 한 상태에서 팔을 앞으로 쭉 펴 천천히 손잡이를 아래로 누른다.

• 등은 곧게 펴고 등에 무리가 가지 않도록 복근에 힘을 준다.

5 다시 시작 위치로 손잡이를 당기면서 천천히 팔을 굽힌다.

Tip

트라이셉스 익스텐션 머신을 사용하기가 어렵습니다. 위팔세갈래근 운동에 이용할 수 있는 다른 머신이 있나요?

어떻게 하면 위팔세갈래근을 더 발달시킬 수 있나요?

있다. 트라이셉스 익스텐션 머신보다 사용하기 쉽고 무거운 중량으로 운동할 수 있는 트라이셉스 딥 머신(triceps dip machine)을 이용하면 된다. 트라이셉스 딥 머신에 앉아 발은 어깨너비로 벌려 바닥에 평평하게 둔다. 손바닥이 안쪽을 향하도록 머신의 손잡이를 잡는다. 팔꿈치가 어깨보다 높이 있으면 안 된다. 팔꿈치는 약간 굽힌 채 손잡이를 아래로 누르면서 팔을 쭉 편다.

트라이셉스 머신(triceps machine)을 이용하면 된다. 등에 문제가 있는 사람들을 위해 트라이셉스 머신에 등받이가 있긴 하지만 적합한 자세를 유지하는 데는 도움이 되지 않는다. 이 운동을 할 때는 아래팔로 머신의 팔 패드를 누른다. 만약 손으로 팔 패드를 누르고 있다면 올바른 자세를 취할 수 있도록 팔 패드와 좌석 높이를 조절할 수 있다.

금지사항

운동부위

Front View

• 팔꿈치가 양옆을 가리키면 안 된다.

• 등을 구부리거나 어깨를 움츠리지 않는다.

• 팔을 펼 때 팔꿈치까지 완전히 펴지 않는다.

• 손목을 구부리지 않는다.

목표 근육

① 위팔세갈래근 : 장두(어깨뼈의 관절오목 아래결절)
외측두(위팔뼈 뒤쪽 나선도랑 위)
내측두(위팔뼈 뒤쪽 나선도랑 아래)
→ 자뼈의 팔꿈치돌기

시티드 덤벨 컬
seated dumbbell curl

시티드 덤벨 컬은 위팔두갈래근을 분리한다. 프리 웨이트를 이용한 위팔두갈래근 운동을 시작할 때 좋은 운동이다.

앉아 있는 자세는 등을 고정시키는 데 도움을 주는데, 이는 이 운동에서 가장 중요한 부분이다. 등 부상을 방지하기 위해 복근에 힘을 준다. 덤벨을 들어올릴 때 등이 구부러지면 중량을 낮춰야 한다.

덤벨을 들어올릴 때 위팔은 고정시키고 팔꿈치는 옆구리 가까이 위치해야 한다. 모든 덤벨 운동과 마찬가지로 동작을 천천히 컨트롤하며 덤벨을 들어올리고 내려야 한다. 팔꿈치나 손목에 문제가 있다면 각별히 조심하자.

시작/종료 자세

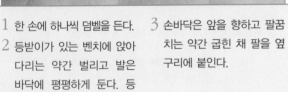

운동 중 자세

1 한 손에 하나씩 덤벨을 든다.

2 등받이가 있는 벤치에 앉아 다리는 약간 벌리고 발은 바닥에 평평하게 둔다. 등에 무리가 가지 않도록 복근에 힘을 준다.

3 손바닥은 앞을 향하고 팔꿈치는 약간 굽힌 채 팔을 옆구리에 붙인다.

4 어깨를 향해 덤벨을 들어올리면서 천천히 팔꿈치를 굽힌다.

• 등은 곧게 펴고 머리를 똑바로 세운다. 그리고 팔꿈치를 옆으로 벌리지 않는다.

5 다시 시작 위치로 덤벨을 내리면서 천천히 팔을 편다.

Tip

덤벨 컬을 일어서서 할 수도 있나요?

그렇다. 스탠딩 덤벨 컬은 위팔두갈래근을 사용하면서 스스로 안정성도 유지해야 하기 때문에 상급 운동이다. 서서 어깨너비로 발을 벌린 뒤, 앉아서 할 때와 똑같이 팔을 움직인다. 이 운동을 할 때 등 하부를 삐지 않도록 조심해야 한다.

시티드 덤벨 컬을 변형시킬 수 있나요?

몇 가지 변형시킨 운동이 있다. 왼팔과 오른팔을 번갈아 덤벨을 들어올리면서 한번에 한 팔에만 집중하는 방법이 있다. 또 손바닥이 안쪽을 향하도록 덤벨을 잡고 시작해 들어올린 동작에서 손바닥이 천장을 향하도록 팔이 허벅지에 닿으면 손목을 돌리는 방법도 있다. 이 운동을 하면 위팔두갈래근과 아래팔이 골고루 발달한다.

금지사항

운동부위

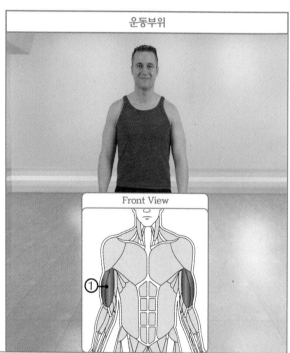

Front View

- 위팔은 움직이면 안 된다. 위팔은 고정시키고 몸에 접하도록 한다.
- 덤벨을 들어올리려고 팔꿈치를 옆으로 벌리거나 등을 구부리지 않는다.
- 어깨를 움츠리거나 손목을 구부리지 않는다.
- 팔을 펼 때 팔꿈치까지 완전히 펴지 않는다.

목표 근육
① **위팔두갈래근** : 장두(어깨뼈의 관절오목 위결절)
단두(어깨뼈의 부리돌기)
→ 노뼈 거친면

바벨 컬
barbell curl

바벨 컬은 주로 위팔두갈래근을 사용하지만 부차적으로 아래팔도 강화한다. 이 같은 전형적인 위팔두갈래근 운동은 위팔두갈래근을 형성하는 데 효과만점이다.

바벨 컬을 할 때는 등 부상을 막기 위해 등을 곧게 편 상태로 유지하는 것이 중요하다. 또 무릎은 약간 굽히고 등에 무리가 가지 않도록 복근에 힘을 준다. 현재 등 하부에 문제가 있다면 104페이지에서 보여준 시티드 덤벨 컬처럼 앉아서 하는 위팔두갈래근 운동을 고려해보자.

팔꿈치나 손목에 문제가 있다면 주의해야 한다. 바벨을 잡은 폭이 너무 넓거나 좁을 경우 손목과 팔꿈치를 뺄 수도 있다. 손은 어깨너비로 벌리고 팔꿈치는 옆구리에 접해야 한다. 바벨을 들어올릴 때 팔꿈치는 고정시키고 팔꿈치가 위로 올라가거나 옆으로 벌어지지 않도록 주의한다.

바를 들어올릴 때 몸이 앞뒤로 흔들린다면 너무 무거운 중량을 사용하고 있는 것이다. 이런 경우 중량을 낮춰 운동한다.

시작/종료 자세 | 운동 중 자세

1 어깨너비로 발을 벌려 똑바로 선다. 무릎을 약간 굽히고 등에 무리가 가지 않도록 복근에 힘을 준다.

2 두 손을 어깨너비로 벌려 손바닥이 앞을 향하도록 바벨을 잡는다. 바가 허벅지에 닿도록 팔을 똑바로 내린다. 이때 팔꿈치는 약간 굽힌다.

3 거의 어깨높이까지 오도록 바를 올리면서 천천히 팔꿈치를 굽힌다.
- 등은 곧게 펴고 머리를 똑바로 세운다. 그리고 팔꿈치를 옆으로 벌리지 않는다.

4 다시 시작 위치로 바를 내리면서 천천히 팔을 편다.

Tip

운동 강도를 조금 더 높이려면 어떻게 해야 하나요?

운동 강도를 높이려면 다음 동작을 21번 반복한다. 처음 반복동작은 허벅지에서 중간 지점, 즉 팔꿈치가 90도로 굽혀지는 지점까지 바를 들어올렸다 내렸다 7번 시행한다. 다음 7번은 중간 지점에서 거의 어깨높이까지 바를 들어올렸다 내린다. 마지막 7번은 동작의 전체 범위를 들어올렸다 내리면서 반복한다. 이 운동의 1/2 컬은 위팔두갈래근 상부와 하부를 분리하는 데 도움을 준다.

바벨 컬을 조금 더 어렵게 하려면 어떻게 해야 하나요?

리버스-그립 바벨 컬을 하면 된다. 이 운동은 아래팔을 분리하는 데 더 효과적이지만 위팔두갈래근도 발달시킨다. 리버스-그립 바벨 컬을 하려면 손바닥이 몸을 향하도록 바를 잡고 바벨 컬을 할 때와 똑같이 운동하면 된다. 이 운동의 경우 조금 더 가벼운 중량을 사용하는 편이 좋다.

금지사항	운동부위
	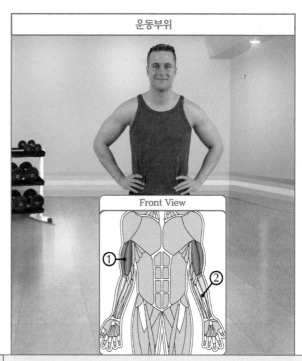

Front View

• 바를 들어올리려고 몸을 앞으로 숙이거나 뒤로 젖히지 않는다. 또 등을 구부리거나 몸을 앞뒤로 흔들면 안 된다.
• 바를 들어올릴 때 어깨를 움츠리거나 팔꿈치를 양옆으로 벌리지 않는다.
• 팔을 펼 때 팔꿈치까지 완전히 펴지 않는다.

목표 근육
① 위팔두갈래근 : 장두(어깨뼈의 관절오목 위결절)
　　　　　　　　　단두(어깨뼈의 부리돌기)
　　　　　　　　→ 노뼈 거친면

부가적 근육
② 아래팔굽힘근

컨센트레이션 컬
concentration curl

컨센트레이션 컬은 위팔두갈래근에 초점을 맞춘 운동이다. 위팔두갈래근을 분리하는 운동은 강한 팔을 형성하는 데 중요하며 물건을 들거나 옮기는 등의 일상적인 활동을 보다 쉽게 할 수 있도록 돕는다.

컨센트레이션 컬은 104페이지에서 보여준 시티드 덤벨 컬보다 조금 어려운 운동이다. 운동하는 내내 올바른 자세를 유지하고 시티드 덤벨 컬보다 낮은 중량을 사용해야 한다.

몸을 앞으로 숙일 때 허리부터 숙이거나 등 하부를 구부리는 것이 아니라 둔부부터 앞으로 숙여야 한다. 등을 보호하려면 등을 곧게 펼 때 복근에 힘을 준다.

팔꿈치나 손목, 등 하부에 문제가 있다면 각별히 조심해야 한다. 부상을 피하려면 웨이트를 들어올리려고 뒤로 몸을 젖히거나 앞뒤로 흔들지 않으며 발을 움직이지 않는다. 그리고 바람직한 자세를 유지하고 자신이 다룰 수 있는 중량보다 무거운 중량을 사용하지 않도록 한다.

시작/종료 자세

운동 중 자세

1 오른손으로 덤벨을 잡는다.

2 벤치나 의자 끝에 앉아 발은 어깨너비보다 조금 넓게 벌린다.

3 둔부부터 앞으로 숙여 오른쪽 팔꿈치를 무릎 바로 뒤 오른쪽 허벅지 안쪽에 위치시킨다.

4 팔꿈치는 약간 굽히고 손바닥이 왼쪽 다리를 향하도록 팔을 똑바로 내린다. 왼손이나 왼쪽 팔꿈치는 왼쪽 허벅지에 올려놓는다.

5 어깨를 향해 덤벨을 들어올리면서 천천히 팔을 굽힌다.

• 등은 곧게 펴고 등에 무리가 가지 않도록 복근에 힘을 준다.

6 다시 시작 위치로 덤벨을 내리면서 천천히 팔을 편다.

7 오른팔로 한 세트를 완성한 뒤 왼팔로 반복한다.

Tip

어떻게 하면 아래팔과 위팔두갈래근 바깥쪽을 분리할 수 있나요?

처음 동작에서 손목을 돌리면 아래팔과 위팔두갈래근 바깥쪽을 분리할 수 있다. 손바닥이 뒤를 향하도록 덤벨을 잡고 시작한다. 덤벨을 들어올릴 때 동작의 중간 지점에서 손바닥이 위를 향하도록 손목을 돌린다. 이처럼 변형시킨 운동은 위팔두갈래근의 전체적인 모양을 잡아주는 데도 효과적이다.

운동 강도를 조금 더 높이려면 어떻게 해야 하나요?

덤벨 대신 케이블 머신을 이용하면 운동 강도를 더 높일 수 있다. 가장 낮게 설정한 케이블 머신 타워에 케이블을 고정시키고 케이블에 손잡이를 연결한다. 타워를 향해 오른쪽으로 서서 왼발은 바닥에 평평하고 두고 오른쪽 무릎을 꿇는다. 왼손으로 손잡이를 잡고 왼쪽 무릎 안쪽을 지지대로 사용한다. 그 다음 위에서 설명한 대로 운동한다. 한 세트가 끝나면 자세를 바꿔 오른팔로 반복한다. 케이블 머신에 대해 더 자세히 알고 싶다면 29페이지를 보라.

금지사항	운동부위

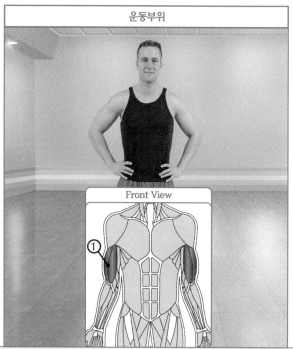

Front View

- 웨이트를 들어올리려고 몸을 뒤로 젖히거나 앞뒤로 흔들지 않으며 다리를 움직이지 않는다.
- 등을 구부리지 않는다. 등은 곧게 편 상태를 유지한다.
- 팔꿈치를 완전히 펴지 않는다.
- 목을 구부리지 않는다. 머리와 목은 몸과 일직선이 되어야 한다.

목표 근육
① **위팔두갈래근** : 장두(어깨뼈의 관절오목 위결절)
　　　　　　　　　단두(어깨뼈의 부리돌기)
　　　　　　　　　→ 노뼈 거친면

프리처 컬
preacher curl

프리처 컬은 위팔두갈래근에 초점을 맞춘 운동이지만 아래팔도 강화한다. 이 운동은 웨이트를 들어올릴 때 다른 근육은 거의 쓰지 않기 때문에 위팔두갈래근을 형성하고 강화하는 데 탁월한 운동이다.

프리처 컬을 하기 위해 수평 바를 사용해도 상관없지만 이지 컬 바를 사용하는 것이 좋다. 이름에서 알 수 있듯이 이지 컬 바는 수평 바보다 팔꿈치와 손목 관절에 무리를 덜 준다. 하지만 팔꿈치나 손목에 문제가 있다면 조심해야 한다.

프리처 컬을 할 때 적합한 자세를 유지하고 동작을 천천히 컨트롤하며 운동해야 한다. 바람직한 자세를 취하도록 좌석이나 패드 높이를 조절하고 겨드랑이는 패드 윗부분에 닿아야 한다. 바를 들어올릴 때 몸은 고정시키고 뒤로 젖히거나 비틀지 않는다. 바를 내릴 때는 팔꿈치 관절에 무리가 갈 수 있으므로 몸은 벤치에 밀착시키고 팔꿈치를 완전히 펴지 않는다.

시작/종료 자세	운동 중 자세

1 프리처 컬 벤치의 랙에 이지 컬 바를 올려놓는다.

2 벤치에 앉아 발은 어깨너비로 벌려 바닥에 평평하게 둔다.

3 팔을 패드에 올려놓는다. 이때 겨드랑이가 패드 윗부분에 닿도록 기댄다.

4 팔꿈치는 약간 굽히고 손바닥이 위를 향하도록 이지 컬 바의 바깥쪽 굽은 부분을 잡는다.

5 어깨를 향해 바를 올리면서 천천히 팔꿈치를 굽힌다.

• 등을 곧게 펴고 등에 무리가 가지 않도록 복근에 힘을 준다.

6 다시 시작 위치로 바를 내리면서 천천히 팔을 편다.

[]

Tip

한 팔씩 따로따로 운동할 수 있나요?

있다. 프리처 컬 벤치에서 덤벨을 사용하면 된다. 조금 더 어려운 운동이지만 양팔의 힘을 균형 잡을 수 있다. 이지 컬 바로 운동할 때처럼 프리처 컬 벤치에 앉아 손바닥이 위를 향하도록 덤벨을 잡는다. 다른 팔은 패드 위에 올려놓는다. 한 팔로 풀세트를 완성한 뒤 다른 팔로 반복한다.

프리처 컬을 변형시킬 수 있나요?

케이블 머신을 이용해 프리처 컬 벤치에서 운동하면 이 운동의 저항력에 변화를 줄 수 있다. 가장 낮게 설정한 케이블 머신 타워에 케이블을 고정시키고 케이블에 이지 컬 바를 연결한다. 프리처 컬 벤치를 타워를 향해 놓고 위에서 설명한 대로 운동한다. 케이블에 연결한 이지 컬 바를 건네줄 누군가의 도움이 필요할 수도 있다. 케이블 머신에 대해 더 자세히 알고 싶다면 29페이지를 보라.

금지사항	운동부위

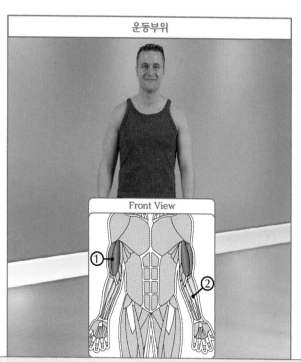

Front View

- 손목을 구부리지 않는다.
- 바를 들어올리려고 몸을 뒤로 젖히거나 비틀지 않는다.
- 팔꿈치 관절에 무리를 줄 수 있으므로 팔을 펼 때 팔꿈치까지 완전히 펴지 않는다.
- 바를 내릴 때 몸이 벤치 위로 들리면 안 된다.

목표 근육
① **위팔두갈래근** : 장두(어깨뼈의 관절오목 위결절)
　　　　　　　　　단두(어깨뼈의 부리돌기)
　　　　　　　　　→ 노뼈 거친면
② **아래팔굽힘근**

해머 컬
hammer curl

해머 컬은 위팔두갈래근과 아래팔 근육 발달에 제격인 운동이다. 더구나 위팔두갈래근을 강화하고 아래팔 상부 모양을 잡아주며 팔꿈치 관절에도 힘을 길러준다.

해머 컬은 시티드 덤벨 컬과 비슷하지만 해머 컬을 할 때는 손바닥을 서로 마주보게 하고 아래팔에 더 초점을 맞추었으며 위팔두갈래근의 다른 부분을 사용한다는 점이 다르다. 시티드 덤벨 컬에 대해 더 자세히 알고 싶다면 104페이지를 보라. 이 운동을 할 때는 동시에 못을 박고 있다고 생각하면 된다.

운동할 때는 덤벨을 들어올리려고 몸을 앞뒤로 기울지 않도록 한다. 또 등을 구부리거나 몸을 앞뒤로 흔들지 않는다. 팔꿈치나 손목에 문제가 있다면 각별히 조심해야 한다.

시작/종료 자세

운동 중 자세

1 한 손에 하나씩 덤벨을 든다.

2 어깨너비로 발을 벌려 똑바로 선다. 무릎은 약간 굽히고 등에 무리가 가지 않도록 복근에 힘을 준다.

3 팔꿈치는 약간 굽히고 손바닥이 서로 마주보도록 양옆으로 두 팔을 똑바로 내린다.

4 어깨를 향해 덤벨을 올리면서 천천히 팔꿈치를 굽힌다.
• 등은 곧게 펴고 머리를 똑바로 세운다. 그리고 팔꿈치를 옆으로 벌리지 않는다.

5 다시 시작 위치로 덤벨을 내리면서 천천히 팔을 편다.

Tip

해머 컬을 할 때 어떻게 하면 등을 보호할 수 있나요?

등을 보호하려면 등받이가 있는 벤치에 앉아 해머 컬을 하면 된다. 해머 컬을 앉아서 하면 웨이트를 들어올릴 때 다른 근육은 거의 사용하지 않기 때문에 위팔두갈래근과 아래팔을 분리하는 데 도움이 된다.

한번에 한 팔에만 집중할 수 있나요?

있다. 왼팔과 오른팔을 번갈아 덤벨을 들어올리면 한번에 한 팔에만 집중할 수 있다. 한 세트를 마칠 때까지 팔을 번갈아가며 한다.

위팔두갈래근을 더 뚜렷하게 하려면 해머 컬을 어떻게 해야 하나요?

어깨너비로 발을 벌리고 서서 오른손으로 덤벨을 든다. 손바닥이 안쪽을 향하도록 오른팔을 옆으로 내린다. 그 다음 오른손 손바닥이 오른쪽 어깨를 향하도록 몸 앞으로 덤벨을 올리면서 팔꿈치를 굽힌다. 다시 시작 위치로 덤벨을 내린다. 오른팔로 한 세트를 완성한 뒤 왼팔로 반복한다.

금지사항	운동부위

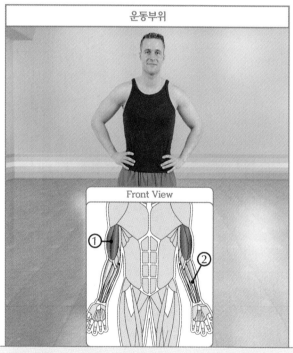

- 덤벨을 들어올리려고 몸을 앞으로 숙이거나 뒤로 젖히지 않는다. 또 등을 구부리거나 몸을 앞뒤로 흔들면 안 된다.
- 위팔을 움직이지 않는다. 위팔은 고정시키고 몸에 밀착시킨다.
- 팔을 펼 때 팔꿈치까지 완전히 펴지 않는다.

목표 근육
① **위팔두갈래근** : 장두(어깨뼈의 관절오목 위결절)
　　　　　　　　단두(어깨뼈의 부리돌기)
　　　　　　　→ 노뼈 거친면

부가적 근육
② 아래팔굽힘근

케이블 바이셉스 컬
cable biceps curl

케이블 바이셉스 컬은 위팔두갈래근을 형성하는 데 뛰어난 운동으로 주로 위팔두갈래근을 발달시키지만 아래팔도 강화한다. 이 운동은 106페이지에서 설명한 바벨 컬과 매우 유사하다. 자신의 운동 방법에 변화를 주고 싶다면 바벨 컬 대신 이 운동을 해도 좋다.

케이블 바이셉스 컬을 할 때 적합한 자세를 유지하려면 바를 들어올리려고 등을 뒤로 젖히거나 구부리지 않도록 주의한다. 또 머리와 목, 등은 일직선이 되어야 한다. 바를 들어올릴 때 어깨가 올라가지 않도록 주의하고 팔꿈치는 옆구리에 붙이되 팔꿈치가 옆구리를 찌르지 않도록 한다. 바를 다시 시작 위치로 내릴 때 팔꿈치를 완전히 펴지 않는다.

팔꿈치나 손목, 등 하부에 문제가 있다면 이 운동을 할 때 조심해야 한다.

시작/종료 자세　　　　운동 중 자세

1 가장 낮게 설정한 케이블 머신 타워에 케이블을 고정시키고 케이블에 수평 바를 연결한다.

2 두 손을 어깨너비로 벌려 손바닥이 위를 향하도록 바를 잡는다.

3 케이블 머신에서 한 발 떨어져 무릎을 약간 굽히고 어깨너비로 발을 벌려 똑바로 선다.

4 손이 허벅지 전면에 닿도록 두 팔을 아래로 내린다.

5 거의 어깨높이까지 바를 올리면서 천천히 팔꿈치를 굽힌다.

• 등은 곧게 펴고, 머리는 똑바로 세우며, 팔꿈치를 옆으로 벌리지 않는다. 등에 무리가 가지 않도록 복근에 힘을 준다.

6 잠깐 멈춘 뒤 다시 시작 위치로 바를 내리면서 천천히 팔을 편다.

Tip

한 팔이 다른 팔보다 더 강합니다. 어떻게 하면 두 팔을 균등하게 발달시킬 수 있나요?

한번에 한 팔씩 운동하면 된다. 수평 바 대신 편자형 손잡이를 케이블에 연결한다. 한 팔로 풀 세트를 마친 뒤 팔을 바꿔 다른 팔로 한 세트를 반복한다.

어떻게 하면 아래팔과 위팔두갈래근 바깥쪽을 더 발달시킬 수 있나요?

수평 바 대신 로프를 연결해 운동하면 된다. 케이블에 로프를 연결하고 각각 로프 끝을 잡는다. 이때 손바닥은 서로 마주보고 엄지손가락은 최대한 로프 끝부분에 오도록 한다. 로프를 당길 때, 손이 어깨 안쪽에 오도록 두 손을 모은다. 이처럼 변형시킨 운동은 동작이 더 자유롭기 때문에 근육을 더 효율적으로 발달시킬 수 있다.

금지사항	운동부위
	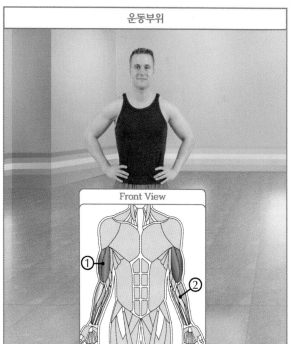 Front View

- 바를 들어올리려고 등을 뒤로 기울이거나 구부리지 않으며 몸을 앞뒤로 흔들지 않는다.
- 바를 들어올릴 때 팔꿈치로 옆구리를 찌르거나 어깨를 들어올리지 않는다.
- 팔을 펼 때 팔꿈치까지 완전히 펴지 않는다.
- 목을 구부리지 않는다. 머리, 목, 등은 일직선이 되어야 한다.

목표 근육
① 위팔두갈래근 : 장두(어깨뼈의 관절오목 위결절)
　　　　　　　　　단두(어깨뼈의 부리돌기)
　　　　　　　　　→ 노뼈 거친면

부가적 근육
② 아래팔굽힘근

암 컬 머신
arm curl machine

암 컬 머신은 위팔두갈래근을 분리할 때 이용된다. 프리 웨이트를 이용한 위팔두갈래근 운동과 달리 암 컬 머신을 이용하면 웨이트를 들어올릴 때 오직 위팔두갈래근만 사용할 수 있다. 또 프리 웨이트로 운동할 때는 안정적인 자세를 유지하기가 어렵지만 이 머신은 안정적인 자세를 유지하는 데 도움을 준다.

암 컬 머신을 이용할 때 역시 바람직한 자세를 유지하는 것이 중요하다. 뒤로 기대지 않고 똑바로 앉아야 한다. 웨이트를 들어올리고 내릴 때 손목을 굽히거나 팔을 펼 때 팔꿈치까지 완전히 펴지 않도록 주의한다. 웨이트를 들어올리려고 어깨를 움츠리거나 웨이트를 내릴 때 몸이 좌석에서 들리지 않도록 한다.

암 컬 머신을 이용할 때 지켜야 하는 팔동작 때문에 팔꿈치나 손목에 문제가 있다면 조심해야 한다.

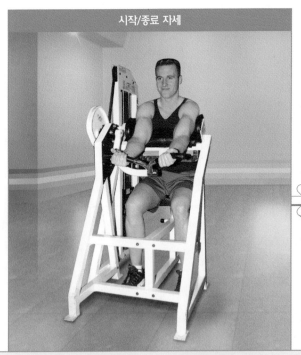

시작/종료 자세

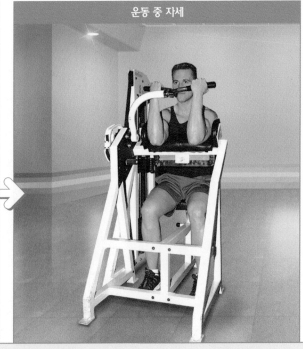

운동 중 자세

1 암 컬 머신에 앉아 발은 어깨너비로 벌려 바닥에 평평하게 둔다. 등은 곧게 펴고 등에 무리가 가지 않도록 복근에 힘을 준다.

2 팔은 패드에 올리고 손바닥이 위를 향하도록 손잡이를 잡는다. 패드 윗부분에 가슴 중앙이 닿아야 한다.
• 바람직한 자세를 취할 수 있도록 좌석높이를 조절할 수 있다.

3 어깨를 향해 손잡이를 들어올리면서 천천히 팔을 굽힌다.

4 다시 시작 위치로 손잡이를 내리면서 천천히 팔을 편다.

Tip

암 컬 머신의 좌석 위치를 어떻게 두어야 하나요?

팔 패드의 윗부분에 가슴 중앙이 닿도록 암 컬 머신의 좌석을 조절한다. 좌석이 너무 높으면 위팔두갈래근보다 어깨 근육과 같은 다른 근육을 사용하게 된다. 그리고 등과 목에 필요이상으로 힘이 들어갈 수 있다. 좌석이 너무 낮으면 팔꿈치를 과도하게 뻗게 돼 부상을 입기 쉽다.

덤벨을 사용하는 것과 같은 효과를 주는 암 컬 머신이 있나요?

있다. 한 팔씩 운동할 수 있도록 손잡이 두 개가 따로 따로 작동하는 암 컬 머신이 있다. 이러한 머신은 덤벨을 사용하는 것과 거의 같은 효과를 준다. 한 팔씩 따로 웨이트를 들어올리기 때문에 양팔의 근력을 균형 잡을 수 있다.

금지사항	운동부위
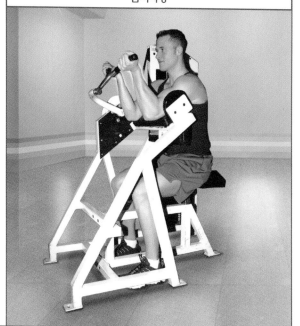	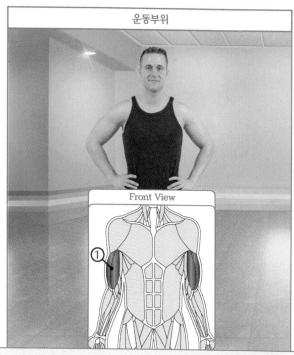

• 손목을 구부리지 않는다. 손목은 항상 곧게 편다.
• 웨이트를 들어올릴 때 뒤로 기대거나 어깨를 움츠리지 않는다.
• 웨이트를 내릴 때 몸이 좌석에서 들리면 안 된다.
• 팔을 펼 때 팔꿈치까지 완전히 펴지 않는다.

목표 근육
① **위팔두갈래근** : 장두(어깨뼈의 관절오목 위결절)
　　　　　　　　　단두(어깨뼈의 부리돌기)
　　　　　　　　→ 노뼈 거친면

리스트 컬과 리버스 리스트 컬
wrist curl and reverse wrist curl

리스트 컬과 리버스 리스트 컬은 손목 근육을 강화하는 데 효과적인 운동으로 팔꿈치부터 손목까지 아래팔 전체를 발달시킨다. 팔꿈치에 문제가 있다면 손목 운동을 할 때 각별히 조심하고, 만약 손목에 문제가 있다면 그 어떤 손목 운동도 하지 않는 편이 좋다.

강한 손목은 물건을 잡는 힘을 길러준다. 그리고 물건을 들거나 옮길 때 생길 수 있는 부상을 막아주는 중요한 역할을 한다. 이러한 손목 운동은 골프나 테니스처럼 손목을 많이 사용하는 스포츠를 할 때 특히 유용하다.

리버스 리스트 컬을 할 때는 리스트 컬을 할 때보다 낮은 중량을 사용해야 한다. 손목을 위아래로 움직일 때 전완이 허벅지에서 들리거나 팔이 좌우로 흔들리지 않도록 주의한다. 복근에 힘을 주고 등은 곧게 편 상태를 유지하며 동작을 천천히 하는 데 집중한다.

시작/종료 자세

리버스 리스트 컬
리버스 리스트 컬을 할 때는 손바닥이 아래를 향하도록 한다.

운동 중 자세

리버스 리스트 컬

리스트 컬

1 오른손으로 덤벨을 잡는다.

2 벤치나 의자 끝에 앉아 발을 어깨너비로 벌린다.

3 상체를 약간 숙이고 오른쪽 아래팔을 오른쪽 허벅지에 올려놓는다. 이때 손바닥이 위를 향하고 손목은 무릎에 걸치게 한다.

4 왼손은 오른쪽 손목 위에 올려 지지한다.

5 덤벨을 들어올리면서 아래팔 쪽으로 천천히 손목을 굽힌다.

• 등은 곧게 펴고 등에 무리가 가지 않도록 복근에 힘을 준다.

6 다시 시작 위치로 천천히 덤벨을 내린다.

7 오른팔로 한 세트를 완성한 뒤 왼팔로 반복한다.

Tip

바벨로 리스트 컬을 하려면 어떻게 해야 하나요?

리스트 컬을 할 때 바벨을 이용하려면 벤치에 앉아 손바닥이 위를 향하도록 두 손으로 바벨을 잡아야 한다. 아래팔을 허벅지에 올리고 손목은 무릎에 걸치게 한다. 그 다음 위에서 설명한 대로 운동한다. 리버스 리스트 컬의 경우, 손바닥이 위가 아닌 아래를 향하도록 한다. 리스트 컬을 할 때 바벨을 이용하면 두 팔을 동시에 발달시킬 수 있다. 또 덤벨로 운동할 때보다 바벨로 운동하면 보다 무거운 중량을 들어올릴 수 있다.

케이블 머신으로도 리스트 컬을 할 수 있나요?

가능하다. 가장 낮게 설정한 케이블 머신 타워에 케이블을 고정시키고 케이블에 편자형 손잡이를 연결한다. 타워를 향해 벤치를 놓고 앉아 리스트 컬의 경우 왼손으로 손바닥이 위를 향하도록 손잡이를 잡고, 리버스 리스트 컬의 경우 손바닥이 아래를 향하도록 손잡이를 잡는다. 상체를 숙이고 왼쪽 아래팔은 왼쪽 허벅지에 올리고 손목은 무릎에 걸치게 한다. 오른손으로 왼쪽 손목을 받치고 위에서 설명한 대로 운동한다. 케이블 머신에 대해 더 자세히 알고 싶다면 29페이지를 보라.

금지사항	운동부위

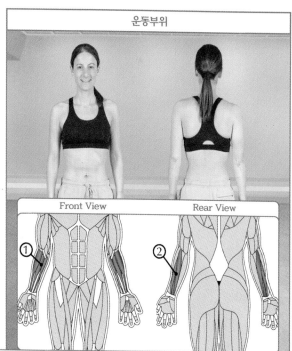

- 아래팔이 허벅지 위로 들리면 안 된다.
- 아래팔을 좌우로 흔들지 않는다. 덤벨을 위로 똑바로 올리면서 컬동작을 한다.

리스트 컬
목표 근육
① 아래팔굽힘근

리버스 리스트 컬
목표 근육
② 아래팔폄근

복부 크런치
abdominal crunch

복부 크런치는 복근 강화를 위한 가장 기본적이며 효과적인 운동이다. 복근 강화는 탄탄하고 매끈한 복부를 만들기 위해 꼭 필요하다.

부상을 막고 최대의 운동 효과를 거두기 위해 올바른 자세 유지가 무엇보다도 중요하다. 목의 부상을 방지하려면 목을 구부리거나 몸을 일으킬 때 손으로 머리를 당기지 않는다. 동작을 천천히 컨트롤하며 머리와 어깨를

바닥에서 일으킬 때 상복근을 써야 한다. 또 운동하는 동안 등 하부는 바닥에 밀착시키고 팔꿈치는 양옆을 가리키도록 한다.

올바르게 운동하고 있다면 12번 정도 반복했을 때 복근에 타는 듯한 느낌이 들 것이다.

목에 문제가 있는 사람들은 이 운동을 할 때 조심해야 한다.

시작/종료 자세

운동 중 자세

1 매트에 등을 대고 누워 무릎은 굽히고 발은 어깨너비로 벌려 바닥에 평평하게 둔다.

2 두 손은 머리 뒤로 올려 팔꿈치가 양옆을 가리키도록 한다. 이때 손은 깍지 끼지 않는다.

3 등 하부는 바닥에 밀착시키고 복근에 힘을 준다.

4 바닥에서 조금 떨어지도록 천천히 머리와 어깨를 일으킨다.

5 잠깐 멈춘 뒤 다시 시작 위치로 천천히 머리와 어깨를 내린다.

Tip

복부 크런치를 보다 쉽게 할 수 있는 방법이 있나요?

팔을 교차시켜 가슴 위에 올려놓거나 손바닥이 바닥을 향하도록 팔을 옆으로 내려놓고 하면 된다. 이처럼 변형시킨 운동을 할 때 목이 당기는 듯하면 한 팔로 머리 뒤에서 목을 지지하고 다른 팔은 가슴 위나 옆으로 내려놓고 하면 된다.

어떻게 하면 복부 크런치의 운동 강도를 조금 더 높일 수 있나요?

복근이 강해지면 일반적인 크런치가 쉬워질 수 있다. 복부 크런치를 조금 더 어렵게 하려면 두 팔을 머리 위로 쭉 펴고 하면 된다. 또는 몸이 "L"자가 되도록 다리를 위로 곧게 들어올리고 하거나 무릎을 90도로 굽힌 상태에서 다리를 들어올리고 할 수도 있다. 가슴 위에 가벼운 웨이트 플레이트를 올려놓고 하는 것도 운동 강도를 높여준다.

금지사항	운동부위

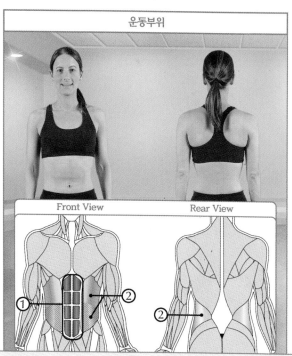

- 손으로 머리를 당겨 들어올리지 않는다. 목이 구부러지면 안 된다.
- 팔을 앞뒤로 움직이지 않는다. 팔꿈치는 항상 양옆을 가리켜야 한다.
- 머리 뒤에서 두 손을 깍지 끼지 않는다.
- 바닥 위로 발을 들어올리지 않는다.

목표 근육
① 복근 앞면(복직근)
• 배곧은근 : 제5~7갈비물렁뼈 → 두덩뼈

부가적 근육
② 복근 옆면(내·배바깥빗근)
• 배속빗근 : 샅고랑인대, 엉덩뼈능선저부
  → 제9~12갈비뼈의 갈비물렁뼈, 배널힘줄
• 배바깥빗근 : 제6~12갈비뼈
  → 엉덩뼈능선, 배널힘줄

트위스트 크런치
twist crunch

트위스트 크런치는 복근의 전면과 측면을 강화하는데 좋은 운동이다. 복근을 강화하면 강해진 복근이 등을 더욱 강하게 지지할 수 있다.

올바른 자세 유지는 부상을 막고 최대의 운동 효과를 거두기 위한 필수조건이다. 등 하부를 보호하려면 운동하는 동안 매트 위로 둔부가 들려서는 안 된다. 또 목을 구부리거나 손으로 머리를 당기지 않는다.

매트 위로 머리와 어깨를 들어올릴 때 들어올린 후 바로 다시 시작 위치로 등을 내리면 안 된다. 등을 내리기 전에 복근을 수축시키고 적어도 1초간 그 자세를 유지한다. 단순히 팔꿈치가 무릎을 향해 왔다 갔다 하는 것이 아니라 팔꿈치는 양옆을 향하도록 한 채 복근을 써서 들어올리도록 집중한다. 팔꿈치가 아닌 어깨를 무릎 쪽으로 들어올린다고 생각하라.

현재 등이나 목에 문제가 있다면 조심해야 한다.

시작/종료 자세

운동 중 자세

1 매트에 등을 대고 누워 무릎을 굽힌다. 발을 어깨너비로 벌려 바닥에 평평하게 둔다.

2 두 손은 머리 뒤로 올리고 팔꿈치는 양옆을 가리키도록 한다. 이때 손은 깍지 끼지 않는다.

3 등 하부는 바닥에 밀착시키고 복근에 힘을 준다.

4 오른쪽 무릎을 향해 바닥에서 조금 떨어지도록 천천히 머리와 어깨를 일으킨다.

5 잠깐 멈춘 뒤 다시 시작 위치로 천천히 머리와 어깨를 내린다.

6 한 쪽으로 한 세트를 완성한 뒤 다른 쪽으로 반복한다.

TiP

이 운동을 조금 더 쉽게 변형시킬 수 있나요?

있다. 팔을 교차시켜 가슴 위에 올려놓고 하면 된다. 목이 당겨지는 것 같다면 한 손을 머리 뒤로 올려 머리를 받치도록 한다. 복근 측면을 발달시킬 수 있는 또 다른 방법으로 매트에 등을 대고 누워 무릎을 굽힌다. 어깨는 바닥에 평평하게 밀착시킨 상태에서 두 무릎을 한쪽으로 내린다. 그 다음 두 손은 머리 뒤로 올리고 머리와 어깨를 똑바로 들어올린다. 한 세트를 완성한 뒤 다른 쪽으로 무릎을 내리고 반복한다.

어떻게 하면 복근의 전면을 더 발달시킬 수 있나요?

다리를 들어 둔부와 무릎을 90도로 굽히고 무릎을 모은 상태로 운동하면 된다. 이 운동을 조금 더 어렵게 변형시키려면 머리와 어깨를 왼쪽 무릎을 향해 들어올릴 때 오른쪽 다리를 쭉 편다. 그리고 오른쪽 무릎을 향해 머리와 어깨를 들어올릴 때 왼쪽 다리를 쭉 편다. 이처럼 운동을 마칠 때까지 다리를 번갈아가며 계속한다.

금지사항	운동부위

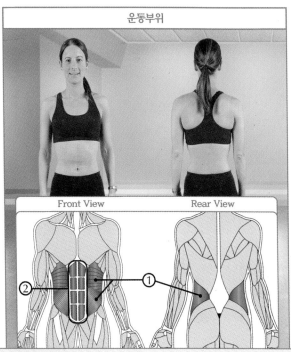

- 손으로 목을 당기지 않는다. 목이 구부러지면 안 된다.
- 팔을 움직이지 않는다. 팔꿈치는 양옆을 향하도록 한다.
- 머리 뒤에서 두 손을 깍지 끼지 않는다.
- 바닥 위로 발을 들어올리지 않는다.

목표 근육
① 복근 옆면
- 배속빗근 : 샅고랑인대, 엉덩뼈능선저부
  → 제9~12갈비뼈의 갈비물렁뼈, 배널힘줄
- 배바깥빗근 : 제6~12갈비뼈
  → 엉덩뼈능선, 배널힘줄

부가적 근육
② 복근 앞면
- 배곧은근 : 제5~7갈비물렁뼈 → 두덩뼈

리버스 크런치
reverse crunch

리버스 크런치는 복근 전면에 초점을 맞춘 운동이지만 복근 측면에도 효과적이며 복근 전면의 하부를 매끈하게 하는 데 좋은 운동이다. 등 하부에 문제가 있다면 이 운동을 할 때 조심해야 한다.

리버스 크런치를 할 때는 상체를 움직이면 안 된다. 올바른 자세를 유지하고 상체를 고정시키려면 무거운 소파나 의자의 밑 부분처럼 안정적인 물체를 잡고 운동한다. 또 바닥 대신 벤치에 누워 벤치 끝을 잡고 운동할 수도 있다.

바닥 위로 둔부를 들어올릴 때 하복근을 쓰도록 집중한다. 계속 복근에 집중하려면 둔부를 들어올릴 때 다리를 흔들거나 둔부를 밀어올리지 않는다.

이 운동에 익숙해지면 조금 더 어렵게 변형시켜 다리를 굽히는 대신 쭉 펴고 운동하자.

시작/종료 자세

운동 중 자세

1 매트에 등을 대고 누워 손바닥이 바닥을 향하도록 팔을 양옆으로 내려놓는다. 매트 위에 머리를 편안히 대고 복근에 힘을 준다.

2 무릎은 90도로 굽혀 두 다리를 모은다. 허벅지와 바닥이 수직이 되도록 다리를 들어올린다.

3 등 하부는 바닥에 밀착시키고 다리를 올릴 때 머리를 향해 약간 뒤로 경사지도록 천천히 둔부를 바닥에서 약간 들어올린다.

4 잠깐 멈춘 뒤 다시 시작 위치로 천천히 둔부를 내린다.

Tip

리버스 크런치가 너무 어렵습니다. 조금 더 쉬운 운동 방법은 없나요?

리버스 크런치를 쉽게 변형시킨 골반 기울이기 (pelvic tilt)를 하면 된다. 매트에 등을 대고 누워 손바닥이 바닥을 향하도록 팔을 양옆으로 내려놓는다. 발은 어깨너비로 벌려 바닥에 평평하게 두고 무릎을 90도로 굽힌다. 둔부를 들어 머리 쪽으로 기울이고 둔부 아래쪽이 바닥 위로 약간 올라갔을 때 복근에 힘을 준다. 둔부가 아닌 하복근에 힘을 주어 들어올리도록 집중한다.

어떻게 하면 이 운동을 조금 더 어렵게 변형시킬 수 있나요?

수직 벤치를 이용하면 된다. 수직 벤치를 이용하면 다리를 늘어뜨리고 있는 동안 아래팔로 몸을 지탱해야 한다. 아래팔은 팔 패드에 올려놓고 등은 등받이에 밀착시킨 상태에서 다리를 들어올린다. 허벅지와 바닥이 평행이 되도록 무릎을 굽힌다. 그 다음 복근에 힘을 주고 둔부를 약간 위로 들어올린다. 이때 등은 등받이에 밀착시킨 상태를 유지한다. 이 운동은 중력과 반대 방향으로 움직이기 때문에 훨씬 어려운 운동이다.

금지사항	운동부위

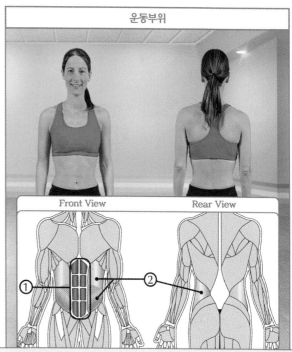

Front View Rear View

• 다리를 흔들지 않는다. 둔부만 들어올리도록 집중한다.

• 둔부를 들어올릴 때 등 하부를 매트 위로 들면 안 된다.

• 머리가 매트 위로 들리면 안 된다.

목표 근육

① 복근 앞면

• 배곧은근 : 제5~7갈비물렁뼈 → 두덩뼈

부가적 근육

② 복근 옆면

• 배속빗근 : 샅고랑인대, 엉덩뼈능선저부
　　　　　　→ 제9~12갈비뼈의 갈비물렁뼈, 배널힘줄

• 배바깥빗근 : 제6~12갈비뼈
　　　　　　→ 엉덩뼈능선, 배널힘줄

업도미널 머신
abdominal machine

업도미널 머신은 복근 전면을 목표로 하지만 복근 측면도 발달시킨다. 목이나 등에 문제가 있다면 이 머신을 이용하는 것이 안전하게 복근을 강화할 수 있는 방법이다. 또 웨이트를 사용하는 운동이기 때문에 복근 형성에도 도움을 준다.

업도미널 머신의 종류는 다양하다. 머신마다 조금씩 달라 보일 수 있지만 전부 복부 크런치 운동이 가능하다.

머신의 유형에 따라 팔은 가슴 패드에 두거나 손잡이 또는 머리 옆에 있는 스트랩을 잡을 수 있다.

패드를 끌어내릴 때 복근에 힘을 주고 둔부는 좌석에 밀착시킨다. 둔부가 좌석 위로 들리거나 시작 위치로 되돌아갈 때 웨이트가 스택에 세게 부딪힌다면 중량을 낮춰야 한다.

시작/종료 자세 | 운동 중 자세

1 업도미널 머신에 앉아 발은 어깨너비로 벌려 바닥이나 발판에 평평하게 둔다.
• 무릎이 90도로 굽혀지도록 발판 높이를 조절한다.

2 가슴을 패드에 대고 패드 앞손잡이를 잡는다.
• 바람직한 자세를 취할 수 있도록 좌석높이를 조절할 수 있다.

3 둔부부터 상체를 앞으로 숙이면서 무릎 쪽으로 천천히 패드를 끌어내린다.
• 등은 곧게 펴고 복근에 힘을 준다.

4 다시 시작 위치로 천천히 상체를 올린다.

Tip

어떻게 하면 운동 강도에 변화를 줄 수 있나요?

운동 강도를 달리 하려면 패드의 각도를 조절하면 된다. 쉽게 운동하려면 패드를 자신과 멀리 떨어지게 기울이고, 보다 어렵게 운동하려면 패드를 자신 쪽으로 기울인다.

어떻게 하면 복근 측면에 더 중점을 둘 수 있나요?

로터리 토르소 머신(rotary torso machine)을 이용하면 된다. 로터리 토르소 머신에 앉아 팔 패드를 팔로 감싼다. 팔이 불편하면 좌석 높이를 조절한다. 그 다음 한쪽으로 몸을 비틀어 돌리고 다시 시작 위치로 되돌아온다. 한쪽으로 한 세트를 완성한 뒤 다른 쪽으로 반복한다. 이 운동을 할 때 몸을 옆으로 흔들지 않도록 주의한다.

금지사항	운동부위

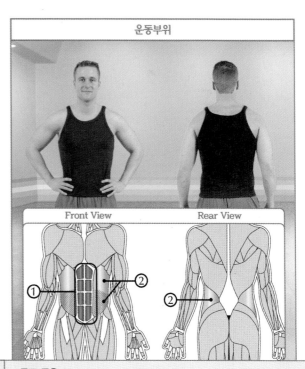

Front View　　　Rear View

- 패드를 끌어당길 때 둔부가 좌석에서 들리면 안 된다.
- 등을 구부리지 않는다.
- 패드를 끌어당기려고 어깨 근육을 사용하면 안 된다. 복근을 사용하도록 집중한다.
- 패드를 너무 빨리 끌어당기지 않는다. 천천히 컨트롤하며 동작한다.

목표 근육

① 복근 앞면
- 배곧은근 : 제5~7갈비물렁뼈 → 두덩뼈

부가적 근육

② 복근 옆면
- 배속빗근 : 샅고랑인대, 엉덩뼈능선저부
　　　　　　 → 제9~12갈비뼈의 갈비물렁뼈, 배널힘줄
- 배바깥빗근 : 제6~12갈비뼈
　　　　　　　 → 엉덩뼈능선, 배널힘줄

레그 레이즈
leg raise

레그 레이즈는 복근 전면은 물론 복근 측면과 둔부 굴근도 발달시킨다. 복부 전체를 강화하는 데 효과적이며 특히 하복부를 매끈하게 하는 데 좋은 운동이다.

매트나 수평 벤치에 누워 운동할 수 있으며 벤치에서 할 경우 벤치에 누워 안정적인 자세를 취할 수 있도록 머리 위 벤치 모서리를 잡는다.

이 운동은 등을 대고 누워 다리를 약간 올린 상태로 시작해야 한다. 이 자세가 너무 어렵거나 등 하부가 당기면 다리를 조금 더 높이 올리고 시작해도 된다.

다리를 올렸다 내릴 때는 복근을 쓰도록 집중한다. 또 등 하부는 바닥에 밀착시키고 머리는 매트에 평평하게 둔다.

등 하부에 문제가 있다면 이 운동은 하지 않는 편이 좋다.

시작/종료 자세

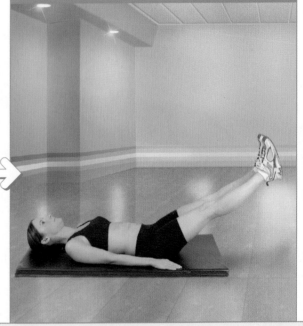

운동 중 자세

1 매트에 등을 대고 누워 손바닥이 바닥을 향하도록 팔을 양옆이나 둔부 아래에 둔다.

2 두 다리는 모아 쭉 편다. 바닥에서 약간 다리를 들어 올린다.

3 다리가 바닥과 45도 정도 될 때까지 천천히 다리를 올린다.

4 잠깐 멈춘 뒤 다시 시작 위치로 천천히 다리를 내린다.

Tip

디클라인 벤치에서 레그 레이즈를 하려면 어떻게 해야 하나요?

디클라인 벤치의 높은 쪽에 머리를 대고 누워 지탱할 수 있도록 벤치 윗부분을 잡는다. 다리를 약간 들어 올리고 시작한다. 다리가 벤치와 60도 정도 될 때까지 다리를 들어올린다. 잠깐 멈춘 뒤 다시 시작 위치로 다리를 내린다. 이처럼 변형시킨 운동은 중력과 반대로 움직이기 때문에 운동하기가 더 어렵다.

어떻게 하면 상복근을 더 발달시킬 수 있나요?

수평 벤치의 긴 모서리에 앉은 뒤 발을 모아 바닥에 둔다. 손바닥이 몸을 향하도록 뒤에서 벤치 모서리를 잡는다. 팔꿈치를 굽혀 상체를 뒤로 젖히고 몸이 바닥과 거의 평행이 되도록 다리를 앞으로 쭉 편다. 몸이 V자가 될 때까지 다리와 상체를 올린다. 그 다음 다시 시작 위치로 되돌아간다.

금지사항	운동부위
	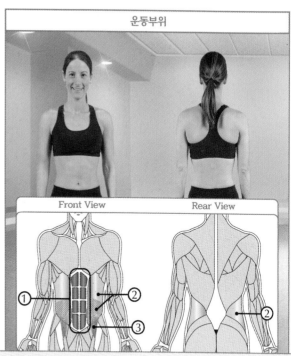

- 등을 구부리지 않는다.
- 머리를 매트 위로 들면 안 된다.
- 다리 동작을 너무 빠르게 하지 않는다. 동작은 천천히 컨트롤하며 반복한다.

목표 근육
① 복근 앞면
- 배곧은근 : 제5~7갈비물렁뼈 → 두덩뼈

부가적 근육
② 복근 옆면
- 배속빗근 : 살고랑인대, 엉덩뼈능선저부
  → 제9~12갈비뼈의 갈비물렁뼈, 배널힘줄
- 배바깥빗근 : 제6~12갈비뼈 → 엉덩뼈능선, 배널힘줄
③ 엉덩이굽힘근

플랭크
plank

플랭크는 복근과 등 중·하부, 그리고 어깨 근육을 발달시킨다. 플랭크는 몸 중심의 복근과 등 하부 근육을 강화하기 때문에 중심부 안정성 운동에 속한다. 중심부 안정성 운동은 자세를 개선하고 무거운 물건을 들어올리거나 몸을 숙일 때 다칠 수 있는 부상의 위험을 줄여준다.

바닥에서 둔부를 들어올릴 때 15초 정도 그 자세를 유지해야 한다. 그 다음 둔부를 내리고 동작을 반복하기 전에 10초 정도 쉰다. 플랭크 운동을 처음 할 때 2번 이상 동작을 반복하기가 힘들지도 모르지만 꾸준히 하다보면 시간과 횟수를 늘릴 수 있다. 몸을 들어올려 2분 이상 자세를 유지할 수 있다면 운동 강도를 높여보자. 131페이지 상단을 보면 조금 더 어려운 운동 방법을 알 수 있다.

어깨, 팔꿈치, 등 하부에 문제가 있다면 조심해야 한다.

시작/종료 자세

운동 중 자세

1 매트에 엎드려 두 다리는 모으고 발끝을 바닥에 댄다. 복근에 힘을 준다.

2 상체를 들어올리고 아래팔로 상체를 지탱한다. 두 손은 깍지 끼고 팔꿈치는 어깨 일직선 아래 위치시킨다.

3 아래팔과 발끝으로 몸을 지탱하면서 몸이 바닥과 평행을 이룰 때까지 천천히 둔부를 들어올린다.

4 15초간 그 자세를 유지한 다음 매트 위로 천천히 둔부를 내린다.

Tip

플랭크를 조금 더 쉽게 변형시킬 수 있나요?

있다. 운동할 때 무릎을 바닥에 대고 하면 플랭크를 조금 더 쉽게 할 수 있다. 초보자나 등이 약한 사람에게는 이 방법이 편할 것이다.

플랭크를 조금 더 어렵게 하려면 어떻게 해야 하나요?

바닥 대신 벤치에 발끝을 올려놓고 하면 된다. 운동 강도에 변화를 주려면 벤치의 높이를 달리 해보자. 운동 방법은 위에서 설명한 것과 같다.

어떻게 하면 둔부를 더 발달시킬 수 있나요?

둔부를 들어올려 15초간 자세를 유지할 때 왼쪽 다리도 같이 올려준다. 그 다음 시작 위치로 되돌아가 오른쪽 다리를 들고 반복한다. 두 발이 아닌 한 발로 균형을 유지해야 하기 때문에 보다 어려운 상급 운동이다. 여기서 운동 강도를 더 높이려면 들어올린 발과 반대쪽 팔을 뻗고 운동하면 된다.

금지사항	운동부위

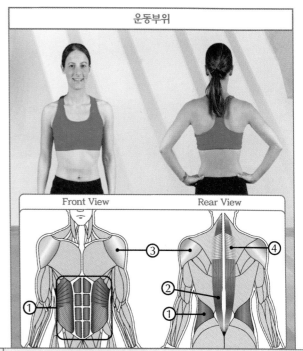

Front View   Rear View

- 둔부를 너무 높이 들어올리지 않는다. 몸이 바닥과 평행을 이루어야 한다.
- 어깨나 등을 구부리지 않는다.
- 목을 구부리지 않는다. 머리, 목, 등은 일직선이 되어야 한다.
- 숨을 참지 않는다.

목표 근육
① **복근**
- 배가로근 : 샅고랑인대, 엉덩뼈능선, 복장허리근육막, 갈비통의 아래 가장자리
  → 배널힘줄, 흰줄, 두덩뼈
- 배속빗근 : 샅고랑인대, 엉덩뼈능선저부
  → 제9~12갈비뼈의 갈비물렁뼈, 배널힘줄
- 배바깥빗근 : 제6~12갈비뼈
  → 엉덩뼈능선, 배널힘줄
② **등 하부**
- 척추세움근 : 엉덩갈비근(등허리널힘줄, 갈비뼈 뒷부분)

가장긴근(등허리널힘줄, 등 · 허리뼈의 가로돌기)
가시근(목덜미인대, 목 · 등뼈의 가시돌기)
→ 엉덩갈비근(갈비뼈 뒷부분, 목뼈가로돌기)
가장긴근(목 · 등뼈의 가로돌기, 꼭지돌기)
가시근(목 · 등뼈의 가시돌기, 뒤통수뼈)

부가적 근육
③ **어깨**
- 어깨세모근 : 앞부분(빗장뼈 가쪽 1/3)
  가운데부분(어깨봉우리 가쪽)
  아래부분(어깨뼈가시)
  → 위팔뼈의 어깨세모근 거친면
④ **등 중부**
- 마름근 : 작은마름근(제7목뼈와 제1등뼈 가시돌기)
  큰마름근(제2~5등뼈 가시돌기)
  → 작은마름근(어깨뼈가시근육)
  큰마름근(어깨뼈가시근육에서 아래각까지의 어깨뼈의 척추모서리)

사이드 플랭크
side plank

사이드 플랭크는 복근과 등 하부뿐 아니라 어깨와 등 상부도 목표로 한 운동이다. 이 운동은 무거운 물건을 들어올리거나 몸을 비틀 때 다칠 수 있는 부상의 위험을 줄여주며 중심부 안정성을 향상시킨다. 사이드 플랭크와 같은 중심부 안정성 운동은 허리선을 아름답게 만들어 준다.

바닥 위로 둔부를 들어올릴 때 10초 정도 그 자세를 유지한다. 그 다음 둔부를 내리고 반복하기 전에 10초 정도 쉰다. 이 운동을 처음 할 때 2번 이상 동작을 반복하기가 힘들 수도 있지만 꾸준히 하면서 시간과 반복횟수를 늘려 2분간 자세를 유지하고 3번까지 동작을 반복하도록 한다. 사이드 플랭크에 익숙해지면 보다 어렵게 변형시킨 운동을 시도해보자. 그 내용은 133페이지에 있다.

등이나 어깨에 문제가 있다면 조심해야 한다.

시작/종료 자세	운동 중 자세

1 매트에 오른쪽으로 누워 두 다리를 모아 쭉 편다. 복근에 힘을 준다.

2 상체를 들어올려 오른쪽 아래팔로 상체를 지탱한다. 팔꿈치는 어깨 일직선 아래 오도록 한다. 왼팔은 쭉 펴서 옆으로 붙인다.

3 아래팔과 오른쪽 발 한쪽 면으로 몸을 지탱하면서 몸이 일직선이 되도록 천천히 둔부를 들어올린다.

4 10초간 그 자세를 유지한 다음 다시 매트 위로 천천히 둔부를 내린다.

5 오른쪽으로 한 세트를 완성한 뒤 왼쪽으로 반복한다.

Tip

이 운동을 조금 더 쉽게 하려면 어떻게 해야 하나요?

사이드 플랭크가 너무 어렵다면 이 운동을 쉽게 변형시킬 수 있다. 매트에 오른쪽으로 누워 두 다리를 모아 90도로 굽힌다. 상체를 들어올리고 오른쪽 아래팔로 상체를 지탱한다. 무릎은 바닥에 댄 상태에서 무릎부터 어깨까지 일직선이 되도록 둔부를 들어올린다.

사이드 플랭크가 전혀 어렵지 않습니다. 조금 더 어렵게 변형시킨 운동 방법이 있나요?

발을 스텝에 올려놓고 운동하면 된다. 더 어렵게 변형시키려면 둔부를 들어올린 뒤 위에 있는 다리가 바닥과 평행이 되도록 들어올리거나 위에 있는 팔이 바닥과 수직이 되도록 들어올린다. 몸을 지탱하고 있는 팔을 쭉 펴서 아래팔 대신 손으로 지탱하며 운동하는 것도 이 운동을 보다 어렵게 변형시킬 수 있는 방법이다.

금지사항

운동부위

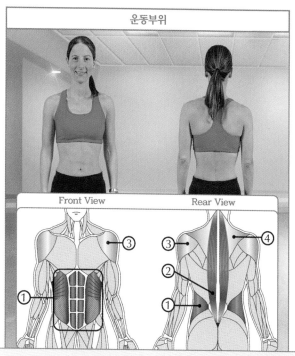

- 둔부를 너무 높이 들어올리거나 둔부가 낮게 내려가면 안 된다. 몸 전체가 일직선이 되어야 한다.
- 몸이 앞뒤로 기울어지면 안 된다.
- 어깨를 구부리지 않는다.
- 목을 구부리지 않는다. 머리, 목, 등은 일직선이 되어야 한다.

목표 근육
① 복근
- 배가로근 : 샅고랑인대, 엉덩뼈능선, 복장허리근육막, 갈비통의 아래 가장자리 → 배널힘줄, 흰줄, 두덩뼈
- 배속빗근 : 샅고랑인대, 엉덩뼈능선저부 → 제9~12갈비뼈의 갈비물렁뼈, 배널힘줄
- 배바깥빗근 : 제6~12갈비뼈 → 엉덩뼈능선, 배널힘줄

② 등 하부
- 척추세움근 : 엉덩갈비근(등허리널힘줄, 갈비뼈 뒷부분)
  가장긴근(등허리널힘줄, 등ㆍ허리뼈의 가로돌기)
  가시근(목덜미인대, 목ㆍ등뼈의 가시돌기)
  → 엉덩갈비근(갈비뼈 뒷부분, 목뼈가로돌기)
  가장긴근(목ㆍ등뼈의 가로돌기, 꼭지돌기)
  가시근(목ㆍ등뼈의 가시돌기, 뒤통수뼈)

부가적 근육
③ 어깨
- 어깨세모근 : 앞부분(빗장뼈 가쪽 1/3)
  가운데부분(어깨봉우리 가쪽)
  아래부분(어깨뼈가시)
  → 위팔뼈의 어깨세모근 거친면

④ 등 상부
- 등세모근 : 뒤통수뼈, 목덜미인대, 제7목뼈와 제1~12등뼈의 가시돌기
  → 상부(빗장뼈 가쪽, 어깨봉우리)
  중부(어깨뼈가시)
  하부(어깨뼈가시근육)

133

브릿지
bridge

　브릿지는 둔부와 무릎굽힘근에 초점을 맞춘 운동이지만 복근 심부와 등 하부 근육도 발달시킨다. 이 운동은 등 근육과 복근을 강화하며 무거운 것을 들어올리거나 몸을 비틀 때 다칠 수 있는 부상의 위험을 줄여준다. 등 근육과 복근은 중심부 근육으로 중심부 근육을 강화하면 중심부 안정성이 향상된다.

　운동할 때는 둔부를 들어올리고 10초간 자세를 유지한다. 그 다음 바닥에 다시 둔부를 내리고 반복하기 전에 10초간 쉰다. 중심부 근육이 강해지면 둔부를 올리고 있는 자세를 2분 이상 유지할 수 있다. 초보자라면 이 운동을 2번 이상 반복하기 어렵겠지만 꾸준히 하다보면 반복하는 횟수를 늘릴 수 있다.

　등 하부에 문제가 있다면 조심해야 한다.

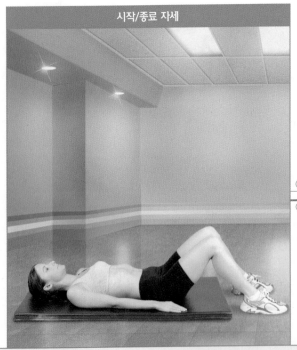

시작/종료 자세

운동 중 자세

1 매트에 등을 대고 눕는다. 무릎을 굽히고 발은 어깨너비로 벌려 바닥에 평평하게 둔다.

2 손바닥이 아래를 향하도록 팔을 양옆으로 내리고 복근에 힘을 준다.

3 몸과 허벅지가 일직선이 되도록 천천히 둔부를 들어올린다.

4 10초간 자세를 유지한 다음 매트 위로 다시 천천히 둔부를 내린다.

Tip

어떻게 하면 이 운동을 조금 더 어렵게 변형시킬 수 있나요?

둔부를 더 높이 들어올리고 상체와 허벅지가 더 큰 각도로 일직선이 되도록 발을 스텝이나 벤치에 올려놓고 하면 된다. 이때 스텝이나 벤치는 움직이지 않게 고정되어 있어야 한다.

무릎굽힘근과 둔부를 더 발달시킬 수 있나요?

둔부를 들어올린 상태로 자세를 유지하는 동안 한쪽 다리를 쭉 펴면 된다. 이렇게 운동하면 한 다리만으로 몸의 균형을 유지해야 하기 때문에 운동 강도도 높아진다.

왼쪽과 오른쪽을 번갈아가며 운동하려면 어떻게 해야 하나요?

위에서 설명한 것처럼 운동하고 무릎을 90도로 굽힌 채 2초간 한발을 약간 들어올린다. 그 다음 발을 내려 2초간 쉬고 다른 다리로 반복한다. 이 운동을 조금 더 어렵게 변형시키려면 다리에 발목용 웨이트를 착용하면 된다.

금지사항	운동부위
	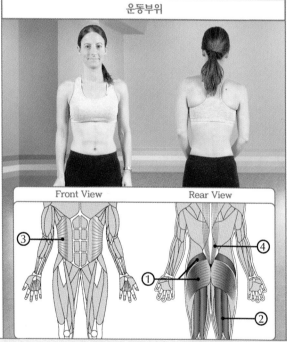

• 둔부를 너무 높이 들어올려 등이 구부러지면 안 된다.
• 둔부를 아래로 늘어뜨리지 않는다. 몸과 허벅지는 일직선이 되어야 한다.
• 무릎이 안쪽이나 바깥쪽을 가리키면 안 된다. 무릎은 정면을 가리켜야 한다.
• 숨을 참지 않는다.

목표 근육
① 둔부
• 큰볼기근 : 엉치뼈 뒷면, 엉덩뼈, 엉덩뼈 위볼기근선
　　　　　→ 넙다리뼈의 볼기근 거친면, 엉덩정강막띠
• 중간볼기근 : 엉덩뼈능선, 엉덩뼈의 위볼기근선과 중간볼기근선 사이
　　　　　→ 넙다리뼈의 큰돌기
② 무릎굽힘근
• 넙다리두갈래근 : 장두(엉덩뼈거친면)

단두(넙다리뼈거친선)
　　　→ 종아리뼈머리
• 반막모양근 : 엉덩뼈거친면 → 정강뼈 안쪽관절융기
• 반힘줄모양근 : 엉덩뼈거친면 → 정강뼈 위안쪽부분
부가적 근육
③ 복근 심부
• 배가로근 : 엉덩뼈능선, 복장허리근육막, 갈비통의 아래 가장자리
　　　　　→ 배널힘줄, 흰줄, 두덩뼈
④ 등 하부
• 척추세움근 : 엉덩갈비근(등허리널힘줄, 갈비뼈 뒷부분)
　　　　　가장긴근(등허리널힘줄, 등·허리뼈의 가로돌기)
　　　　　가시근(목덜미인대, 목·등뼈의 가시돌기)
　　　　　→ 엉덩갈비근(갈비뼈 뒷부분, 목뼈가로돌기)
　　　　　가장긴근(목·등뼈의 가로돌기, 꼭지돌기)
　　　　　가시근(목·등뼈의 가시돌기, 뒤통수뼈)

Section 3

하체운동은 다리와 둔부, 그리고 종아리운동으로 구성된다. 하체에 근력을 형성하면 걷기나 계단 오르기, 그리고 물건을 들어올리는 등 일상생활에서 흔히 하는 활동이 한결 수월해진다. 또 강한 하체는 달리기, 스쿼시, 스케이트, 스키 등 주로 하체 근육을 사용하는 스포츠 능력과 균형성을 기르는 데 도움을 준다. 섹션 3에서는 하체를 단련할 수 있는 하체운동에 대해 소개한다.

이번 섹션에서는 …

다리운동

덤벨 스쿼트(dumbbell squat)

바벨 스쿼트(barbell squat)

핵 스쿼트(hack squat)

레그 프레스(leg press)

레그 익스텐션(leg extension)

레그 컬(leg curl)

런지(lunge)

스텝-업(step-up)

바벨 데드리프트(barbell deadlift)

사이드-라잉 이너 사이 리프트(side-lying inner thigh lift)

힙 어덕션 머신(hip adduction machine)

케이블 니 리프트(cable knee lift)

둔부운동

닐링 킥백(kneeling kickback)

사이드-라잉 레그 리프트(side-lying leg lift)

힙 업덕션 머신(hip abduction machine)

케이블 킥백(cable kickback)

종아리운동

스탠딩 캐프 레이즈 머신(standing calf raise machine)

시티드 캐프 레이즈 머신(seated calf raise machine)

싱글-레그 캐프 레이즈(single-leg calf raise)

캐프 프레스(calf press)

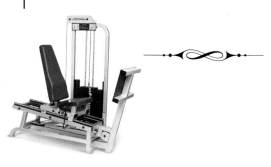

덤벨 스쿼트
dumbbell squat

덤벨 스쿼트는 넙다리네갈래근, 무릎굽힘근, 둔부, 엉덩이굽힘근, 대퇴부 안쪽 등 하체 근육의 대부분을 사용한다. 탄탄하고 매끈한 다리를 만드는 데 효과적인 운동으로 이 운동을 하면 걷기나 계단 오르기, 물건 들어올리기와 같은 일상적인 활동을 보다 쉽게 할 수 있다.

스쿼트를 하는 동안 균형을 유지하기 어렵다면 머리를 똑바로 세우고 앞을 바라보자. 시선을 아래에 두면 균형을 잃고 앞으로 넘어질 수 있기 때문에 항상 정면을 바라봐야 한다.

운동 자세를 개선하려면 뒤에 벤치를 놓고 앉을 때마다 벤치에 둔부가 가볍게 닿도록 한다. 일어설 때는 발끝보다 발뒤꿈치로 밀어올린다.

시작/종료 자세

운동 중 자세

1 손바닥이 안쪽을 향하도록 양손에 각각 덤벨을 든다.

2 발은 어깨너비로 벌려 똑바로 서고 머리도 똑바로 세운다. 등에 무리가 가지 않도록 복근에 힘을 준다.

3 허벅지가 바닥과 평행이 될 때까지 천천히 무릎을 굽힌다. 이때 무릎이 발끝보다 앞으로 나오면 안 된다. 의자에 앉아 있다고 생각한다.
• 등은 곧게 펴고 발은 바닥에 평평하게 둔다.

4 발뒤꿈치로 밀어올리면서 다시 시작 위치로 천천히 일어선다.

Tip

어떻게 하면 대퇴부 안쪽과 둔부에 더 집중할 수 있나요?

대퇴부 안쪽과 둔부에 더 집중하려면 발을 어깨너비 두 배로 벌리고 운동하면 된다.

덤벨을 들지 않고 스쿼트를 해도 되나요?

가능하다. 덤벨을 들고 스쿼트를 하기가 어렵거나 덤벨이 없다면 스쿼트를 하는 동안 균형을 잃지 않도록 손을 허리에 두거나 앞으로 쭉 뻗고 하면 된다.

이 운동을 조금 더 어렵게 하려면 어떻게 해야 하나요?

동작을 천천히 하면 운동 강도가 높아지고 근력을 향상시킬 수 있다. 운동을 천천히 하려면 4초에 걸쳐 동작을 완성한다. 앉아서 2초간 멈춘 뒤 다시 일어나기까지 4초가 걸리게 운동한다. 덤벨을 이용하건 안 하건 이 방법대로 운동할 수 있다.

금지사항	운동부위

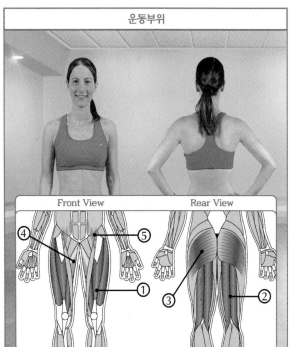

- 몸무게가 앞으로 실리면 안 되며 발뒤꿈치를 바닥 위로 들지 않는다.
- 등을 구부리지 않는다.
- 머리를 위아래로 움직이지 않는다. 머리, 목, 등은 일직선이 되어야 한다.
- 무릎을 완전히 펴지 않는다.

목표 근육

① 넙다리네갈래근
- 넙다리곧은근 : 아래앞엉덩뼈가시, 볼기뼈절구위모서리
- 안쪽넓은근 : 넙다리뼈 뒷면의 거친선
- 가쪽넓은근 : 넙다리뼈 뒷면의 거친선
- 중간넓은근 : 넙다리뼈 사이의 앞가쪽면
　　→ 무릎뼈, 무릎인대를 경유하여 정강뼈거친면

② 무릎굽힘근
- 넙다리두갈래근 : 장두(엉덩뼈거친면), 단두(넙다리뼈거친선)
　　→ 종아리뼈머리
- 반막모양근 : 엉덩뼈거친면 → 정강뼈 안쪽관절융기
- 반힘줄모양근 : 엉덩뼈거친면 → 정강뼈 위안쪽부분

③ 둔부
- 큰볼기근 : 엉치뼈 뒷면, 엉덩뼈, 엉덩뼈 위볼기선
　　→ 넙다리뼈의 볼기근 거친면, 엉덩정강근막띠

부가적 근육

④ 대퇴부 안쪽
- 긴모음근, 짧은모음근 : 두덩뼈 앞면 → 넙다리뼈 뒷면의 거친선
- 큰모음근 : 전부섬유—두덩뼈가지, 후부섬유—엉덩뼈거친면
　　→ 넙다리뼈 뒷면의 거친선
　　　넙다리뼈 안쪽의 모음근결절

⑤ 엉덩이굽힘근

바벨 스쿼트
barbell squat

바벨 스쿼트는 다리 근육을 더욱 강하게 형성해주는 운동으로 계단 오르기와 물건 들어올리기 같은 일상적인 활동을 보다 쉽게 할 수 있도록 돕는다. 이 운동은 주로 넙다리네갈래근과 무릎굽힘근, 그리고 둔부 근육을 사용하지만 대퇴부 안쪽과 엉덩이굽힘근, 그리고 등 하부 근육도 강화한다.

바벨 스쿼트는 운동 전에 반드시 적합한 준비운동을 해야 한다. 다리가 경직되어 있으면 부상을 입을 수 있기 때문이다. 바벨 스쿼트를 할 때는 흔히 더 무거운 중량을 사용하기 때문에 바벨 스쿼트가 덤벨 스쿼트보다 더 어려운 운동이다. 등이 약하거나 다친 적이 있다면 이 운동은 하지 않는 편이 좋다.

웨이트를 들어올리기가 어렵다면 옆에서 자신을 보조해줄 트레이너와 함께 운동하도록 한다. 트레이너의 도움을 받을 수 없다면 바벨을 잡아주도록 고안된 파워케이지를 이용할 수도 있다.

시작/종료 자세

운동 중 자세

1 목이 아닌 등 상부에 바벨을 위치시킨다. 바의 중심이 등에 놓여있는지 확인한다. 두 손을 어깨너비의 두 배로 벌린 뒤, 손바닥이 앞을 향하도록 바를 잡는다.

2 어깨너비로 발을 벌려 똑바로 선다. 등에 무리가 가지 않도록 복근에 힘을 준다.

3 허벅지가 바닥과 평행을 이룰 때까지 천천히 무릎을 굽힌다. 이때 무릎이 발끝보다 앞으로 나오면 안 된다. 의자에 앉아 있다고 생각하자.

• 발은 바닥에 평평하게 두고 등은 곧게 편 상태를 유지한다. 팔꿈치는 항상 허리 바로 아래 위치해야 한다.

4 발뒤꿈치로 밀어올리며 다시 시작 위치로 천천히 일어선다.

Tip

어떻게 하면 넙다리네갈래근을 더 발달시킬 수 있나요?

바벨을 잡는 방법이 다른 상급 바벨 스쿼트를 하면 된다. 쇄골과 어깨 앞으로 바를 위치시킨다. 손바닥이 가슴을 향하고 아래팔은 "X"자가 되도록 바를 잡는다. 이 방법으로 바벨을 잡을 때는 중량을 낮춰 사용해야 하며 균형 유지에 더욱 주의해야 한다.

바벨 스쿼트를 할 때 균형을 유지하기가 어렵습니다. 어떻게 해야 하나요?

스미스 머신을 이용하면 된다. 스미스 머신은 동작을 통제해주기 때문에 스쿼트를 할 때 안정성과 균형성을 한층 더 높일 수 있다. 스미스 머신의 특징은 바가 수직 트랙 안에서 상하로만 움직인다는 점이다. 웨이트를 컨트롤할 수 없을 경우 사용자가 부상당하지 않도록 바를 잡아주는 안전 멈춤 장치가 있다. 스미스 머신을 사용하려면 발을 약간 앞으로 내밀고 무릎은 약간 굽힌 상태로 시작한다. 스미스 머신에 대해 더 자세히 알고 싶다면 28페이지를 보라.

금지사항	운동부위
	Front View Rear View

- 등을 과도하게 구부리지 않는다.
- 몸무게가 앞으로 실리면 안 되며, 발뒤꿈치를 들지 않는다.
- 머리를 위아래로 움직이지 않는다. 균형을 유지할 수 있도록 정면을 바라보고 머리, 목, 등은 일직선이 되어야 한다.
- 무릎을 완전히 펴지 않는다.

목표 근육
① **넙다리네갈래근**
- 넙다리곧은근 : 아래앞엉덩뼈가시, 볼기뼈절구위모서리
- 안쪽넓은근 : 넙다리뼈 뒷면의 거친선
- 가쪽넓은근 : 넙다리뼈 뒷면의 거친선
- 중간넓은근 : 넙다리뼈 사이의 앞가쪽면
  → 무릎뼈, 무릎인대를 경유하여 정강뼈거친면
② **무릎굽힘근** : 넙다리두갈래근, 반막모양근, 반힘줄모양근
③ **둔부**
- 큰볼기근 : 엉치뼈 뒷면, 엉덩뼈, 엉덩뼈 위볼기선
  → 넙다리뼈의 볼기근거친면, 엉덩정강근막띠

부가적 근육
④ **대퇴부 안쪽(모음근)**
- 긴모음근, 짧은모음근 : 두덩뼈 앞면
  → 넙다리뼈 뒷면의 거친선
- 큰모음근 : 전부섬유—두덩뼈가지, 후부섬유—엉덩뼈거친면
  → 넙다리뼈 뒷면의 거친선
  넙다리뼈 안쪽의 모음근결절
⑤ **엉덩이굽힘근**
⑥ **등 하부(척추기립근)** : 엉덩갈비근(등허리널힘줄, 갈비뼈 뒷부분)
  가장긴근(등허리널힘줄, 등·허리뼈의 가로돌기)
  가시근(목덜미인대, 목·등뼈의 가시돌기)
  → 엉덩갈비근(갈비뼈 뒷부분, 목뼈가로돌기)
  가장긴근(목·등뼈의 가로돌기, 꼭지돌기)
  가시근(목·등뼈의 가시돌기, 뒤통수뼈)

핵 스쿼트
hack squat

핵 스쿼트는 넙다리네갈래근과 둔부를 강화하고 근육량을 늘리는 데 효과적인 운동이다. 또 무릎굽힘근과 엉덩이굽힘근도 강화한다. 이 근육들이 강해지면 걷기, 달리기, 물건 들어올리기와 같은 일상적인 활동들을 하기가 수월해진다.

핵 스쿼트를 할 때 다음의 사항들을 명심해야 한다. 웨이트를 내릴 때는 무릎을 90도로 굽혀야 한다. 이때 무릎이 발끝보다 앞으로 나오면 안 된다. 웨이트를 다시 밀어 올릴 때는 발끝보다 발뒤꿈치로 웨이트를 밀어올리되 무릎을 완전히 펴지 않는다.

핵 스쿼트를 할 때 필요한 동작 때문에 무릎이나 등 하부에 문제가 있다면 반드시 주의해야 한다.

시작/종료 자세

운동 중 자세

1 핵 스쿼트 머신에 등을 대고 눕는다. 어깨는 어깨 패드 아래 밀착시킨다.

2 발은 어깨너비로 벌리고 약간 앞으로 내밀어 발판 위에 올린다.

3 손잡이를 잡는다. 등에 무리가 가지 않도록 복근에 힘을 준다.

4 웨이트를 내릴 수 있도록 잠금 장치를 푼다.

5 무릎이 90도가 되도록 천천히 웨이트를 내린다.

• 등은 등받이에 평평하게 밀착시킨다.

6 잠깐 멈춘 뒤 다시 시작 위치로 발뒤꿈치를 이용해 천천히 웨이트를 밀어올린다.

7 한 세트를 완성한 뒤 웨이트가 제자리에 고정되도록 잠금 장치를 확인한다.

Tip

이 운동을 할 때 강한 다리가 약한 다리를 보완하지 않도록 하려면 어떻게 해야 하나요?

한 다리씩 따로 운동하면 된다. 운동하지 않는 다리는 약간 앞으로 들어올려 운동하는 동안 발판에 닿지 않게 하고 두 다리로 운동할 때처럼 운동한다. 한번에 한쪽 다리만 운동할 때는 중량을 낮춰야 한다. 다리를 따로따로 운동하면 두 다리에 폭발적인 힘이 필요한 높이뛰기나 농구 등의 스포츠에 특히 도움이 된다.

둔부와 대퇴부 안쪽이 더 발달하도록 이 운동을 변형할 수 있나요?

있다. 발을 어깨너비보다 조금 더 넓게 벌려 발판에 두고 운동하면 된다.

금지사항

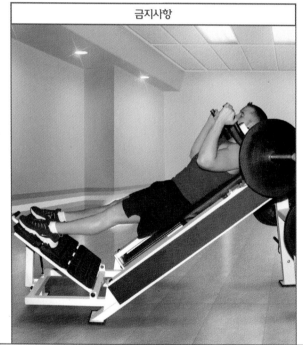

- 무릎을 완전히 펴지 않는다.
- 머리를 패드 위로 들지 않는다.
- 무릎이 발끝보다 앞으로 나오면 안 된다.
- 등을 구부리지 말고 등받이에 평평하게 밀착시킨다.

목표 근육

① 넙다리네갈래근
- 넙다리곧은근 : 아래앞엉덩뼈가시, 볼기뼈절구위모서리
- 안쪽넓은근 : 넙다리뼈 뒷면의 거친선
- 가쪽넓은근 : 넙다리뼈 뒷면의 거친선

운동부위

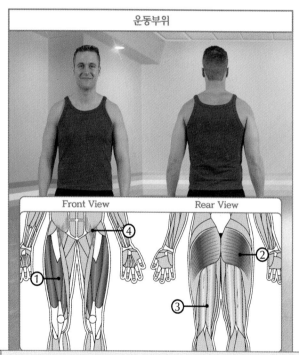

Front View   Rear View

- 중간넓은근 : 넙다리뼈 사이의 앞가쪽면
  → 무릎뼈, 무릎인대를 경유하여 정강뼈거친면
② 둔부(볼기근)
- 큰볼기근 : 엉치뼈 뒷면, 엉덩뼈, 엉덩뼈 위볼기선
  → 넙다리뼈의 볼기근 거친면, 엉덩정강근막띠

부가적 근육

③ 무릎굽힘근 : 넙다리두갈래근, 반막모양근, 반힘줄모양근
④ 엉덩이굽힘근

레그 프레스
leg press

레그 프레스는 다리의 근력과 지구력을 기르는 데 도움이 되는 운동이다. 이 운동은 넙다리네갈래근과 무릎굽힘근에 중점을 두고 있지만 엉덩이굽힘근과 둔부, 대퇴부 안쪽에도 효과적이다.

등 하부에 문제가 있어 스쿼트나 런지를 하기 어렵다면 레그 프레스가 좋은 대안이다. 하지만 현재 무릎에 문제가 있거나 운동 중에 무릎이 아프다면 운동을 삼가는 게 좋다.

레그 프레스 머신의 유형은 다양하다. 어떤 머신은 바에 웨이트 플레이트를 추가해야 하지만 또 어떤 머신은 자신이 들어올리고자 하는 중량만큼 선택할 수 있도록 웨이트 스택에 핀을 꽂기만 하면 된다. 머신에 따라 발판이나 등받이를 조절할 수 있다. 머신에서 취하는 자세와 웨이트를 들어올리기 위해 다리를 밀어올리는 각도도 다를 수 있지만 레그 프레스 머신마다 운동 원리는 같다.

시작/종료 자세

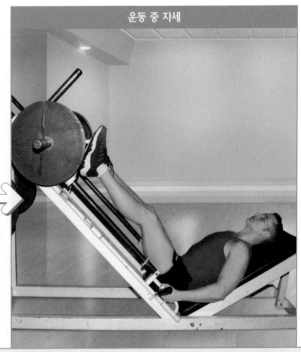
운동 중 자세

1 레그 프레스 머신에 등을 대고 누워 어깨너비만큼 발을 벌려 발끝이 위를 향하도록 발판에 평평하게 둔다.

2 머신에 브레이크 장치가 있다면 발뒤꿈치로 웨이트를 밀어 올려 브레이크를 푼다.

3 손잡이를 잡는다. 등에 무리가 가지 않도록 복근에 힘을 준다.

4 무릎이 90도가 될 때까지 웨이트를 내린다.

5 다리를 쭉 펴면서 천천히 발뒤꿈치로 웨이트를 밀어 올린다.

6 잠깐 멈춘 뒤 다시 시작 위치로 천천히 웨이트를 내린다.

7 머신에 브레이크장치가 있다면 마지막으로 웨이트를 밀어올릴 때 웨이트가 제자리에 고정되도록 브레이크를 확인한다.

한번에 한 다리만 운동할 수 있나요?

있다. 왼쪽 다리로 운동할 때 오른쪽 다리는 바닥에 두면 된다. 왼쪽 다리로 풀세트를 완성한 뒤 오른쪽 다리로 반복한다. 한 다리로 운동할 때는 중량을 낮춰야 한다. 한 다리씩 따로 운동하면 두 다리의 근육 불균형을 바로잡고자 할 때 도움이 된다.

이 운동으로 강화하는 근육을 달리할 수 있는 방법이 있나요?

목표하는 근육을 달리하려면 발판에서의 발의 위치를 바꾸면 된다. 대퇴부 안쪽과 둔부를 더 발달시키려면 발을 어깨너비보다 3~5인치 정도 더 벌리고, 무릎굽힘근과 둔부를 더 강화하고 싶다면 평상시 발판의 높이보다 2~3인치 정도 더 높여 발을 둔다. 무릎에 문제가 있다면 이처럼 변형시킨 운동을 할 때 조심해야 한다.

금지사항	운동부위

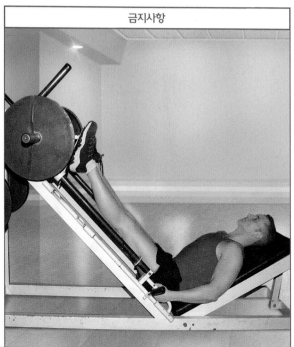

Front View　　Rear View

- 다리를 곧게 펼 때 무릎까지 완전히 펴지 않는다.
- 머리를 패드 위로 들지 않는다. 머리와 목은 등과 일직선이 되어야 한다.
- 웨이트를 밀어올리려고 등을 구부리지 않는다. 등은 등받이에 평평하게 밀착시킨다.

목표 근육

① 넙다리네갈래근
- 넙다리곧은근 : 아래앞엉덩뼈가시, 볼기뼈절구위모서리
- 안쪽넓은근 : 넙다리뼈 뒷면의 거친선
- 가쪽넓은근 : 넙다리뼈 뒷면의 거친선
- 중간넓은근 : 넙다리뼈 사이의 앞가쪽면
  → 무릎뼈, 무릎인대를 경유하여 정강뼈거친면
② 무릎굽힘근 : 넙다리두갈래근, 반막모양근, 반힘줄모양근

부가적 근육

③ 대퇴부 안쪽(모음근)
- 긴모음근, 짧은모음근 : 두덩뼈 앞면 → 넙다리뼈 뒷면의 거친선
- 큰모음근 : 전부섬유-두덩뼈가시
  후부섬유-엉덩뼈거친면
  → 넙다리뼈 뒷면의 거친선
  넙다리뼈 안쪽의 모음근결절
④ 엉덩이굽힘근
⑤ 둔부
- 큰볼기근 : 엉치뼈 뒷면, 엉덩뼈, 엉덩뼈 위볼기선
  → 넙다리뼈의 볼기근 거친면, 엉덩정강근막띠

145

레그 익스텐션
leg extension

레그 익스텐션은 넙다리네갈래근에 중점을 둔 운동으로 대퇴부를 강화하는 데 가장 좋은 방법이다. 대퇴부를 더욱 강하고 탄탄하게 만들어줄 뿐만 아니라 무릎 관절도 강화한다. 이 운동을 하려면 레그 익스텐션 머신을 사용해야 한다.

최대의 운동 효과를 거두려면 웨이트를 완전히 올리고 내리면서 동작을 크게, 천천히 해야 한다.

부상을 피하려면 다리를 갑자기 움직이거나 다리를 올릴 때 무릎을 완전히 펴지 않도록 한다. 또 자신이 다룰 수 있는 중량보다 무거운 중량을 사용하면 안 된다. 너무 무거운 중량을 사용하면 동작을 반복하는 중에 웨이트를 스택에 세게 부딪히며 떨어뜨릴 수도 있다.

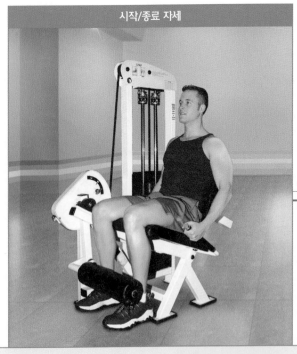

시작/종료 자세 · **운동 중 자세**

1 레그 익스텐션 머신에 앉아 발을 발 패드 아래 위치시킨다. 등은 등받이에 평평하게 밀착시키고 발목 윗부분이 발 패드에 닿게 한다.
• 바람직한 자세를 취할 수 있도록 등받이와 발 패드를 조절할 수 있다.

2 둔부가 들리지 않도록 손잡이나 좌석 모서리를 가볍게 잡는다. 등에 무리가 가지 않도록 복근에 힘을 준다.

3 무릎을 완전히 펴지 않되 무릎이 똑바로 펴지도록 천천히 두 다리로 웨이트를 들어올린다.

4 잠깐 멈춘 뒤 무릎이 90도로 굽혀지도록 천천히 다리를 내린다.

146

Tip

한쪽 다리가 더 강합니다. 어떻게 하면 두 다리를 균형 잡을 수 있나요?

두 다리로 레그 익스텐션을 할 때 강한 다리만 더 강화되지 않도록 중량을 낮춰 한번에 한 다리만 운동하면 된다. 두 다리를 균등하게 강화하면 두 다리 사이의 조정력이 뛰어나야 하는 달리기나 테니스 선수와 같은 운동선수에게 도움이 된다.

무릎 주위의 넙다리네갈래근 안쪽을 강화하는 데 집중하려면 어떻게 해야 하나요?

다리를 쭉 뻗어 3~5초간 자세를 유지하고 다시 5초에 걸쳐 웨이트를 천천히 내리면 된다. 무릎 주위의 넙다리네갈래근 안쪽은 넙다리네갈래근 바깥쪽보다 쉽게 약해지지만 이처럼 변형시킨 운동으로 넙다리네갈래근 안쪽을 강화할 수 있다.

금지사항	운동부위

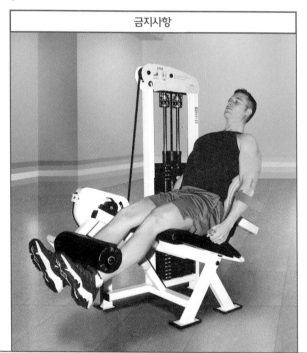

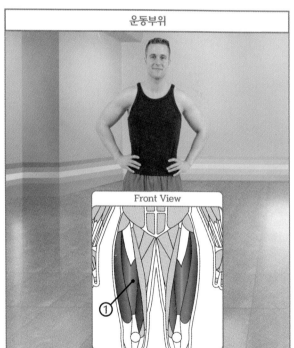

Front View

①

- 웨이트를 들어올리려고 등을 구부리거나 둔부를 들지 않는다. 등과 둔부는 패드에 밀착시켜야 한다.
- 다리를 갑자기 들어올리거나 웨이트를 빠르게 내리지 않는다. 운동하는 동안 일정한 동작의 흐름을 유지한다.
- 발끝을 안쪽이나 바깥쪽으로 돌리지 않는다. 발은 똑바로 세운 상태로 유지한다.

목표 근육
① 넙다리네갈래근
- 넙다리곧은근 : 아래앞엉덩뼈가시, 볼기뼈절구위모서리
- 안쪽넓은근 : 넙다리뼈 뒷면의 거친선
- 가쪽넓은근 : 넙다리뼈 뒷면의 거친선
- 중간넓은근 : 넙다리뼈 사이의 앞가쪽면
  → 무릎뼈, 무릎인대를 경유하여 정강뼈거친면

레그 컬
leg curl

레그 컬 머신은 무릎굽힘근을 강화할 때 가장 많이 이용하는 운동기구이다. 주로 무릎굽힘근을 강화하지만 종아리와 둔부도 발달시킨다.

넙다리네갈래근 운동은 중요시하고, 무릎굽힘근에는 관심을 두지 않는 사람들이 많지만 레그 컬 머신을 이용해 무릎굽힘근을 발달시키면 넙다리네갈래근과 무릎굽힘근에 보다 균형 잡인 모양을 줄 수 있어 다리 모양을 개선할 수 있다.

이 운동을 할 때 동작은 부드럽게 연속적으로 해야 하며 반복하는 중에 웨이트를 세게 떨어뜨리지 않도록 주의한다. 또 패드 위에서 둔부를 움직이지 않는다. 둔부가 패드 위로 들릴 경우 무릎굽힘근은 많이 쓰이지 않고 등 하부에 힘이 실리게 된다. 다리를 다시 시작 위치로 내릴 때 무릎을 완전히 펴지 않는 것도 중요하다.

레그 컬 머신을 이용할 때 이전에 무릎을 다쳤거나 등 하부에 문제가 있다면 특히 조심해야 한다.

시작/종료 자세

운동 중 자세

1 레그 컬 머신에 엎드려 발은 발 패드 아래 위치시킨다. 무릎은 패드에 닿지 않게 밖으로 빼고 발목 뒷부분이 발 패드에 닿게 한다.
• 바람직한 자세를 취할 수 있도록 팔 패드를 조절할 수 있다.

2 둔부가 들리지 않도록 손잡이를 잡는다. 등에 무리가 가지 않도록 복근에 힘을 준다.

3 정강이 쪽으로 발끝을 당기면서 둔부를 향해 발뒤꿈치를 들어올려 천천히 무릎을 굽힌다.

4 잠깐 멈춘 뒤 다시 시작 위치로 천천히 다리를 내린다.

Tip

레그 컬을 할 때 등을 더 보호하려면 어떻게 해야 하나요?

등을 보호하고 지탱하는 역할을 하는 시티드 레그 컬 머신(seated leg curl machine)을 이용하면 된다. 시티드 레그 컬 머신에 앉아 발목 뒷부분이 발 패드에 닿도록 발을 올린다. 허벅지에 허벅지 패드를 고정하고 둔부와 등 하부가 들리지 않도록 패드의 손잡이를 잡는다. 둔부를 향해 발뒤꿈치를 당기고 다시 시작 위치로 되돌아간다.

한쪽 다리가 더 강합니다. 어떻게 하면 두 다리를 균형 잡을 수 있나요?

레그 컬을 할 때 강한 다리가 약한 다리를 보완하지 않도록 하려면 한 다리씩 따로 운동하면 된다. 한 다리로 운동할 동안 다른 다리는 쭉 펴고 두 다리로 운동할 때처럼 운동한다. 이때는 중량을 낮춰야 한다.

금지사항	운동부위

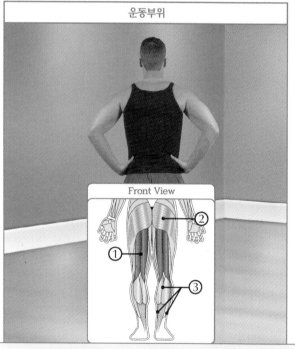

Front View

• 웨이트를 들어올리려고 등을 구부리거나 둔부를 들지 않는다. 이는 등 하부에 무리를 줄 수 있다.
• 머리를 패드 위로 들지 않는다.
• 무릎을 완전히 펴지 않는다.
• 다리를 갑자기 들어올리거나 웨이트를 빠르게 내리지 않는다. 운동하는 동안 일정한 동작의 흐름을 유지한다.

목표 근육
① 무릎굽힘근
• 넙다리두갈래근 : 장두(엉덩뼈거친면), 단두(넙다리뼈거친선)
　　　　　　　　　→ 종아리뼈머리

• 반막모양근 : 엉덩뼈거친면 → 정강뼈의 안쪽관절융기
• 반힘줄모양근 : 엉덩뼈거친면 → 정강뼈 위안쪽부분

부가적 근육
② 둔부
큰볼기근 : 엉치뼈 뒷면, 엉덩뼈, 엉덩뼈 위볼기선
　　　　　→ 넙다리뼈의 볼기근 거친면, 엉덩정강근막띠
③ 종아리
• 장딴지근 : 안쪽머리(넙다리뼈 안쪽관절융기)
　　　　　　가쪽머리(넙다리뼈 가쪽관절융기)
　　　　　　→ 아킬레스건으로 되어 발꿈치뼈에 부착
• 가자미근 : 정강뼈의 가자미선
　　　　　　종아리뼈머리 후방과 종아리뼈몸통
　　　　　　→ 발꿈치힘줄이 되어 발꿈치뼈에 부착

런지
lunge

런지는 넙다리네갈래근과 무릎굽힘근, 둔부는 물론 엉덩이굽힘근과 대퇴부 안쪽, 그리고 종아리를 탄탄하고 매끈하게 만들어준다.

이 운동은 다리를 강화하고 균형성을 길러주며 특히 테니스나 스쿼시처럼 다리를 격렬하게 움직여야 하는 운동에 도움이 된다. 런지는 무릎을 낮게 굽혀야 하기 때문에 무릎에 문제가 있다면 이 운동은 피하도록 한다.

체력 수준에 따라 런지를 하는 동안 웨이트를 사용할 수도 있다. 덤벨을 사용할 경우 팔을 양옆으로 내리고 손바닥이 다리를 향하도록 한 손에 하나씩 덤벨을 든다. 바벨을 사용하려면 등 상부에 바벨을 올리고 손바닥이 앞을 향하도록 바를 잡는다. 바벨을 사용할 때는 손목과 팔꿈치가 일직선이 되어야 한다. 웨이트를 추가하면 운동 강도를 높일 수 있으며 균형을 유지하기가 더 어려워질 수 있다는 점도 기억한다.

런지를 할 때 균형을 유지하기 위해 등은 곧게 펴고 정면을 바라본다.

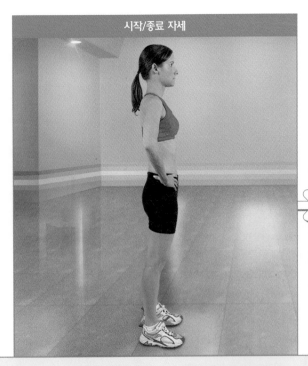

시작/종료 자세 · 운동 중 자세

1 발을 어깨너비로 벌려 발끝이 앞을 향하도록 똑바로 서서 손은 허리에 올린다.

· 머리는 똑바로 세우고 등은 곧게 편다. 등에 무리가 가지 않도록 복근에 힘을 준다.

2 오른발을 크게 한걸음 앞으로 내딛는다. 오른쪽 허벅지가 바닥과 평행이 될 때까지 천천히 무릎을 굽힌다. 이때 양쪽 무릎은 90도가 되고 오른쪽 무릎이 오른발보다 앞으로 나오면 안 된다.

3 오른발 발뒤꿈치로 천천히 몸을 밀어올리고 다시 시작 위치로 되돌아간다.

4 오른쪽 다리로 한 세트를 완성한 뒤 왼쪽 다리로 반복한다.

TiP

런지를 할 때 균형을 유지하기가 어렵습니다. 어떻게 해야 하나요?

보다 안정적인 스테이셔너리 런지(stationary lunge)를 하면 된다. 오른발을 왼발 앞으로 크게 한걸음 내딛고 바닥에 평평하게 둔 상태에서 시작한다. 이때 발은 어깨너비 정도 벌어져야 한다. 무릎을 굽혀 2초에 걸쳐 몸을 내리고 1초 정도 멈춘 뒤 다시 2초에 걸쳐 몸을 들어올린다. 이때 발은 움직이지 않는다. 한 세트를 완성한 뒤 다리를 바꿔 반복한다.

어떻게 하면 이 운동에 변화를 줄 수 있나요?

기본적인 런지 기술을 완전히 익혔다면 리버스 런지(reverse lunge)와 워킹 런지(walking lunge) 등을 할 수 있다. 리버스 런지의 경우 한 발을 앞이 아닌 뒤로 내딛는다는 점만 다를 뿐 일반적인 런지를 할 때와 같은 방법으로 하면 된다. 워킹 런지를 하려면 첫 번째 런지동작 후 앞으로 내딛은 다리를 시작 위치로 되돌리는 대신 앞으로 내딛어 다리에 몸무게를 싣고 뒤에 있는 다리를 들어올려 앞으로 나가며 런지동작을 한다. 앞으로 나갈 때마다 다리를 번갈아가며 계속한다.

금지사항	운동부위

Front View   Rear View

- 무릎이 발끝보다 앞으로 나오면 안 된다.
- 몸을 비틀거나 앞으로 숙이지 않는다. 어깨를 펴고 정면을 응시한다.
- 발끝이 안쪽이나 바깥쪽을 향하면 안 된다. 발끝은 정면을 가리켜야 한다.
- 한발 앞으로 내딛을 때 발끝으로 내딛지 않는다. 앞으로 내딛은 발은 바닥에 평평하게 닿아야 한다.

목표 근육
① 넙다리네갈래근
- 넙다리곧은근 : 아래앞엉덩뼈가시, 볼기뼈절구위모서리
- 안쪽넓은근 : 넙다리뼈 뒷면의 거친선
- 가쪽넓은근 : 넙다리뼈 뒷면의 거친선
- 중간넓은근 : 넙다리뼈 사이의 앞가쪽면
  → 무릎뼈, 무릎인대를 경유하여 정강뼈거친면

② **무릎굽힘근** : 넙다리두갈래근, 반막모양근, 반힘줄모양근
③ **둔부**
- 큰볼기근 : 엉치뼈 뒷면, 엉덩뼈, 엉덩뼈 위볼기선
  → 넙다리뼈의 볼기근 거친면, 엉덩정강근막띠

부가적 근육
④ 대퇴부 안쪽(모음근)
⑤ 엉덩이굽힘근
⑥ 종아리
- 장딴지근 : 안쪽머리(넙다리뼈 안쪽관절융기), 가쪽머리(넙다리뼈 가쪽관절융기)
  → 발꿈치힘줄로 되어 발꿈치뼈에 부착
- 가자미근 : 정강뼈의 가자미선, 종아리뼈머리 후방과 종아리뼈몸통
  → 발꿈치힘줄로 되어 발꿈치뼈에 부착

스텝-업
step-up

스텝-업은 넙다리네갈래근과 엉덩이굽힘근에 중점을 둔 운동이지만 무릎굽힘근과 둔부도 강화한다. 다리 모양을 매끈하게 만드는 데 좋은 운동이다. 이 운동을 하면 힘든 등반이나 등산 활동을 보다 쉽게 할 수 있다.

스텝-업을 할 때 스텝이나 벤치는 발 전체가 닿을 수 있는 크기여야 한다. 그래야 발끝이 아닌 발 전체로 스텝이나 벤치에 올라설 수 있다.

무릎에 문제가 있다면 이 운동을 할 때 조심해야 한다.

낮은 스텝이나 벤치를 이용하면 무릎에 가해지는 힘을 줄일 수 있고 운동을 조금 더 쉽게 할 수 있다.

덤벨을 어깨에 올리고 하면 팔꿈치와 어깨 관절에 무리가 덜 가며 균형을 유지하는 데 도움이 된다. 덤벨을 어깨에 올리고 할 경우 팔꿈치는 옆으로 벌려 굽히고 손바닥은 바닥을 향해야 한다. 이 자세로 운동할 때는 가벼운 중량을 사용해야 한다.

시작/종료 자세

운동 중 자세

1 손바닥이 안쪽을 향하도록 양옆으로 한 손에 하나씩 덤벨을 든다.

2 발을 어깨너비로 벌려 스텝이나 벤치 앞에 선다. 등에 무리가 가지 않도록 복근에 힘을 준다.

• 스텝이나 벤치는 올라섰을 때 허벅지가 바닥과 평행을 이룰 정도의 높이여야 한다.

3 스텝이나 벤치 위에 오른발을 올린다. 약간 앞으로 몸을 내밀어 오른발 발뒤꿈치로 자신을 끌어당긴다.

4 두 발이 스텝이나 벤치 위에 평평하게 올라섰을 때 왼쪽 다리를 먼저 내리고 그 다음 오른쪽 다리를 내린다.

5 오른쪽 다리로 한 세트를 완성한 뒤 왼쪽 다리로 반복해서 올라간다.

Tip

무릎굽힘근과 둔부를 더 발달시키려면 어떻게 해야 하나요?

스텝이나 벤치에서 약간 더 멀리 떨어진 상태로 운동하면 된다. 스텝이나 벤치 위로 올라서려면 다리를 뻗고 약간 더 몸을 앞으로 내밀어야 하기 때문에 균형을 잃지 않도록 더욱 주의해야 한다. 스텝이나 벤치는 미끄러지지 않게 고정되어 있어야 한다.

둔부에 더 중점을 두는 스텝-업이 있나요?

있다. 스텝이나 벤치에 오른발로 올라선 다음 왼발을 뒤로 뻗으면서 차올린다. 그 다음 왼쪽 다리를 바닥에 내려야 한다. 왼쪽 다리로 뒤로 차기 한 세트를 완성한 뒤 오른쪽 다리로 뒤로 차기를 반복한다. 이처럼 변형시킨 운동은 다리의 균형 감각과 근력을 증가시키는 데 도움을 준다.

금지사항	운동부위

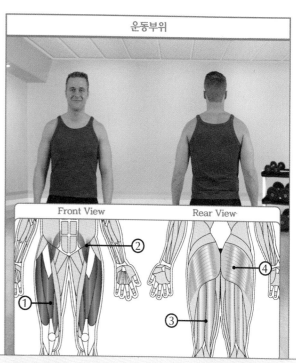

Front View   Rear View

- 발끝으로 올라서지 않는다. 스텝이나 벤치에 발 전체로 올라서고 발뒤꿈치로 자신을 끌어당긴다.
- 등을 구부리지 않는다. 항상 머리, 목, 등은 일직선이 되어야 한다.

목표 근육
① 넙다리네갈래근
- 넙다리곧은근 : 아래앞엉덩뼈가시, 볼기뼈절구위모서리
- 안쪽넓은근 : 넙다리뼈 뒷면의 거친선
- 가쪽넓은근 : 넙다리뼈 뒷면의 거친선
- 중간넓은근 : 넙다리뼈 사이의 앞가쪽면
  → 무릎뼈, 무릎인대를 경유하여 정강뼈거친면
② 엉덩이굽힘근

부가적 근육
③ 무릎굽힘근
- 넙다리두갈래근 : 장두(엉덩뼈거친면)
  단두(넙다리뼈거친선)
  → 종아리뼈머리
- 반막모양근 : 엉덩뼈거친면 → 정강뼈 안쪽관절융기
- 반힘줄모양근 : 엉덩뼈거친면 → 정강뼈 위안쪽부분
④ 둔부
- 큰볼기근 : 엉치뼈 뒷면, 엉덩뼈, 엉덩뼈 위볼기선
  → 넙다리뼈의 볼기근 거친면, 엉덩정강근막띠

바벨 데드리프트
barbell deadlift

바벨 데드리프트는 무릎굽힘근과 둔부를 목표로 하지만 등 하부와 복근도 강화한다.

전신운동 중 가장 좋은 운동이지만 부상을 피하기 위해 정확한 자세를 유지해야 하는 상급 운동이다. 운동하는 내내 등은 곧게 펴고 복근에 힘을 주어야 한다. 바벨을 들어올리려고 몸을 뒤로 젖히거나 움직일 때 목을 구부리면 안 된다. 항상 머리와 목, 등은 일직선이 되어야 한다.

바벨 데드리프트를 할 때 무릎 높이까지 바벨을 내리거나 유연성이 좋다면 더 낮게 내릴 수도 있다. 바벨을 들어올릴 때는 다리 근육만 사용하도록 바닥에서 발로 밀어올린다고 생각한다.

운동 강도와 부상의 위험성이 높기 때문에 초보자나 등 하부와 둔부, 무릎에 문제가 있는 사람은 이 운동을 삼가는 편이 좋다.

시작/종료 자세

운동 중 자세

1 어깨너비로 손을 벌려 손바닥이 몸을 향하도록 바벨을 잡는다.
• 무거운 중량을 들어올릴 경우 아래팔에 무리가 가지 않도록 한 손바닥은 몸을 향하고 다른 손바닥은 앞을 향하도록 바를 잡는다.

2 어깨너비로 발을 벌리고 똑바로 서서 무릎은 약간 굽힌다. 허벅지 위에 바가 닿도록 한다.

3 팔꿈치는 약간 굽히고 무릎 높이까지 바를 내리면서 천천히 둔부부터 앞으로 숙인다.
• 등에 무리가 가지 않도록 복근에 힘을 준다.

4 잠깐 멈춘 뒤 상체를 올리면서 다시 시작 위치로 천천히 바를 들어올린다.

Tip

초보자도 할 수 있도록 이 운동을 쉽게 변형시키려면 어떻게 해야 하나요?

발을 어깨너비보다 조금 더 넓게 벌리고 무릎도 더 굽힌 상태에서 시작하면 된다. 또 이 자세는 대퇴부 안쪽을 더욱 강화한다. 이 운동을 할 때 중량을 낮춰 바벨 대신 덤벨을 사용할 수도 있는데, 손바닥이 몸을 향하도록 덤벨을 잡고 위에서 설명한 대로 운동하면 된다.

어떻게 하면 바벨 데드리프트의 강도를 더 높일 수 있나요?

디딤대나 스텝에 서서 발아래까지 바를 내리면 된다. 이때 올바른 자세를 유지해야 한다. 디딤대나 스텝에 서서 운동하면 동작의 범위가 훨씬 커지기 때문에 상당한 유연성이 요구된다.

금지사항	운동부위

Front View Rear View

- 등을 구부리지 않는다.
- 바를 들어올릴 때 몸을 뒤로 젖히지 않는다.
- 팔꿈치나 무릎을 완전히 펴지 않는다.
- 목을 구부리지 않는다. 머리, 목, 등은 일직선이 되어야 한다.

목표 근육
① **무릎굽힘근** : 넙다리두갈래근, 반막모양근, 반힘줄모양근
② **둔부(볼기근)**
- 큰볼기근 : 엉치뼈 뒷면, 엉덩뼈, 엉덩뼈 위볼기선
  → 넙다리뼈의 볼기근 거친면, 엉덩정강근막띠

부가적 근육
③ **등 하부**
- 척추세움근 : 엉덩갈비근(등허리널힘줄, 갈비뼈 뒷부분)
  가장긴근(등허리널힘줄, 등·허리뼈의 가로돌기)

가시근(목덜미인대, 목·등뼈의 가시돌기)
  → 엉덩갈비근(갈비뼈 뒷부분, 목뼈가로돌기)
  가장긴근(목·등뼈의 가로돌기, 꼭지돌기)
  가시근(목·등뼈의 가시돌기, 뒤통수뼈)
④ **복근**
- 배곧은근 : 제5~7갈비물렁뼈 → 두덩뼈
- 배속빗근 : 샅고랑인대, 엉덩뼈능선저부
  → 제9~12갈비뼈의 갈비물렁뼈, 배널힘줄
- 배바깥빗근 : 제6~12갈비뼈 → 엉덩뼈능선, 배널힘줄
- 배가로근 : 샅고랑인대, 엉덩뼈능선, 복장허리근육막, 갈비통의 아래
  가장자리 → 배널힘줄, 흰줄, 두덩뼈

사이드-라잉 이너 사이 리프트
side-lying inner thigh lift

사이드-라잉 이너 사이 리프트는 대퇴부 안쪽을 강화하는 데 초점을 둔 운동이다. 등 하부나 둔부에 문제가 있다면 이 운동을 할 때 조심해야 한다.

유연성과 근력에 따라 사람마다 다리를 들어올릴 수 있는 높이도 달라진다. 그러나 굽히고 있는 다리의 무릎보다 위로 다리를 올리면 안 된다. 다리를 들어올릴 때 대퇴부 안쪽 근육이 당겨지는 듯하면 다시 천천히 다리를 내린다.

이 운동 역시 올바른 자세를 유지해야 한다. 등에 무리가 가지 않도록 복근에 힘을 주고 운동하는 동안 목을 구부리지 않도록 한다. 머리, 목, 등은 일직선이 되어야 한다.

다른 운동처럼 사이드-라잉 이너 사이 리프트도 부상을 피하고 최대의 운동 효과를 거두기 위해 동작을 천천히 컨트롤하며 운동해야 한다.

시작/종료 자세 **운동 중 자세**

1 매트에 오른쪽으로 누워 오른쪽 다리는 쭉 편다. 왼쪽 무릎을 굽혀 발끝이 오른발을 향하도록 왼발을 오른쪽 무릎 뒤 바닥에 평평하게 둔다.

2 오른손이나 오른팔을 편 상태로 머리를 받친다. 왼손은 지탱할 수 있도록 몸 앞으로 내려 매트 위에 올려놓는다.

3 오른쪽 다리는 쭉 뻗어 정강이 쪽으로 발끝을 당기면서 왼쪽 무릎보다 높지 않게 천천히 들어올린다. 등에 무리가 가지 않도록 복근에 힘을 준다.

4 잠깐 멈춘 뒤 다시 바닥을 향해 천천히 오른쪽 다리를 내린다.

5 오른쪽 다리로 한 세트를 완성한 뒤 반대로 누워 왼쪽 다리로 반복한다.

Tip

어떻게 하면 대퇴부 안쪽을 더 발달시킬 수 있나요?

대퇴부 안쪽을 더 발달시키려면 매트에 오른쪽으로 누워 왼쪽 다리를 90도로 굽힌다. 왼쪽 무릎을 몸 앞으로 위치시킨다. 더욱 편안한 자세를 취하려면 왼쪽 무릎에 수건이나 스텝을 받친다. 오른쪽 다리는 똑바로 편 상태에서 오른쪽 다리를 바닥 위로 들어올린다. 잠깐 멈춘 뒤 다시 시작 위치로 다리를 내린다. 오른쪽 다리로 한 세트를 완성한 뒤 왼쪽 다리로 반복한다.

어떻게 하면 사이드-라잉 이너 사이 리프트의 강도를 다르게 할 수 있나요?

사이드-라잉 이너 사이 리프트를 쉽게 하려면 다리를 들어올릴 때 다리를 약간 굽히면 된다. 이 운동을 보다 어렵게 하려면 저항력을 높이기 위해 발목용 웨이트를 착용한다. 무릎에 문제가 있다면 발목용 웨이트를 허벅지 안쪽에 착용하는 편이 좋다.

금지사항	운동부위

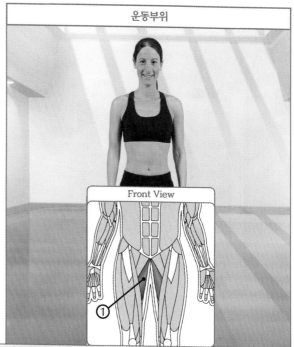

Front View

- 목을 구부리지 않는다. 머리, 목, 등은 일직선이 되어야 한다.
- 굽히고 있는 다리의 무릎보다 높게 다리를 들어올리지 않는다.
- 다리를 빠르게 들어올리고 내리지 않는다. 동작을 천천히 컨트롤하며 운동한다.
- 발끝이 천장을 가리키도록 다리를 돌리지 않는다. 발끝은 옆을 가리켜야 한다.

목표 근육
① 대퇴부 안쪽(모음근)
- 긴모음근, 짧은모음근 : 두덩뼈앞면 → 넙다리뼈 뒷면의 거친선
- 큰모음근 : 전부섬유-두덩뼈가시
  후부섬유-엉덩뼈거친면
  → 넙다리뼈 뒷면의 거친선
  넙다리뼈 안쪽의 모음근결절

힙 어덕션 머신
hip adduction machine

힙 어덕션 머신은 대퇴부 안쪽을 강화하고 매끈하게 해주며 다리 모양을 잡아준다. 이 머신을 이용하면 대퇴부 안쪽 근육을 지나치게 긴장시키거나 과도하게 좌우로 벌리는 동작으로 인한 부상을 막을 수 있다.

대부분의 사람들 생각과 달리, 이 운동을 수백 번 반복하더라도 지방을 연소시키거나 허벅지를 날씬하게 하는 데는 큰 도움이 되지 않는다. 사실, 힙 어덕션 머신을 이용해 적당한 중량으로 운동하고 있다면 대퇴부 안쪽의 근육을 늘리게 된다.

이 운동 역시 부상을 피하고 최대 효과를 거두기 위해 올바른 자세를 유지하는 것이 중요하다. 등을 보호하려면 등은 곧게 펴고 복근에 힘을 줘야 한다. 밀어내는 힘을 받으려고 앞으로 몸을 숙이거나 등을 구부리면 안 된다. 운동하는 동안 머리와 등은 등받이에 밀착시킨다.

철저하게 대퇴부 안쪽 근육만 사용하고 웨이트가 스택에 세게 부딪히며 떨어지지 않게 하려면 동작을 천천히 컨트롤하며 운동한다.

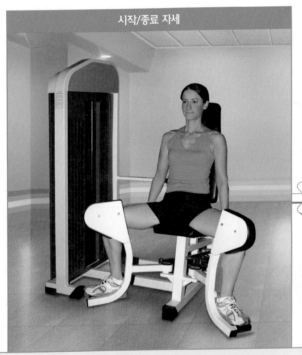

시작/종료 자세 · 운동 중 자세

1 힙 어덕션 머신에 앉는다. 등은 등받이에 밀착시키고 발을 발판에 평평하게 둔다. 다리는 다리 패드에 위치시킨다.

2 다리를 편안하게 최대한 멀리 벌릴 수 있도록 머신을 조절한다.

3 지탱하는 힘을 받도록 양옆의 손잡이를 잡는다.

4 다리가 모아지도록 천천히 다리를 밀어 다리 패드를 붙인다.
• 등은 곧게 펴고 등에 무리가 가지 않도록 복근에 힘을 준다.

5 잠깐 멈춘 뒤 시작 위치로 되돌아가면서 천천히 다리를 벌린다.

똑같은 운동을 하기 위해 이용할 수 있는 다른 머신에는 어떤 것들이 있나요?

Tip

케이블 머신

가장 낮게 설정한 케이블 머신 타워에 케이블을 고정시키고 케이블에 발목 스트랩을 연결한다. 머신을 향해 오른쪽으로 서서 발목 스트랩을 오른쪽 발목에 착용한다. 오른쪽 다리를 왼쪽 다리보다 약간 앞으로 내밀고 왼쪽 무릎은 약간 굽힌다. 오른쪽 다리는 약간 굽힌 채 똑바로 펴 오른쪽 발목을 왼쪽 다리 앞으로 들어올린다. 시작 위치로 되돌아가기 전에 잠깐 멈춘다. 한 세트를 완성한 뒤 왼쪽 다리로 반복한다.

멀티-힙 머신(multi-hip machine)

멀티-힙 머신의 롤러 패드(roller pad)를 왼쪽으로 조절한다. 그 다음 머신을 향해 발판에 서서 양옆의 바를 잡는다. 왼쪽 다리는 약간 굽힌 채 왼쪽 허벅지 안쪽을 롤러 패드에 대고 왼쪽 다리가 오른쪽 다리와 교차할 때까지 천천히 왼쪽 다리를 밀어준다. 시작 위치로 되돌아가기 전에 잠깐 멈춘다. 한 세트를 완성한 뒤 오른쪽 다리로 반복한다.

금지사항	운동부위

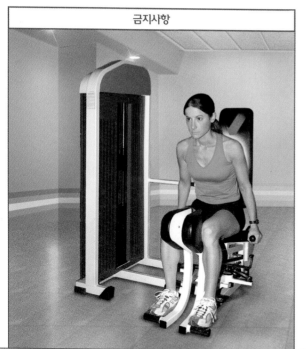

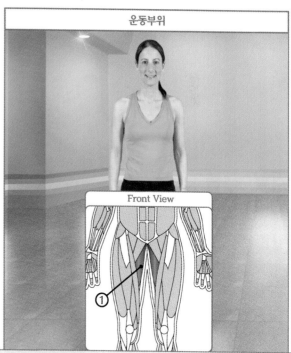

Front View

①

- 밀어내는 힘을 받으려고 몸을 앞으로 숙이거나 등을 구부리지 않는다. 항상 머리와 등은 등받이에 밀착시켜야 한다.
- 다리 동작을 빠르게 반복하지 않는다. 동작을 천천히 컨트롤하며 운동한다.

목표 근육
① 대퇴부 안쪽(모음근)
- 긴모음근, 짧은모음근 : 두덩뼈앞면 → 넙다리뼈 뒷면의 거친선
- 큰모음근 : 전부섬유-두덩뼈가시
　　　　　후부섬유-엉덩뼈거친면
　　　　　→ 넙다리뼈 뒷면의 거친선
　　　　　넙다리뼈 안쪽의 모음근결절

케이블 니 리프트
cable knee lift

케이블 니 리프트는 엉덩이굽힘근에 중점을 두고 있지만 넙다리네갈래근도 발달시킨다. 둔부 전면 근육을 강화하면 달리기나 자전거타기, 계단 오르기와 같은 일상적인 활동을 보다 쉽게 할 수 있다.

이 운동을 하려면 케이블 머신을 이용해야 한다. 그러나 케이블 머신을 이용할 수 없다면 발목용 웨이트를 착용하고 똑같이 운동할 수 있다. 발목용 웨이트로 이 운동을 할 경우 안정성과 균형성을 유지하기 위해 벽 옆에 서서 벽을 짚고 해야 한다. 케이블 머신 대신 발목용 웨이트를 이용하면 이 운동을 보다 쉽게 할 수 있다.

다른 운동과 마찬가지로 이 운동 역시 올바른 자세를 유지해야 한다는 점을 명심한다. 등은 곧게 펴고 등에 무리가 가지 않도록 복근에 힘을 준다. 또 운동하는 동안 지탱하는 무릎은 약간 굽힌 상태를 유지해야 하며 무릎을 올릴 때마다 몸을 앞뒤로 흔들지 않는다.

등 하부와 둔부에 문제가 있다면 조심해야 한다.

시작/종료 자세 · **운동 중 자세**

1 가장 낮게 설정한 케이블 머신 타워에 케이블을 고정시키고 케이블에 발목 스트랩을 연결한다. 오른쪽 발목에 스트랩을 착용한다.

2 오른쪽 다리가 케이블 일직선 앞에 오도록 뒤돌아선다. 왼쪽 무릎은 약간 굽히고 발은 바닥에 평평하게 둔다.

3 지탱할 수 있도록 머신을 잡는다.

4 허벅지가 바닥과 평행이 될 때까지 천천히 오른쪽 무릎을 들어올린다.

· 등은 곧게 펴고 등에 무리가 가지 않도록 복근에 힘을 준다.

5 잠깐 멈춘 뒤 다시 시작 위치로 천천히 다리를 되돌린다.

6 오른쪽 다리로 한 세트를 완성한 뒤 왼쪽 다리로 반복한다.

Tip

엉덩이굽힘근과 넙다리네갈래근을 발달시킬 수 있는 또 다른 방법이 있나요?

있다. 151페이지에서 설명한 워킹 런지를 변형시켜 크게 걸으며 무릎을 가슴 높이까지 올리면 된다. 손은 워킹 런지를 할 때처럼 허리에 올려놓는다. 이 운동은 하체 전반을 발달시키는 데 효과적이며 발목용 웨이트를 착용하고 할 수도 있다.

니 리프트를 하기 위해 멀티-힙 머신을 사용할 수 있나요?

있다. 멀티-힙 머신의 롤러 패드를 낮게 조절한 다음 머신을 향해 왼쪽으로 발판에 서서 지탱할 수 있도록 바를 잡는다. 무릎 바로 위 왼쪽 허벅지 앞을 롤러 패드에 댄다. 왼쪽 무릎은 굽힌 채 허벅지가 바닥과 평행을 이루도록 천천히 왼쪽 다리로 롤러 패드를 밀어준다. 시작 위치로 되돌아가기 전에 잠깐 멈춘다. 한 세트를 완성한 뒤 오른쪽 다리로 반복한다.

금지사항	운동부위
	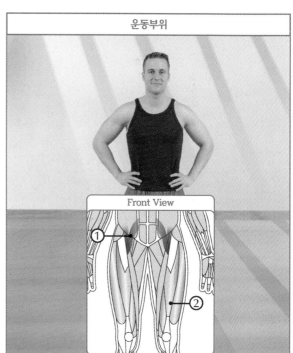

Front View

- 무릎을 들어 올릴 때마다 몸을 앞뒤로 흔들지 않는다.
- 지탱하는 무릎을 완전히 펴지 않는다. 무릎은 항상 약간 굽힌 상태를 유지한다.
- 둔부를 앞뒤로 움직이지 않는다. 복근에 힘을 주고 둔부는 고정시킨다.

목표 근육
① 엉덩이굽힘근
부가적 근육
② 넙다리네갈래근
- 넙다리곧은근 : 아래앞엉덩뼈가시, 볼기뼈절구위모서리
- 안쪽넓은근 : 넙다리뼈 뒷면의 거친선
- 가쪽넓은근 : 넙다리뼈 뒷면의 거친선
- 중간넓은근 : 넙다리뼈 사이의 앞가쪽면
  → 무릎뼈, 무릎인대를 경유하여 정강뼈거친면

닐링 킥백
kneeling kickback

닐링 킥백은 둔부는 물론 무릎굽힘근을 탄탄하고 매끈하게 하는 데 좋은 운동이다. 무릎이나 어깨, 등 하부에 문제가 있다면 이 운동을 할 때 조심해야 한다.

닐링 킥백을 할 때 등은 곧게 펴고 등에 무리가 가지 않도록 복근에 힘을 준다. 또 목과 등은 수평상태를 유지하고 어깨에 힘을 푼다. 다리를 위로 갑자기 올렸다 내리면서 반동을 이용하는 대신 동작을 천천히 컨트롤하며 운동한다.

다리를 들어올렸다 내릴 때 몸이 좌우로 쏠리거나 무릎이 둔부보다 높이 올라가지 않도록 주의한다.

시작/종료 자세 · **운동 중 자세**

1 매트에 무릎을 꿇고 엎드려 무릎과 아래팔로 몸을 지탱한다. 무릎은 어깨너비로 벌리고 두 손을 모아 깍지 끼거나 손바닥으로 바닥을 평평하게 짚는다.

2 팔꿈치는 어깨 일직선 아래로 내리고 무릎은 둔부 일직선 아래로 내린다. 등에 무리가 가지 않도록 복근에 힘을 준다.

3 오른쪽 무릎을 90도로 굽힌 상태에서 허벅지가 바닥과 평행이 될 때까지 천천히 오른쪽 다리를 들어올린다.

4 잠깐 멈춘 뒤 다시 천천히 다리를 내린다.

5 오른쪽 다리로 한 세트를 완성한 뒤 왼쪽 다리로 반복한다.

Tip

머신을 이용해 닐링 킥백을 할 수 있나요?

닐링 킥백을 하려면 글루트 머신(glute machine)을 이용하면 된다. 왼쪽 무릎을 굽혀 무릎 패드에 올린다. 아래팔은 팔 패드에 올려 손바닥이 서로 마주보도록 손잡이를 잡는다. 오른발을 발판에 올리고 다리를 뒤로 밀어올린다. 이때 발뒤꿈치로 밀어올리도록 집중한다. 오른쪽 다리로 한 세트를 완성한 뒤 왼쪽 다리로 반복한다. 글루트 머신을 이용하면 저항력을 추가할 수 있기 때문에 운동 강도를 높일 수 있다.

어떻게 하면 이 운동을 조금 더 어렵게 변형시킬 수 있나요?

이 운동을 조금 더 어렵게 변형시킬 수 있는 몇 가지 방법이 있다. 다리를 굽히지 않고 쭉 뻗은 상태에서 바닥과 평행이 되도록 다리를 들어올린다. 저항력을 추가하려면 발목용 웨이트를 착용하거나 굽힌 무릎 뒤에 작은 덤벨을 끼우고 다리를 들어올린다. 팔을 쭉 뻗고 아래팔 대신 손바닥으로 상체를 지탱하는 자세도 이 운동을 어렵게 변형시키는 방법이다.

금지사항	운동부위
	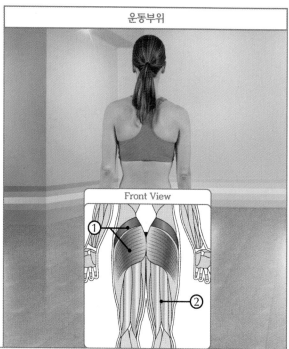

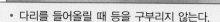

- 다리를 들어올릴 때 등을 구부리지 않는다.
- 어깨를 움츠리지 않는다.
- 목을 구부리지 않는다. 머리, 목, 등은 일직선이 되어야 한다.
- 허벅지와 바닥이 평행이 되는 지점보다 높이 다리를 올리지 않는다.
- 몸이 좌우로 쏠리면 안 된다.

목표 근육
① 둔부
- 큰볼기근 : 엉치뼈 뒷면, 엉덩뼈, 엉덩뼈 위볼기선
  → 넙다리뼈의 볼기근 거친면, 엉덩정강근막띠
- 중간볼기근 : 엉덩뼈능선, 엉덩뼈의 위볼기근선과 중간볼기근선 사이
  → 넙다리뼈의 큰돌기

부가적 근육
② 무릎굽힘근
- 넙다리두갈래근 : 장두(엉덩뼈거친면)
  　　　　　　　　　단두(넙다리뼈거친선)
  　　　　　　　　　→ 종아리뼈머리
- 반막모양근 : 엉덩뼈거친면 → 정강뼈 안쪽관절융기
- 반힘줄모양근 : 엉덩뼈거친면 → 정강뼈 위안쪽부분

사이드-라잉 레그 리프트
side-lying leg lift

사이드-라잉 레그 리프트는 외둔부근과 둔부를 강화하고 매끈하게 만들어준다. 둔부에 문제가 있다면 이 운동을 할 때 조심해야 한다.

사이드-라잉 레그 리프트를 할 때 반드시 복근에 힘을 주고 몸을 고정시켜 외둔부근에 집중한다. 천천히 다리를 들어올리고 다시 천천히 내리면서 근육에 긴장이 풀리지 않도록 둔부와 외둔부근을 사용해야 한다. 다리를

들어올리고 내릴 때 목과 어깨에는 힘을 뺀다. 몸을 비틀거나 앞뒤로 기울어지지 않게 하며 운동하는 내내 둔부는 바닥과 수직상태를 유지한다.

사이드-라잉 레그 리프트가 너무 어렵다면 위에 있는 다리를 곧게 펴고 하는 대신 무릎을 90도로 굽히고 운동할 수도 있다.

시작/종료 자세   운동 중 자세

1 매트에 왼쪽으로 누워 왼쪽 무릎을 90도로 굽힌다. 오른쪽 다리는 쭉 편다. 등에 무리가 가지 않도록 복근에 힘을 준다.

2 왼손이나 왼팔을 쭉 펴 머리를 받친다. 오른손은 지탱할 수 있도록 몸 앞으로 내려 매트를 짚는다.

3 오른쪽 다리를 쭉 펴고 정강이 쪽으로 발끝을 당기면서 오른쪽 무릎이 어깨높이보다 약간 위로 올라갈 때까지 천천히 오른쪽 다리를 들어올린다.

4 잠깐 멈춘 뒤 다시 천천히 오른쪽 다리를 내린다.

5 오른쪽 다리로 한 세트를 완성한 뒤 왼쪽 다리로 반복한다.

Tip

어떻게 하면 사이드-라잉 레그 리프트의 운동 강도를 더 높일 수 있나요?

운동 강도를 더 높이려면 밑에 있는 다리를 굽히는 대신 쭉 뻗고 운동하면 된다. 밑에 있는 다리를 쭉 뻗고 운동하려면 안정성을 유지하기 위해 균형 감각이 더 필요하다. 또 저항력을 추가하려면 발목용 웨이트를 착용하고 운동할 수도 있다. 무릎에 문제가 있다면 발목에 착용하는 대신 허벅지에 착용한다.

이 운동을 외둔부근보다 둔부에 더 중점을 둘 수 있나요?

있다. 양쪽 무릎 모두 90도로 굽히고 옆으로 누워 위에 있는 다리를 45도 정도 들어올린 후 무릎이 천장을 가리키도록 허벅지를 바깥쪽으로 돌린다. 그 다음 허벅지를 안쪽으로 돌리고 다시 시작 위치로 다리를 내린다. 이처럼 변형시킨 운동은 운동하기에 더 어려울 수 있다.

금지사항

운동부위

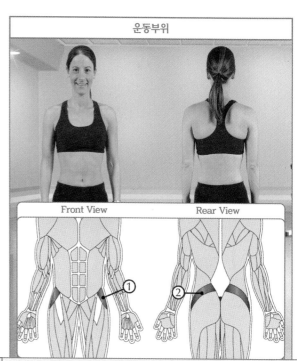

Front View   Rear View

- 어깨높이보다 너무 높게 무릎을 올리지 않는다.
- 몸을 앞뒤로 기울이지 않는다.
- 목을 구부리지 않는다. 머리, 목, 등은 일직선이 되어야 한다.

목표 근육
① 외둔부근
② 둔부(중간볼기근) : 엉덩뼈능선, 엉덩뼈의 위볼기근선과 중간볼기근선 사이 → 넙다리뼈의 큰돌기

힙 업덕션 머신
hip abduction machine

힙 업덕션 머신은 둔부와 외둔부근에 중점을 두고 있다. 둔부 모양을 잡아주고 외둔부근을 탄탄하게 만들어 줄 뿐만 아니라 힙 어덕션 머신을 이용하면 스케이트, 스키, 농구 등 다리를 과도하게 벌리는 동작으로 인한 부상을 막을 수 있다. 둔부에 문제가 있는 사람들은 이 머신을 이용할 때 조심해야 한다.

다른 운동처럼 부상을 피하고 최대의 운동 효과를 거두기 위해 올바른 자세를 유지하는 것이 중요하다. 등은 곧게 펴고 등에 무리가 가지 않도록 복근에 힘을 주어야 한다. 운동하는 내내 머리와 등은 등받이에 밀착시킨다.

힙 업덕션 머신을 이용할 때 철저하게 목표 근육만 사용하고 웨이트가 스택에 세게 부딪히며 떨어지지 않도록 동작을 천천히 컨트롤하며 운동한다.

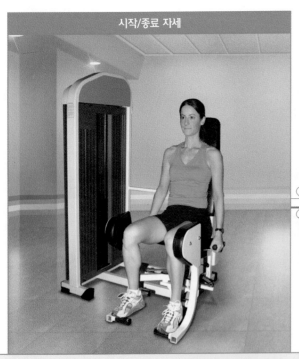

시작/종료 자세

운동 중 자세

1 힙 업덕션 머신에 앉는다. 등은 등받이에 밀착시키고 발은 발판에 평평하게 둔다. 다리 바깥쪽이 다리 패드에 닿도록 한다.

· 등은 곧게 펴고 등에 무리가 가지 않도록 복근에 힘을 준다.

2 지탱할 수 있도록 양옆의 손잡이를 잡는다.

3 가능한 넓게 벌리면서 천천히 다리를 밀어준다.

4 잠깐 멈춘 뒤 다시 시작 위치로 되돌아가면서 천천히 두 다리를 모은다.

Tip

똑같은 운동을 하기 위해 이용할 수 있는 머신에는 또 어떤 것들이 있나요?

케이블 머신

가장 낮게 설정한 케이블 머신 타워에 케이블을 고정시키고 케이블에 발목 스트랩을 연결한다. 머신을 향해 왼쪽으로 서서 발목 스트랩을 오른쪽 발목에 착용한다. 오른쪽 다리를 약간 앞으로 내밀고 왼쪽 무릎은 약간 굽힌다. 오른쪽 다리는 약간 굽힌 채 똑바로 펴 오른쪽 발목을 옆으로 들어올린다. 시작 위치로 되돌아가기 전에 잠깐 멈춘다. 한 세트를 완성한 뒤 왼쪽 다리로 반복한다.

멀티-힙 머신

멀티-힙 머신의 롤러 패드를 낮게 조절하고 머신을 향해 발판에 서서 양옆의 바를 잡는다. 왼쪽 다리는 약간 굽힌 채 왼쪽 허벅지 바깥쪽을 롤러 패드에 대고 천천히 왼쪽 다리를 옆으로 들어올린다. 시작 위치로 되돌아가기 전에 잠깐 멈춘다. 지탱하고 있는 다리도 약간 굽힌 상태를 유지해야 한다. 한 세트를 완성한 뒤 오른쪽 다리로 반복한다.

금지사항	운동부위

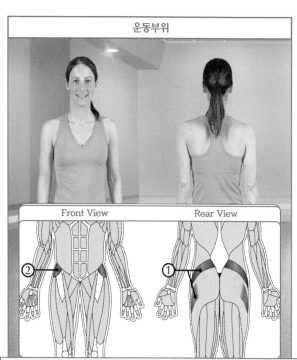

Front View   Rear View

- 밀어내는 힘을 받으려고 몸을 앞으로 숙이거나 등을 구부리지 않는다. 항상 머리와 등은 등받이에 밀착시켜야 한다.
- 다리 동작을 빠르게 반복하지 않는다. 동작을 천천히 컨트롤하며 운동한다.

목표 근육

① 둔부
- 중간볼기근 : 엉덩뼈능선, 엉덩뼈의 위볼기근선과 중간볼기근선 사이
  → 넙다리뼈의 큰돌기
- 작은볼기근 : 엉덩뼈 뒷부분 – 중간볼기근선과 아래볼기근선 사이
  → 넙다리뼈의 큰돌기 앞부분

② 외둔부근

케이블 킥백
cable kickback

케이블 킥백은 둔부를 강화하고 매끈하게 만들어주며 무릎굽힘근도 발달시킨다. 등 하부나 둔부에 문제가 있다면 이 운동은 하지 않는 편이 좋다.

케이블 킥백은 둔부와 다리 모양을 잡아주고 탄탄하게 할 뿐만 아니라 등과 복근도 강화하고 안정성을 길러준다. 둔부에 집중하려면 동작할 때마다 둔부 근육의 긴장을 유지해야 함을 명심한다. 또 다리를 뒤로 당

길 때 무릎을 완전히 펴거나 상체를 앞으로 움직이지 않는다.

이 운동을 변형시키려면 시작 위치를 다르게 하면 된다. 오른쪽 무릎을 90도로 굽혀 약간 앞으로 내밀고 시작한다. 다리가 쭉 펴질 때까지 다리를 뒤로 당긴다. 오른쪽 다리로 한 세트를 완성한 뒤 왼쪽 다리로 반복한다.

시작/종료 자세

운동 중 자세

1 가장 낮게 설정한 케이블 머신 타워에 케이블을 고정시킨다. 케이블에 발목 스트랩을 연결하고 오른쪽 발목에 스트랩을 착용한다.

2 오른발이 케이블 일직선 앞에 오도록 머신을 향해 서서 무릎은 약간 굽히고 왼발은 바닥에 평평하게 둔다.

3 지탱할 수 있도록 머신을 잡는다.

4 몸은 움직이지 않으면서 최대한 뒤로 천천히 다리를 당긴다.

• 등은 곧게 펴고 등에 무리가 가지 않도록 복근에 힘을 준다.

5 잠깐 멈춘 뒤 다시 시작 위치로 천천히 다리를 되돌린다.

6 오른쪽 다리로 한 세트를 완성한 뒤 왼쪽 다리로 반복한다.

Tip

멀티-힙 머신으로도 이 운동을 할 수 있나요?

가능하다. 머신을 향해 왼쪽으로 서서 왼쪽 허벅지 후면이 롤러 패드에 닿도록 왼쪽 무릎을 90도로 굽힌다. 바람직한 자세를 취할 수 있도록 롤러 패드를 조절할 수 있다. 뒤로 다리를 쭉 뻗듯이 왼쪽 다리를 뒤로 당긴다. 이때 오른쪽 무릎은 약간 굽힌 상태를 유지한다. 왼쪽 다리로 한 세트를 완성한 뒤 오른쪽 다리로 반복한다. 멀티-힙 머신에서 킥백을 하면 무릎 굽힘근을 더욱 발달시킬 수 있다.

머신을 이용하지 않고 킥백을 하려면 어떻게 해야 하나요?

머신을 이용할 수 없을 경우 대신 발목용 웨이트를 착용하고 킥백을 하면 된다. 발목용 웨이트를 발목에 착용하고 지탱할 수 있도록 무거운 의자나 벽을 짚고 위에서 설명한 방법대로 운동한다.

금지사항	운동부위
	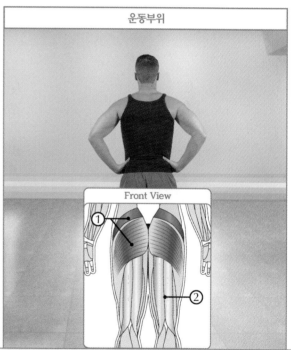

• 다리를 뒤로 당길 때 상체를 앞으로 숙이지 않는다.
• 무릎을 완전히 펴지 않는다. 무릎은 항상 약간 굽힌 상태를 유지한다.

목표 근육
① 둔부
• 큰볼기근 : 엉치뼈 뒷면, 엉덩뼈, 엉덩뼈 위볼기선
                → 넙다리뼈의 볼기근 거친면, 엉덩정강근막띠
• 중간볼기근 : 엉덩뼈능선, 엉덩뼈의 위볼기근선과 중간볼기근선 사이
                → 넙다리뼈의 큰돌기

부가적 근육
② 무릎굽힘근
• 넙다리두갈래근 : 장두(엉덩뼈거친면), 단두(넙다리뼈거친선)
                → 종아리뼈머리
• 반막모양근 : 엉덩뼈거친면 → 정강뼈 안쪽관절융기
• 반힘줄모양근 : 엉덩뼈거친면 → 정강뼈 위안쪽부분

스탠딩 캐프 레이즈 머신
standing calf raise machine

스탠딩 캐프 레이즈 머신은 종아리를 강화하고 매끈하게 만들어준다. 종아리 근육이 강해지면 계단 오르기, 달리기, 뛰어오르기 등의 활동이 수월해진다. 등, 무릎, 어깨, 발목에 문제가 있다면 이 운동은 하지 않도록 한다.

캐프 레이즈 머신에 올라설 때 어깨 패드 중앙에 어깨를 대고 무릎은 약간 굽힌다. 필요하다면 어깨 패드의 높이를 조절할 수 있다.

이 운동을 할 때 복근에 힘을 주고 등과 둔부는 일직선이 되어야 한다. 동작을 천천히 컨트롤하며 발뒤꿈치를 들어올릴 때 종아리 근육을 쓰도록 집중한다.

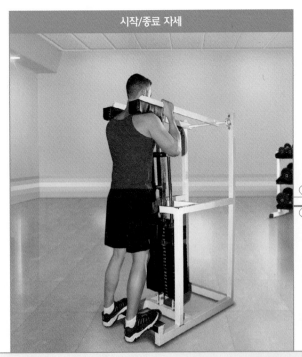
시작/종료 자세

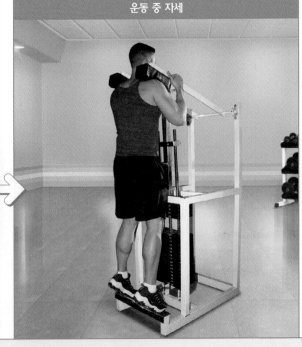
운동 중 자세

1 어깨너비로 발을 벌려 스탠딩 캐프 레이즈 머신에 선다. 발뒤꿈치가 걸치도록 발끝만 발판에 올려놓는다.

2 어깨 패드 아래 어깨를 밀착시키고 지탱할 수 있도록 손잡이나 머신 윗부분을 잡는다.
• 바람직한 자세를 취할 수 있도록 어깨 패드의 높이를 조절할 수 있다.

3 몸은 똑바로 세우고 최대한 높이 발뒤꿈치를 올려 발끝으로 선다.
• 등에 무리가 가지 않도록 복근에 힘을 준다.

4 잠깐 멈춘 뒤 발판보다 약간 아래로 천천히 발뒤꿈치를 내린다.

Tip

이 운동을 할 때 바벨을 이용할 수 있나요?

어깨 높이 정도의 바벨 랙에 바벨을 놓고 등 상부에 바가 오도록 선다. 발은 어깨너비만큼 벌리고 무릎은 약간 굽힌다. 어깨너비보다 조금 더 넓게 손을 벌려 손바닥이 앞을 향하도록 바를 잡는다. 랙 위로 바를 들어올리면서 천천히 발뒤꿈치를 올린다. 운동 강도를 더 높이려면 디딤대나 스텝에 발끝으로 서서 운동하면 된다. 이처럼 변형시킨 운동은 동작의 범위가 커지고 균형성을 더 필요로 한다.

웨이트를 사용하지 않고 스탠딩 캐프 레이즈를 하려면 어떻게 해야 하나요?

스탠딩 캐프 레이즈가 어렵거나 머신이나 바벨이 없을 경우 웨이트를 사용하지 않더라도 이 운동을 할 수도 있다. 디딤대나 스텝 가장자리에 발끝으로 서서 발뒤꿈치가 디딤대나 스텝 밖으로 걸치게 한다. 지탱할 수 있도록 고정된 물체나 벽을 짚고 천천히 발뒤꿈치를 올렸다 내린다.

금지사항	운동부위

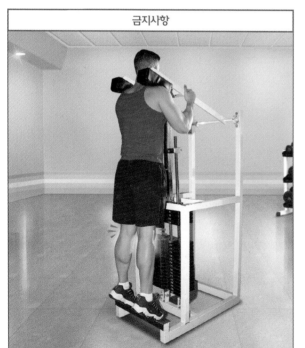

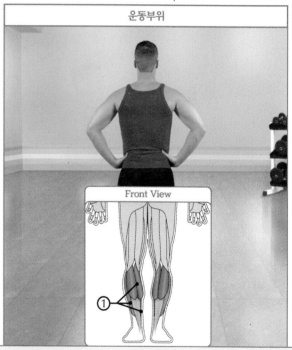

Front View

①

- 무릎을 굽혔다 펴면서 웨이트를 들어올리지 않는다. 무릎은 완전히 펴지 않되 다리를 쭉 뻗은 상태를 유지한다.
- 등을 구부리지 않는다. 등은 곧게 편 상태를 유지한다.
- 상체를 숙이지 않는다.

목표 근육

① 종아리
- 장딴지근 : 안쪽머리(넙다리뼈 안쪽관절융기)
  가쪽머리(넙다리뼈 가쪽관절융기)
  → 발꿈치힘줄로 되어 발꿈치뼈에 부착
- 가자미근 : 정강뼈의 가자미선
  종아리뼈머리 후방과 종아리뼈몸통
  → 발꿈치힘줄로 되어 발꿈치뼈에 부착

시티드 캐프 레이즈 머신
seated calf raise machine

시티드 캐프 레이즈 머신은 종아리 근육 강화에 초점을 두고 있다. 이 운동은 달리기, 농구, 배구, 스쿼시 등 상당한 체력과 뛰어오르는 힘을 필요로 하는 스포츠와 관련된 사람들에게 매우 유용하다.

스탠딩 캐프 레이즈 머신과 비교해 볼 때 시티드 캐프 레이즈 머신이 종아리 근육 심부를 더 발달시키고 종아리 근육을 키우는 데 도움을 준다. 이 머신은 어깨에 문제가 있어 어깨로 웨이트를 들어올릴 수 없는 사람들이 이용하기에 안성맞춤이다.

운동할 때 등은 곧게 펴고 등에 무리가 가지 않도록 복근에 힘을 준다. 올바른 자세를 취하려면 무릎 가까이 허벅지 패드를 위치시킨다. 무릎 패드가 허벅지보다 높게 위치하면 안 된다. 종아리 근육이 타는 듯한 느낌이 들도록 동작을 천천히 컨트롤하며 운동한다.

무릎이나 발목에 문제가 있다면 이 운동을 할 때 조심해야 한다.

시작/종료 자세 · **운동 중 자세**

1 시티드 캐프 레이즈 머신에 앉아 어깨너비만큼 발을 벌린다. 발판에 발끝을 올려 발뒤꿈치가 발판에 걸치게 한다.

2 허벅지는 허벅지 패드 아래 위치시키고 지탱할 수 있도록 손잡이를 잡거나 허벅지 패드 위에 손을 올려놓는다.
• 바람직한 자세를 취할 수 있도록 허벅지 패드의 높이를 조절할 수 있다.

3 최대한 높이 천천히 발끝을 올린다. 처음 발끝을 올릴 때 웨이트를 제자리에 고정시키는 브레이크를 풀어야 할 수도 있다.
• 등에 무리가 가지 않도록 복근에 힘을 준다.

4 잠깐 멈춘 뒤 발판보다 약간 아래로 천천히 발뒤꿈치를 내린다.

5 마지막으로 발끝을 올릴 때 웨이트가 제자리에 고정되도록 브레이크를 확인한다.

Tip

머신 대신 바벨을 이용해 이 운동을 할 수 있 나요?

가능하다. 발끝을 스텝이나 디딤대에 올리고 허벅지 가 바닥과 평행이 되도록 벤치에 앉는다. 어깨너비만 큼 손을 벌려 손바닥이 아래를 향하도록 바벨을 잡고 무릎 약간 위, 허벅지에 바벨을 놓는다. 편안한 자세 를 취하기 위해 바 중앙에 수건을 덧댈 수도 있다. 그 다음 위에서 설명한 방법과 똑같이 운동한다. 이처럼 변형시킨 운동은 허벅지 위에서 바벨의 균형을 유지 해야하기 때문에 시티드 캐프 레이즈 머신을 이용할 때보다 더 어려울 수 있다.

종아리 근육의 특정 부위에 더 집중하려면 어 떻게 해야 하나요?

위에서 설명한 방법대로 운동하되 발의 위치만 바꿔 주면 된다. 안쪽 근육에 더 집중하려면 발뒤꿈치를 약간 바깥쪽으로 돌린 상태로 운동하고, 바깥쪽 근육 에 더 집중하려면 발뒤꿈치를 약간 안쪽으로 돌리고 운동하면 된다.

금지사항	운동부위
	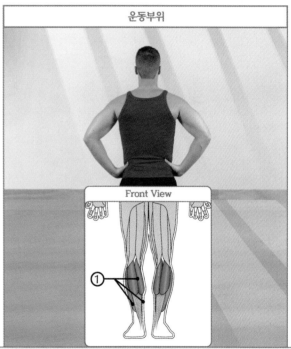

• 웨이트를 들어올리려고 몸을 앞뒤로 흔들지 않는다.
• 발판보다 너무 아래로 발뒤꿈치를 내리지 않는다.
• 발을 빠르게 올렸다 내리지 않는다. 동작을 천천히 컨트롤 하며 운동한다.

목표 근육
① 종아리
• 장딴지근 : 안쪽머리(넙다리뼈 안쪽관절융기)
　　　　　 가쪽머리(넙다리뼈 가쪽관절융기)
　　　　　 → 발꿈치힘줄로 되어 발꿈치뼈에 부착
• 가자미근 : 정강뼈의 가자미선
　　　　　 종아리뼈머리 후방과 종아리뼈몸통
　　　　　 → 발꿈치힘줄로 되어 발꿈치뼈에 부착

싱글-레그 캐프 레이즈
single-leg calf raise

싱글-레그 캐프 레이즈는 머신 대신 프리 웨이트를 이용해 종아리 근육을 단련시킬 수 있는 운동이다. 이 운동은 종아리에 중점을 둔 운동으로 탄탄하고 매끈한 다리를 만들어준다. 이 운동을 하면 걷기나 달리기, 계단 오르기와 같은 일상적인 활동을 보다 쉽게 할 수 있다. 다만 발목이나 등 하부, 무릎에 문제가 있다면 조심해야 한다.

한쪽 종아리 근육이 더 강한 경우 한번에 한 다리씩 운동하면 불균형을 바로잡을 수 있다. 오른쪽과 왼쪽 다리를 따로따로 운동하기 때문에 강한 근육이 약한 근육을 보완할 수 없다.

이 운동을 할 때 최대한 높이 발뒤꿈치를 올리되 다칠 수도 있으므로 너무 낮게 발뒤꿈치를 내리지 않도록 주의한다. 근육이 확장되어도 편안한 지점을 넘어서까지 무리하게 발뒤꿈치를 내리는 것은 좋지 않다. 운동하는 내내 지탱하는 무릎은 약간 굽히고 등에 무리가 가지 않도록 복근에 힘을 준다.

시작/종료 자세 → 운동 중 자세

1 오른팔을 옆으로 내려 손바닥이 안쪽을 향하도록 덤벨을 잡는다.

2 스텝이나 디딤대에 오른쪽 발끝으로 서서 발뒤꿈치는 걸치게 한다.

3 왼쪽 다리는 바닥에 닿지 않게 약간 굽힌다. 지탱할 수 있도록 왼손으로 의자나 벽을 짚는다.

4 똑바로 몸을 세우고 최대한 높이 발뒤꿈치를 올려 발끝으로 선다. 등에 무리가 가지 않도록 복근에 힘을 준다.

5 잠깐 멈춘 뒤 스텝이나 디딤대 약간 아래로 천천히 발뒤꿈치를 내린다.

6 오른쪽 다리로 한 세트를 완성한 뒤 왼손으로 덤벨을 들고 왼쪽 다리로 반복한다.

Tip

왜 이 운동은 여러 번 반복하기가 어려운가 요?

싱글-레그 캐프 레이즈를 할 때 다른 운동처럼 여러 차례 반복하기가 어렵다. 종아리 근육은 다른 근육보다 빨리 지치기 때문이다. 중간 정도의 웨이트를 사용하고 있다면 10번 정도 반복했을 때 종아리 근육이 아파오기 시작할 것이다. 반복하는 횟수가 많지 않더라도 종아리 근육을 효과적으로 단련시킬 수 있다는 점을 기억하자. 근육을 풀어주기 위해 세트를 마친 후마다 스트레칭을 해주면 다음 세트를 하기가 훨씬 수월해진다.

어떻게 하면 이 운동을 조금 더 쉽게 할 수 있나요?

발을 스텝이나 디딤대 대신 바닥에 평평하게 두고 운동하면 된다. 바닥에 서서 운동하면 동작의 범위가 작아지기 때문에 종아리 근육이 스텝이나 디딤대에서 운동할 때만큼 쓰이지 않는다. 또 두 발을 동시에 운동하는 것도 이 운동을 쉽게 할 수 있는 방법이다. 균형을 유지할 수 있다면 양손에 덤벨을 들고 운동하면 운동 강도를 높일 수 있다.

금지사항	운동부위

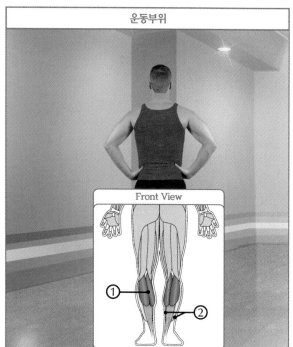

- 서 있는 다리의 무릎을 완전히 펴지 않는다.
- 발뒤꿈치를 올릴 때 새끼발가락 쪽으로 발을 굴리지 않는다.
- 목을 구부리지 않는다. 머리, 목, 등은 일직선이 되어야 한다.
- 스텝이나 디딤대보다 너무 아래로 발뒤꿈치를 내리지 않는다.

목표 근육

① 종아리
- 장딴지근 : 안쪽머리(넙다리뼈 안쪽관절융기)
  가쪽머리(넙다리뼈 가쪽관절융기)
  → 발꿈치힘줄로 되어 발꿈치뼈에 부착

부가적 근육

② 종아리
- 가자미근 : 정강뼈의 가자미선
  종아리뼈머리 후방과 종아리뼈몸통
  → 발꿈치힘줄로 되어 발꿈치뼈에 부착

캐프 프레스
calf press

캐프 프레스는 종아리 근육을 크고 강하게 만드는 운동으로 이 운동을 하면 걷기나 계단 오르기, 달리기와 같은 일상적인 활동이 수월해진다. 이 운동을 하려면 레그 프레스 머신(leg press machine)을 이용하면 된다.

레그 프레스 머신의 종류는 다양하며, 어떤 머신은 바에 웨이트 플레이트를 추가해야 하지만 또 어떤 머신은 자신이 들어올리고자 하는 중량만큼 선택하여 웨이트 스택에 핀을 꽂기만 하면 된다. 머신에서의 자세와 웨이트를 들어올리기 위해 다리를 밀어주는 각도도 달리할 수 있다. 플레이트 로디드 머신(plate loaded machine)은 다리를 더 높이 올려야 하기 때문에, 즉 중력과 반대로 밀어내기 때문에 조금 더 어려울 수 있다.

무릎이나 발목에 문제가 있다면 이 운동을 할 때 조심해야 한다. 특히 플레이트 로디드 머신을 이용할 경우 운동하는 동안 다리 힘으로 무게를 지탱해야 하기 때문에 무릎 부상에 주의해야 한다.

시작/종료 자세

운동 중 자세

1 레그 프레스 머신에 등을 대고 눕는다. 발을 어깨너비로 벌려 발뒤꿈치가 발판 가장자리에 걸치도록 발끝만 발판에 올린다.

2 손잡이를 잡는다.

3 다리가 거의 펴질 때까지 천천히 발끝으로 웨이트를 밀어올린다.

4 무릎은 약간 굽힌 채 최대한 멀리 발끝으로 천천히 웨이트를 밀어올린다. 등에 무리가 가지 않도록 복근에 힘을 준다.

5 잠깐 멈춘 뒤 발뒤꿈치가 발판보다 약간 아래에 오도록 천천히 웨이트를 내린다.

Tip

어떻게 하면 한번에 한쪽 종아리만 운동할 수 있나요?

왼쪽 다리로 운동한다면 오른쪽 다리는 바닥에 두면 된다. 한 세트를 완성한 뒤 오른쪽 다리로 반복한다. 이때는 중량을 낮춰야 한다. 한번에 한 다리만 운동하면 두 다리를 균등하게 강화하고자 할 경우 도움이 된다.

종아리 근육이 쓰이는 부위를 다르게 할 수 있나요?

발판에 올려놓는 발의 위치를 바꾸면 된다. 종아리 안쪽을 목표로 하려면 발뒤꿈치를 약간 바깥쪽으로 돌린 상태로 운동하고, 종아리 바깥쪽을 목표로 하려면 발뒤꿈치를 약간 안쪽으로 돌려 운동한다. 이처럼 변형시킨 운동을 할 때도 중량을 낮춰야 한다.

금지사항	운동부위

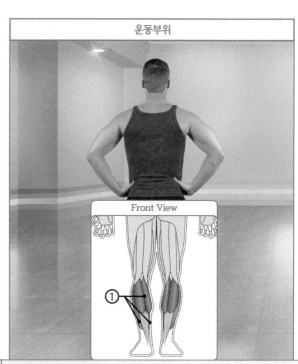

Front View

①

- 무릎을 완전히 펴지 않는다.
- 머리를 패드 위로 들지 않는다. 머리, 목, 등은 일직선이 되어야 한다.
- 웨이트를 밀어올리려고 등을 구부리지 않는다. 등은 패드에 밀착시킨다.

목표 근육
① 종아리
- 장딴지근 : 안쪽머리(넙다리뼈 안쪽관절융기)
  가쪽머리(넙다리뼈 가쪽관절융기)
  → 발꿈치힘줄로 되어 발꿈치뼈에 부착
- 가자미근 : 정강뼈의 가자미선
  종아리뼈머리 후방과 종아리뼈몸통
  → 발꿈치힘줄로 되어 발꿈치뼈에 부착

Section 4

운 동용 볼과 튜빙밴드는 전
형적인 웨이트 트레이닝
운동에 변화를 주기 위해 사용할
수 있는 운동도구이다. 운동용 볼
은 특히 등과 복근을 포함하여 중
심부 근육을 단련할 때 유용하게
쓰인다. 튜빙밴드는 가볍고 휴대가
간편해 어떤 장소에서든 이용할 수
있으며 특히 여행 중에도 편리하게
사용할 수 있다. 섹션 4에서는 운동
용 볼과 튜빙밴드를 이용해 할 수
있는 다양한 근력운동을 소개한다.

운동용 볼과 튜빙밴드 이용하기

이번 섹션에서는 …

운동용 볼 이용하기
운동용 볼이란?
월 스쿼트(wall squat)
런지(lunge)
브릿지(bridge)
캐프 레이즈(calf raise)
체스트 프레스(chest press)
프런트 브릿지(front bridge)
벤트 오버 래터럴 레이즈(bent over lateral raise)
익스터널 로테이션(external rotation)
볼 딥(ball dip)
시티드 덤벨 컬(seated dumbbell curl)
복부 크런치(abdominal crunch)
사이드 크런치(side crunch)
리버스 크런치(reverse crunch)
백 익스텐션(back extension)

튜빙밴드 이용하기
튜빙밴드란?
스쿼트(squat)
스탠딩 레그 컬(standing leg curl)
사이드-라잉 이너 사이 리프트(side-lying inner thigh lift)
닐링 킥백(kneeling kickback)
라잉 레그 업덕션(lying leg abduction)
캐프 프레스(calf press)
팔굽혀펴기(push-up)
벤트 오버 로우(bent over row)
래터럴 레이즈(lateral raise)
익스터널 로테이션(external rotation)
트라이셉 익스텐션(tricep extension)
바이셉스 컬(biceps curl)
복부 크런치(abdominal crunch)

운동용 볼이란?

운동용 볼은 대중적인 운동도구로 스트레칭과 근력운동을 포함하여 다양한 운동에 이용된다. 또 휘트니스 볼(fitness ball), 스위스 볼(Swiss ball), 또는 스태빌러티 볼(stability ball)이라고도 하며 일반적으로 공기를 불어넣어 부풀리는 큰 비닐 볼이다. 운동용 볼을 이용하면 운동을 보다 흥미롭게 할 수 있다.

운동용 볼의 가장 큰 특징은 불안정성인데, 몸의 균형을 유지하면서 운동해야 하기 때문에 등과 복근에 중점을 둔 운동이 아니더라도 등과 복근을 사용해야 한다.

운동용 볼은 비교적 저렴해 헬스용품점이나 백화점에서 무리 없이 구입할 수 있으며 대부분의 체육관에서도 쉽게 이용할 수 있다. 운동용 볼과 메디신 볼(medicine ball)을 혼동하지 않도록 주의한다. 메디신 볼은 운동용 볼보다 작고 무거우며 운동용으로 이용되긴 하지만 운동용 볼과는 이용 방법이 다르다.

운동 경험이 없고 이제 막 운동을 시작했다면 운동용 볼을 이용할 때 트레이너와 함께 운동하는 것이 좋다.

중심부 근육 단련

• 운동용 볼은 복근과 등 근육을 포함한 중심부 근육을 단련시킨다. 쉽게 움직이기 때문에 운동하는 동안 균형을 유지하기 위해 중심부 근육을 써야만 한다.

우수한 복근 운동

• 운동용 볼은 복근을 효율적으로 단련할 수 있는 여러 가지 방법을 제공하며 동작의 범위 또한 크다.

Tip

어떤 크기의 운동용 볼을 이용해야 하나요?

자신이 사용할 운동용 볼의 크기는 자신의 키에 달려 있다. 일반적인 규칙에 따르면 볼에 앉을 때 둔부가 무릎높이와 같거나 약간 더 높이 위치해야 한다. 처음 운동용 볼을 부풀릴 때 볼의 크기를 재보는 것이 좋다. 다음의 표를 참고해 적합한 볼을 선택하자.

신장	볼의 크기
4′ 10″ 미만	17″ 또는 45cm
6′ 미만	21″ 또는 55cm
6′ 이상	25″ 또는 65cm

어떻게 하면 볼에서 균형을 유지하는 데 익숙해질 수 있나요?

운동용 볼에서 균형을 유지하는 데 도움이 되는 몇 가지 간단한 운동을 하면 된다. 볼에 앉아 발은 바닥에 평평하게 두고 필요하다면 고정되어 있는 물건을 잡는다. 그 다음 천천히 둔부를 앞뒤, 좌우로 움직인다. 또 발은 바닥에 평평하게 두고 볼에 앉아 무릎을 굽힌 상태로 한쪽 다리를 위로 올렸다 다시 내린다. 이때 등은 곧게 펴고 몸을 뒤로 젖히지 않는다. 그 다음 다른 다리로 반복한다.

벤치 대신 이용	균형과 자세 개선

• 다양한 운동에 벤치 대신 운동용 볼을 이용할 수 있다. 볼에 앉아 운동하면 운동에 변화를 줄 수 있으며 균형을 유지해야 하기 때문에 운동 강도를 높일 수 있다.

• 균형감각을 향상시키고 자세를 개선하기 위해 집에서나 일하면서 의자처럼 운동용 볼을 이용할 수 있다. 컴퓨터를 하거나 텔레비전을 볼 때도 운동용 볼에 앉아보자.

• 올바른 자세를 유지하면 등 하부를 보호하고 등 하부 통증을 덜어줄 수 있다.

월 스쿼트
wall squat

월 스쿼트는 넙다리네갈래근, 둔부, 무릎굽힘근, 엉덩이굽힘근, 대퇴부 안쪽을 강화하여 하체 전반을 탄탄하게 만들어준다. 강하고 매끈한 다리를 만드는 데 탁월한 운동으로 걷기나 자전거타기와 같은 활동에 필요한 지구력을 길러준다. 등 하부나 무릎에 문제가 있다면 이 운동을 할 때 조심해야 한다.

운동용 볼을 이용하면 월 스쿼트를 조금 더 쉽게 할 수 있어 이 운동이 처음인 사람들에게 좋은 운동이다. 운동용 볼에 대해 더 자세히 알고 싶으면 180페이지를 보라.

스쿼트 자세로 앉을 때 둔부를 앞으로 움직이거나 무릎이 발끝보다 앞으로 나오지 않도록 주의한다. 다시 시작 위치로 일어설 때는 발끝보다 발뒤꿈치로 밀어올리도록 집중한다. 운동 강도를 높이고 싶다면 팔을 옆으로 내려 손바닥이 안쪽을 향하도록 두 손에 덤벨을 들고 운동한다.

| 시작/종료 자세 | 운동 중 자세 |

1 벽을 향해 뒤돌아선다. 자신과 벽 사이에 운동용 볼을 놓고 운동용 볼에 등 하부를 기댄다. 손은 허리에 올려놓는다.

2 발은 어깨너비로 벌려 약간 앞으로 내밀고 똑바로 선다.
• 등에 무리가 가지 않도록 복근에 힘을 준다.

3 허벅지가 바닥과 평행이 되도록 천천히 무릎을 굽힌다. 이때 무릎이 발끝보다 앞으로 나오면 안 된다. 의자에 앉아 있다고 생각한다.

• 무릎을 굽힌 자세에서는 운동용 볼이 등 중앙에 닿아야 한다.

4 발뒤꿈치로 밀어올리면서 다시 시작 위치로 천천히 일어선다.

Tip

월 스쿼트를 조금 더 어렵게 변형시킬 수 있나요?

있다. 스쿼트 자세로 앉기 전에 왼쪽 다리를 앞으로 뻗으면 된다. 지탱하고 있는 다리에 힘이 너무 가해지지 않게 하려면 평상시 스쿼트 자세의 3분의 1 정도만 앉는다. 한 세트를 완성한 뒤 오른쪽 다리를 쭉 뻗고 반복한다. 한쪽 다리로 월 스쿼트를 하면 무릎 주위의 근육을 더 발달시킬 수 있으며 두 다리를 균등하게 강화하는 데 도움이 된다.

벽에 기대지 않고 운동용 볼을 이용해 스쿼트를 할 수 있나요?

있다. 운동용 볼을 왼쪽에 두고 서서 왼쪽 다리를 옆으로 뻗고 왼발 안쪽과 발목을 운동용 볼 위에 올려놓는다. 그 다음 발은 운동용 볼 위에 올려놓은 채 평상시 스쿼트 자세의 3분의 1 정도만 앉는다. 한 세트를 완성한 뒤 다리를 바꿔 반복한다.

금지사항	운동부위

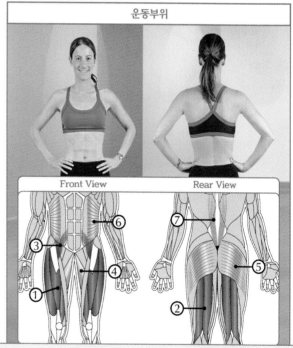

- 무릎이 발끝보다 앞으로 나오면 안 된다.
- 둔부를 앞으로 내밀지 않는다. 상체와 둔부는 수직으로만 움직여야 한다.
- 머리를 위아래로 움직이지 않는다. 머리, 목, 등은 일직선이 되어야 한다.
- 무릎을 완전히 펴지 않는다.

목표 근육

① **넙다리네갈래근** : 넙다리곧은근, 안쪽넓은근, 가쪽넓은근, 중간넓은근
② **무릎굽힘근** : 넙다리두갈래근, 반막모양근, 반힘줄모양근
③ **엉덩이굽힘근**
④ **대퇴부 안쪽**
 • 모음근 : 긴모음근, 짧은모음근, 큰모음근

⑤ **둔부**
 • 큰볼기근 : 엉치뼈 뒷면, 엉덩뼈, 엉덩뼈 위볼기선
 → 넙다리뼈의 볼기근 거친면, 엉덩정강근막띠
⑥ **복근 심부**
 • 배가로근 : 샅고랑인대, 엉덩뼈능선, 복장허리근육막, 갈비통의 아래
 가장자리 → 배널힘줄, 흰줄, 두덩뼈
⑦ **등 하부**
 • 척추세움근 : 엉덩갈비근(등허리널힘줄, 갈비뼈 뒷부분)
 가장긴근(등허리널힘줄, 등ㆍ허리뼈의 가로돌기)
 가시근(목덜미인대, 목ㆍ등뼈의 가시돌기)
 → 엉덩갈비근(갈비뼈 뒷부분, 목뼈가로돌기)
 가장긴근(목ㆍ등뼈의 가로돌기, 꼭지돌기)
 가시근(목ㆍ등뼈의 가시돌기, 뒤통수뼈)

런지
lunge

런지는 넙다리네갈래근, 무릎굽힘근, 둔부에 초점을 맞춘 운동이지만 복근 심부, 등 하부, 대퇴부 안쪽, 엉덩이굽힘근, 종아리 근육도 강화한다.

이 운동을 하면 균형감각을 기를 수 있으며 스쿼시나 테니스처럼 강한 체력이 요구되는 스포츠를 즐기는 사람들에게 매우 좋다.

아래에서 보여주는 런지를 하려면 운동용 볼을 사용해야 한다. 운동용 볼에 대해 더 자세히 알고 싶다면 180페이지를 보라. 운동용 볼을 사용하면 올바른 방법과 자세로 운동하는 데 집중해야 한다. 또 운동용 볼을 이용해 런지를 하면 운동용 볼을 사용하지 않고 할 때보다 종아리 근육을 더 발달시킬 수 있다.

런지를 할 때 몸을 비틀거나 앞으로 숙이면 안 된다. 항상 앞을 향해 어깨를 펴고 어깨와 둔부가 일직선이 되어야 한다. 무릎이 발끝보다 앞으로 나오거나 발끝이 안쪽이나 바깥쪽을 가리키지 않도록 주의한다. 운동하는 동안 발끝은 정면을 가리켜야 함을 명심하자.

무릎에 문제가 있다면 이 운동을 할 때 조심해야 한다.

시작/종료 자세	운동 중 자세

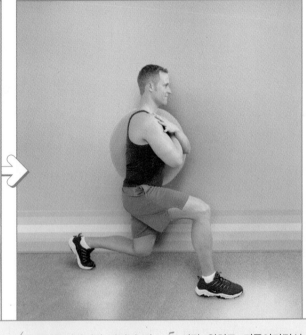

1 벽을 향해 왼쪽으로 선다. 발은 어깨너비로 벌리고 발끝이 앞을 향하도록 한다. 등에 무리가 가지 않도록 복근에 힘을 준다.

2 자신과 벽 사이에 운동용 볼을 놓고 둔부와 옆구리가 운동용 볼에 닿게 한다. 두 팔은 가슴 위로 교차시킨다.

3 오른발을 한 발 앞으로 내밀고 왼발은 조금 뒤로 빼 발끝으로 선다. 양쪽 무릎은 약간 굽힌다.

4 오른쪽 허벅지가 바닥과 평행이 되도록 천천히 무릎을 굽힌다. 양쪽 무릎 모두 90도로 굽히고 오른쪽 무릎이 오른쪽 발보다 앞으로 나오지 않도록 한다.

5 시작 위치로 되돌아가면서 천천히 다리를 펴 몸을 세운다.

6 오른발을 앞으로 내딛어 한 세트를 완성한 뒤 왼발을 앞으로 내딛고 반복한다.

Tip

어떻게 하면 이 운동을 조금 더 어렵게 변형시킬 수 있나요?

이 운동을 조금 더 어렵게 변형시킨 몇 가지 방법이 있다. 뒤에 스텝을 두고 왼발을 조금 뒤로 내딛을 때처럼 왼발 발끝을 스텝에 올려둔 상태로 운동할 수도 있다. 또 저항력을 추가하기 위해 웨이트 플레이트를 두 팔로 가슴에 안고 하는 것도 운동 강도를 높일 수 있는 방법이다.

런지를 할 때 운동용 볼의 위치를 달리 할 수 있는 방법이 있나요?

있다. 발끝의 윗부분이 운동용 볼에 닿도록 운동용 볼 위에 뒤로 내딛은 다리를 올려놓는다. 그 다음 위에서 설명한 방법대로 운동한다. 이 자세는 한쪽 다리가 쉽게 움직이기 때문에 보다 어려운 상급 운동이다. 따라서 균형 유지에 더욱 주의해야 한다.

금지사항	운동부위

Front View　　　Rear View

- 몸을 앞으로 숙이지 않는다. 어깨와 둔부는 일직선상에 놓여야 한다.
- 앞으로 내딛은 다리의 무릎이 발끝보다 앞으로 나오면 안 된다.
- 몸을 비틀지 않는다. 어깨는 앞을 향해 똑바로 편 상태를 유지한다.
- 발끝이 안쪽이나 바깥쪽을 가리키면 안 된다. 발끝은 정면을 가리켜야 한다.

목표 근육

① 넙다리네갈래근
- 넙다리곧은근 : 아래앞엉덩뼈가시, 볼기뼈절구위모서리
- 안쪽넓은근 : 넙다리뼈 뒷면의 거친선
- 가쪽넓은근 : 넙다리뼈 뒷면의 거친선
- 중간넓은근 : 넙다리뼈 사이의 앞가쪽면
  → 무릎뼈, 무릎인대를 경유하여 정강뼈거친면

② 무릎굽힘근
- 넙다리두갈래근 : 장두(엉덩뼈거친면), 단두(넙다리뼈거친선) → 종아리뼈머리
- 반막모양근 : 엉덩뼈거친면 → 정강뼈 안쪽관절융기
- 반힘줄모양근 : 엉덩뼈거친면 → 정강뼈 위안쪽부분

③ 둔부
- 큰볼기근 : 엉치뼈 뒷면, 엉덩뼈, 엉덩뼈 위볼기선
  → 넙다리뼈의 볼기근 거친면, 엉덩정강근막띠

부가적 근육

④ 복근 심부
- 배가로근 : 샅고랑인대, 엉덩뼈능선, 복장허리근육막, 갈비통의 아래 가장자리
  → 배널힘줄, 흰줄, 두덩뼈

⑤ 등 하부
- 척추세움근 : 엉덩갈비근(등허리널힘줄, 갈비뼈 뒷부분)
  가장긴근(등허리널힘줄, 등·허리뼈의 가로돌기)
  가시근(목덜미인대, 목·등뼈의 가시돌기)
  → 엉덩갈비근(갈비뼈 뒷부분, 목뼈가로돌기)
  가장긴근(목·등뼈의 가로돌기, 꼭지돌기)
  가시근(목·등뼈의 가시돌기, 뒤통수뼈)

⑥ 엉덩이굽힘근
⑦ 대퇴부 안쪽(모음근)
⑧ 종아리
- 장딴지근 : 안쪽머리(넙다리뼈 안쪽관절융기), 가쪽머리(넙다리뼈 가쪽관절융기)
  → 발꿈치힘줄로 되어 발꿈치뼈에 부착
- 가자미근 : 정강뼈의 가자미선, 종아리뼈머리 후방과 종아리뼈몸통
  → 발꿈치힘줄로 되어 발꿈치뼈에 부착

브릿지
bridge

브릿지는 둔부와 무릎굽힘근을 탄탄하고 매끈하게 만들어줄 뿐만 아니라 복근 심부와 등 하부 근육도 강화한다. 이 운동을 하려면 운동용 볼을 사용해야 한다. 운동용 볼에 대해 더 자세히 알고 싶다면 180페이지를 보라.

둔부를 들어올릴 때 10초 정도 그 자세를 유지하도록 노력한다. 그 다음 다시 바닥을 향해 둔부를 내리고 운동을 반복하기 전에 10초 정도 쉰다. 근육이 강해질수록 둔부를 올린 상태로 자세를 유지하는 시간도 2분까지 늘릴 수 있다.

초보자들은 2번 이상 동작을 반복하기가 어려울 수 있지만 꾸준히 하다보면 반복하는 횟수를 10회로 늘릴 수 있다. 둔부를 올린 상태로 2분간 자세를 유지할 수 있고, 동작을 5번까지 반복할 수 있다면 상급 브릿지를 시도해보자. 상급 브릿지에 대해 더 자세히 알고 싶다면 187페이지를 보라.

등 상부에 문제가 있다면 이 운동을 할 때 조심해야 한다.

시작/종료 자세	운동 중 자세
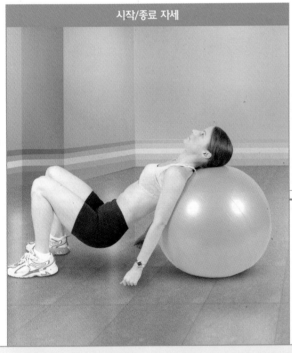	

1 운동용 볼에 등 상부와 머리를 기댄다. 팔은 옆으로 내리고 등에 무리가 가지 않도록 복근에 힘을 준다.

2 무릎은 굽히고 발을 어깨너비로 벌려 바닥에 평평하게 둔다. 발끝은 정면을 가리켜야 한다. 둔부는 바닥에 닿지 않게 약간 들어준다.

3 허벅지와 상체가 일직선이 되도록 발뒤꿈치로 밀어올리면서 천천히 둔부를 들어올린다.

4 10초간 그 자세를 유지한 다음 다시 바닥을 향해 천천히 둔부를 내린다.

Tip

어떻게 하면 이 운동을 조금 더 어렵게 변형시킬 수 있나요?

손가락이 천장을 향하도록 팔을 들고 운동하면 된다. 또 바닥에 등을 대고 누워 팔은 양옆으로 내리고 무릎을 90도로 굽혀 운동용 볼 위에 종아리를 올린다. 그 다음 허벅지와 상체가 일직선이 되도록 둔부를 들어올린다. 이 운동을 하려면 균형을 잃지 않도록 더 신경 써야 한다. 여기서 운동 강도를 더 높이려면 운동용 볼 위에 발뒤꿈치만 올리고 운동하면 된다.

어떻게 하면 둔부와 슬굴곡근을 더 발달시킬 수 있나요?

둔부를 올리고 내리는 동작을 할 동안 한쪽 다리를 앞으로 쭉 뻗고 하면 된다. 한쪽 다리를 앞으로 뻗는 자세도 한쪽 다리만으로 균형을 유지해야 하기 때문에 이 운동을 조금 더 어렵게 변형시킬 수 있다.

금지사항	운동부위

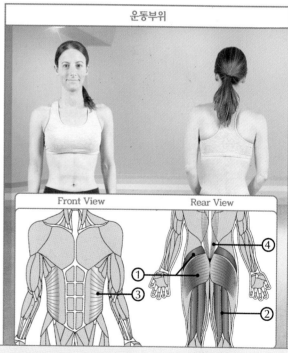

금지사항

- 무릎이 안쪽이나 바깥쪽을 가리키면 안 된다. 무릎은 정면을 가리켜야 한다.
- 둔부를 올린 자세를 유지하는 동안 둔부가 내려가면 안 된다.
- 운동하는 동안 운동용 볼이 움직이면 안 된다.
- 숨을 참지 않는다.

목표 근육
① 둔부
- 큰볼기근 : 엉치뼈 뒷면, 엉덩뼈, 엉덩뼈 위볼기선
  → 넙다리뼈의 볼기근 거친면, 엉덩정강근막띠
- 중간볼기근 : 엉덩뼈능선, 엉덩뼈의 위볼기근선과 중간볼기근선 사이
  → 넙다리뼈의 큰돌기

② 무릎굽힘근 : 넙다리두갈래근, 반막모양근, 반힘줄모양근
부가적 근육
③ 복근 심부
- 배가로근 : 샅고랑인대, 엉덩뼈능선, 복장허리근육막, 갈비통의 아래
  가장자리 → 배널힘줄, 흰줄, 두덩뼈
④ 등 하부
- 척추세움근 : 엉덩갈비근(등허리널힘줄, 갈비뼈 뒷부분)
  가장긴근(등허리널힘줄, 등·허리뼈의 가로돌기)
  가시근(목덜미인대, 목·등뼈의 가시돌기)
  → 엉덩갈비근(갈비뼈 뒷부분, 목뼈가로돌기)
  가장긴근(목·등뼈의 가로돌기, 꼭지돌기)
  가시근(목·등뼈의 가시돌기, 뒤통수뼈)

캐프 레이즈
calf raise

캐프 레이즈는 종아리 심부 근육에 집중한 운동으로 종아리를 강화하고 매끈하게 만들어준다. 운동용 볼을 이용한 다른 운동처럼 운동용 볼에 앉아 캐프 레이즈를 할 때 역시 균형을 유지하기 위해 복근 심부와 등 근육을 사용해야 한다. 운동용 볼을 이용하면 운동을 조금 더 쉽게 할 수 있으며 캐프 레이즈가 처음인 초보자들이 하기에 좋다. 운동용 볼에 대해 더 자세히 알고 싶다면 180페이지를 보라.

최대의 운동 효과를 거두려면 동작을 천천히 컨트롤하며 운동해야 한다. 발뒤꿈치를 갑자기 위로 올렸다 다시 바닥에 내리면서 반동을 이용하면 안 된다. 등에 무리가 가지 않도록 복근에 힘을 주고 운동하는 동안 등은 곧게 편 상태를 유지해야 한다.

운동 강도를 더 높이고 싶다면 발뒤꿈치를 올렸다 내릴 때 무릎 위에 웨이트를 올려놓고 해도 된다.

시작/종료 자세

운동 중 자세

1 운동용 볼에 앉아 어깨너비만큼 다리를 벌린다. 무릎은 90도로 굽혀 바닥에 발을 평평하게 둔다. 발끝은 정면을 가리키게 한다.

2 팔은 양옆으로 똑바로 내린다. 등에 무리가 가지 않도록 복근에 힘을 준다.

3 최대한 높이 천천히 발뒤꿈치를 올려 발끝으로 선다.

4 잠깐 멈춘 뒤 다시 천천히 발뒤꿈치를 내린다.

Tip

어떻게 하면 종아리 근육을 더 발달시킬 수 있나요?

발끝을 스텝이나 디딤대에 올려놓고 위에서 설명한 대로 운동하면 된다. 스텝이나 디딤대보다 약간 아래로 발뒤꿈치를 내린다. 발을 스텝이나 디딤대에 올려놓고 운동하면 발뒤꿈치를 올리고 내리는 동작의 범위가 더 커지기 때문에 종아리 근육을 더 발달시킬 수 있다. 이처럼 변형시킨 운동을 할 때는 둔부가 무릎보다 높이 위치하도록 큰 볼을 사용해야 한다.

일어서서 캐프 레이즈를 할 때도 운동용 볼을 사용할 수 있나요?

있다. 벽을 향해 서서 벽과 복부 사이에 볼을 놓는다. 무릎은 약간 굽힌 채 발은 어깨너비로 벌린다. 팔을 등 뒤로 돌려 두 팔을 서로 잡고 약간 앞으로 숙인 다음 천천히 발뒤꿈치를 올렸다 내린다. 일어서서 캐프 레이즈를 하면 앉아서 할 때보다 종아리 근육을 더 발달시킬 수 있다. 또 다른 운동 방법으로 벽과 복부 사이에 운동용 볼을 놓은 상태에서 무릎을 굽혀 오른쪽 다리를 약간 위로 들고 손은 운동용 볼 위에 올려놓는다. 그 다음 왼쪽 다리로만 캐프 레이즈를 한다. 한 세트를 완성한 뒤 다리를 바꿔 반복한다.

금지사항	운동부위

Front View　Rear View

- 운동하는 동안 운동용 볼이 움직이면 안 된다.
- 발뒤꿈치를 빠르게 올리고 내리지 않는다. 동작을 천천히 컨트롤하며 운동해야 한다.

부가적 근육
② 복근(배가로근)
샅고랑인대, 엉덩뼈능선, 복장허리근육막, 갈비통의 아래 가장자리
→ 배널힘줄, 흰줄, 두덩뼈
③ 등 상부
- 척추세움근 : 엉덩갈비근(등허리널힘줄, 갈비뼈 뒷부분)
　　　　　　　가장긴근(등허리널힘줄, 등ㆍ허리뼈의 가로돌기)
　　　　　　　가시근(목덜미인대, 목ㆍ등뼈의 가시돌기)
　　　　　　　→ 엉덩갈비근(갈비뼈 뒷부분, 목뼈가로돌기)
　　　　　　　가장긴근(목ㆍ등뼈의 가로돌기, 꼭지돌기)
　　　　　　　가시근(목ㆍ등뼈의 가시돌기, 뒤통수뼈)
- 마름근 : 작은마름근(제7목뼈와 제1등뼈의 가시돌기)
　　　　　큰마름근(제2~5등뼈의 가시돌기)
　　　　　→ 작은마름근(어깨뼈가시근육)
　　　　　큰마름근(어깨뼈가시근육에서 아래각까지의 어깨뼈의 척추모서리)

목표 근육
① 종아리
- 장딴지근 : 안쪽머리(넙다리뼈 안쪽관절융기)
　　　　　　가쪽머리(넙다리뼈 가쪽관절융기)
　　　　　　→ 발꿈치힘줄로 되어 발꿈치뼈에 부착
- 가자미근 : 정강뼈의 가자미선
　　　　　　종아리뼈머리 후방과 종아리뼈몸통
　　　　　　→ 발꿈치힘줄로 되어 발꿈치뼈에 부착

체스트 프레스
chest press

체스트 프레스는 가슴 근육은 물론 위팔세갈래근과 어깨 전면 근육도 발달시킨다. 또 이 운동을 할 때 운동용 볼을 이용하면 균형을 유지하기 위해 복근과 등 근육도 사용해야 한다. 상체 근육을 형성하는 데 좋은 운동이지만 어깨나 손목, 팔꿈치에 문제가 있다면 이 운동을 할 때 조심해야 한다.

덤벨을 들고 체스트 프레스를 하면 한 팔이 더 강해 두 팔의 힘을 균형 잡고자 할 때 도움이 된다. 한 팔에 하나씩 웨이트를 따로 들어올려야 하므로 강한 팔이 약한 팔을 보완할 수 없다. 테니스 선수처럼 한 팔을 다른 팔보다 많이 쓰는 사람에게 유용한 운동이다.

벤치 대신 운동용 볼에 누워 운동하면 덤벨을 들어올리는 동안 운동용 볼 위에서 안정적인 자세를 유지해야 하기 때문에 운동 강도를 높일 수 있다. 운동하는 동안 가급적이면 운동용 볼은 거의 움직이지 않도록 주의한다. 운동용 볼에 대해 더 자세히 알고 싶다면 180페이지를 보라.

시작/종료 자세

운동 중 자세

1 한 손에 하나씩 덤벨을 든다. 등 상부와 머리가 볼에 닿게 눕는다.

2 팔꿈치는 양옆을 가리키고 손바닥이 발을 향하도록 팔꿈치를 90도로 굽힌다.

3 무릎은 90도로 굽히고 발은 어깨너비로 벌려 바닥에 평평하게 둔다. 허벅지와 상체가 일직선이 되어야 한다.

4 가슴 위로 천천히 덤벨을 밀어올린다. 이때 덤벨끼리 거의 닿아야 한다.

• 등에 무리가 가지 않도록 복근에 힘을 준다.

5 다시 시작 위치로 천천히 덤벨을 내린다.

Tip

체스트 프레스를 변형시킨 운동에는 어떤 것이 있나요?

왼팔은 천장을 향해 똑바로 올리고 오른손으로만 덤벨을 들고 위에서 설명한 방법대로 운동한다. 덤벨을 위로 밀어올릴 때 운동용 볼 위에서 몸이 돌도록 오른쪽 어깨도 약간 들어올리고 왼쪽 팔꿈치가 어깨 높이보다 약간 아래에 오도록 팔꿈치를 굽힌다. 풀 세트를 완성할 때까지 팔을 번갈아 계속한 다음 왼손으로 덤벨을 들고 반복한다. 이처럼 변형시킨 운동은 복근을 단련하고 한번에 한 팔에만 집중할 수 있다.

어떻게 하면 가슴 상부와 바깥쪽을 더 발달시킬 수 있나요?

펙 플라이를 하면 된다. 한 손에 하나씩 덤벨을 들고 위에서 설명한 것처럼 운동용 볼에 눕는다. 손바닥이 서로 마주보도록 팔을 쭉 펴고 덤벨이 거의 닿을 때까지 가슴 위 일직선으로 덤벨을 들어올린다. 그 다음 팔꿈치가 어깨 높이에 올 때까지 반원을 그리듯 양옆으로 천천히 덤벨을 내린다. 잠깐 멈춘 뒤 다시 시작 위치로 천천히 덤벨을 들어올린다.

금지사항	운동부위
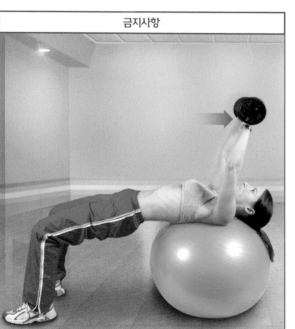	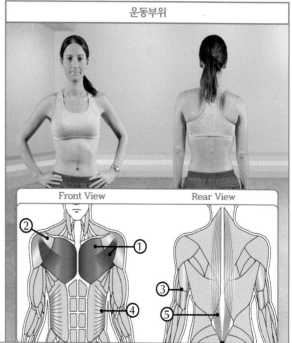

- 덤벨을 머리 쪽으로 기울이지 않는다.
- 둔부를 내리지 않는다. 허벅지와 등은 일직선상에 놓여야 한다.
- 팔을 똑바로 펼 때 팔꿈치까지 완전히 펴지 않는다.
- 머리를 운동용 볼 위로 들지 않는다.

목표 근육

① 가슴
- 큰가슴근 : 빗장뼈머리(빗장뼈 안쪽 1/2)
  복장뼈머리(복장뼈, 1∼6갈비물렁뼈)
  → 위팔뼈 두갈래근고랑의 가쪽입술
- 작은가슴근 : 제3∼5갈비뼈 앞면 → 어깨뼈의 부리돌기

부가적 근육

② 어깨 앞쪽면
- 앞쪽어깨세모근 : 빗장뼈 가쪽 1/3 → 위팔뼈의 어깨세모근 거친면

③ 위팔세갈래근 : 장두(어깨뼈 관절오목 아래결절)
  외측두(위팔뼈 뒤쪽 나선도랑 위)
  내측두(위팔뼈 뒤쪽 나선도랑 아래)
  → 자뼈의 팔꿈치돌기

④ 복근 심부
- 배가로근 : 샅고랑인대, 엉덩뼈능선, 복장허리근육막, 갈비뼈 아래
  가장자리 → 배널힘줄, 흰줄, 두덩뼈

⑤ 등 하부
- 척추세움근 : 엉덩갈비근(등허리널힘줄, 갈비뼈 뒷부분)
  가장긴근(등허리널힘줄, 등·허리뼈의 가로돌기)
  가시근(목덜미인대, 목·등뼈의 가시돌기)
  → 엉덩갈비근(갈비뼈 뒷부분, 목뼈가로돌기)
  가장긴근(목·등뼈의 가로돌기, 꼭지돌기)
  가시근(목·등뼈의 가시돌기, 뒤통수뼈)

프런트 브릿지
front bridge

프런트 브릿지는 여러 근육을 동시에 사용하는 강도 높은 운동이다. 이 운동은 어깨, 가슴, 등 상부, 위팔세갈래근에 중점을 두고 있지만 등 하부와 둔부, 그리고 복근 심부도 발달시킨다. 아래에서 설명하는 프런트 브릿지를 하려면 운동용 볼을 이용해야 한다. 운동용 볼에 대해 더 자세히 알고 싶다면 180페이지를 보라.

다른 운동처럼 프런트 브릿지를 할 때도 올바른 자세를 유지해야 한다는 점을 잊지 말자. 등을 구부리지 않으며 상체를 앞으로 숙이거나 어깨를 움츠리지 않는다. 또 목을 앞으로 숙이거나 뒤로 젖히지 않는다. 운동용 볼을 일직선으로만 움직이게 하려면 다리를 옆으로 움직이지 않는다.

어깨, 목, 등, 팔꿈치에 문제가 있다면 조심해야 한다.

시작/종료 자세	운동 중 자세

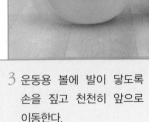

1 허벅지를 운동용 볼에 대고 엎드려 두 다리를 모아 쭉 편다. 등에 무리가 가지 않도록 복근에 힘을 준다.

2 손은 어깨너비로 벌려 바닥을 짚는다.

3 운동용 볼에 발이 닿도록 손을 짚고 천천히 앞으로 이동한다.

4 다시 시작 위치로 되돌아가면서 손을 짚고 천천히 뒤로 이동한다.

Tip

어떻게 하면 이 운동을 조금 더 어렵게 변형시킬 수 있나요?

시작 자세에서 한 팔로만 몸을 지탱하면 된다. 이때 팔의 위치는 몸의 중심에서 일직선 아래 있어야 한다. 팔을 바꾸기 전에 10초간 자세를 유지한다.

복근에 더 중점을 둘 수 있나요?

있다. 위에서 설명한 방법대로 운동용 볼에 엎드려 손을 짚고 이동하는 것이 아니라 허벅지를 복부 쪽으로 끌어당겨 허벅지부터 정강이까지 운동용 볼을 굴린다. 시작 위치로 되돌아가려면 다시 정강이부터 허벅지까지 운동용 볼을 굴린다.

어떻게 하면 상체 근육을 더 발달시킬 수 있나요?

운동용 볼을 이용해 팔굽혀펴기를 하면 된다. 위에서 설명한 것처럼 운동용 볼에 엎드려 팔꿈치를 90도로 굽힌 다음 다시 시작 위치로 몸을 밀어올린다. 이 운동을 조금 더 어렵게 변형시키려면 운동용 볼 위에 정강이를 올리고 운동하면 된다.

금지사항	운동부위

Front View   **Rear View**

• 등을 구부리지 않는다.
• 목을 앞으로 숙이거나 뒤로 젖히지 않으며 어깨를 움츠리지 않는다.
• 다리를 옆으로 움직이지 않는다. 공은 일직선으로만 움직여야 한다.
• 상체를 앞으로 숙이지 않는다.

목표 근육
① 어깨
• 어깨세모근 : 앞부분(빗장뼈 가쪽 1/3), 가운데부분(어깨봉우리 가쪽), 아래부분(어깨뼈가시)
→ 위팔뼈의 어깨세모근 거친면
② 가슴
• 큰가슴근 : 빗장뼈머리(빗장뼈 안쪽 1/2), 복장뼈머리(복장뼈, 1~6갈비 물렁뼈)
→ 위팔뼈 두갈래근고랑의 가쪽입술
• 작은가슴근 : 제3~5갈비뼈 앞쪽면→ 어깨뼈의 부리돌기
③ 등 상부
• 마름근 : 작은마름근(제7목뼈와 제1등뼈의 가시돌기), 큰마름근(제2~5 등뼈의 가시돌기)
→ 작은마름근(어깨뼈가시근육), 큰마름근(어깨뼈가시근육에

서 아래각까지의 어깨뼈 척추모서리)
④ 삼두근
• 위팔세갈래근 : 장두(어깨뼈의 관절오목 아래결절), 외측두(위팔뼈 뒤쪽 나선도랑 위), 내측두(위팔뼈 뒤쪽 나선도랑 아래)
→ 자뼈의 팔꿈치돌기

부가적 근육
⑤ 둔부
• 큰볼기근 : 엉치뼈 뒷면, 엉덩뼈, 엉덩뼈 위볼기선
→ 넙다리뼈의 볼기근 거친면, 엉덩정강근막띠
⑥ 복근 심부
• 배가로근 : 샅고랑인대, 엉덩뼈능선, 복장허리근육막, 갈비통의 아래 가장자리 → 배널힘줄, 흰줄, 두덩뼈
⑦ 등 하부
• 척추세움근 : 엉덩갈비근(등허리널힘줄, 갈비뼈 뒷부분) 가장긴근(등허리널힘줄, 등·허리뼈의 가로돌기) 가시근(목덜미인대, 목·등뼈의 가시돌기)
→ 엉덩갈비근(갈비뼈 뒷부분, 목뼈가로돌기) 가장긴근(목·등뼈의 가로돌기, 꼭지돌기) 가시근(목·등뼈의 가시돌기, 뒤통수뼈)

벤트 오버 래터럴 레이즈
bent over lateral raise

벤트 오버 래터럴 레이즈는 어깨 후면과 등 중·상부에 초점을 맞춘 운동이지만 복근 심부와 등 하부도 발달시킨다. 이 운동을 하면 자세를 개선할 수 있으며 물건을 들어올리는 활동을 보다 쉽게 할 수 있다.

이 운동을 하려면 운동용 볼을 사용해야 한다. 운동용 볼에 대해 더 자세히 알고 싶다면 180페이지를 보라.

운동용 볼 위에서 균형을 유지해야 하기 때문에 이 운동은 등 근육과 복근을 포함한 중심부 근육도 발달시킨다.

이 운동을 할 때 머리와 목, 등은 항상 일직선이 되어야 한다. 또 웨이트를 올렸다 내릴 때 등을 구부리거나 발꿈치를 어깨 높이보다 위로 올리면 안 된다.

어깨나 목에 문제가 있다면 조심해야 한다.

| 시작/종료 자세 | 운동 중 자세 |

1 운동용 볼 위에 복부를 대고 엎드린다. 무릎은 90도로 굽히고 발은 어깨너비로 벌려 발끝을 바닥에 댄다.

2 한 손에 하나씩 덤벨을 든다. 팔꿈치를 약간 굽히고 손바닥이 서로 마주보도록 팔을 양옆으로 내린다.

3 팔꿈치가 어깨 높이에 올 때까지 천천히 덤벨을 들어올린다. 덤벨을 들어올릴 때 양쪽 어깨뼈가 모아지도록 힘을 준다.

• 팔꿈치는 약간 굽히고 손바닥이 아래를 향해야 한다.

4 잠깐 멈춘 뒤 다시 시작 위치로 천천히 덤벨을 내린다.

Tip

벤트 오버 래터럴 레이즈를 조금 더 쉽게 할 수 있나요?

있다. 시작 자세에서 손바닥이 발을 향하도록 덤벨을 들면 된다. 그 다음 천천히 덤벨을 들어올릴 때처럼 팔꿈치가 어깨 높이보다 약간 아래에 올 때까지 팔을 90도로 굽힌다.

한번에 한 팔만 운동하려면 어떻게 해야 하나요?

한 팔은 운동용 볼에 올려놓고 한 팔로 덤벨을 들고 위에서 설명한 것과 똑같이 팔동작을 하면 된다. 한번에 한 팔만 운동하는 것이 조금 더 어려울 수 있는데, 이는 중량의 불균형 때문에 운동용 볼 위에서 균형을 잃지 않도록 더 집중해야 하기 때문이다.

금지사항	운동부위

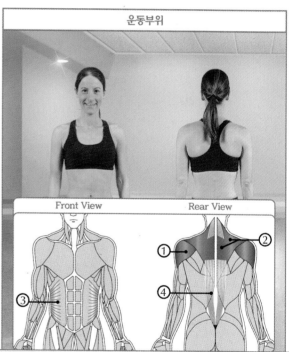
Front View　Rear View

- 팔꿈치를 어깨높이보다 위로 올리지 않는다.
- 목을 상하, 좌우로 움직이지 않는다. 머리, 목, 등은 일직선이 되어야 한다.
- 덤벨을 올렸다 내릴 때 등을 구부리지 않는다.

목표 근육
① 어깨 뒤쪽면
- 뒤쪽어깨세모근 : 어깨뼈가시 → 위팔뼈의 어깨세모근 거친면
② 등 중·상부
- 마름근 : 작은마름근(제7목뼈와 제1등뼈가시돌기)
　큰마름근(제2~5등뼈의 가시돌기)
　→ 작은마름근(어깨뼈가시근육)
　큰마름근(어깨뼈가시근육에서 아래각까지의 어깨뼈 척추모서리)

- 위쪽등세모근 : 뒤통수뼈, 목덜미인대, 제7목뼈와 제1~12등뼈의 가시돌기 → 상부(빗장뼈 가쪽, 어깨봉우리)
부가적 근육
③ 복근 심부
- 배가로근 : 샅고랑인대, 엉덩뼈능선, 복장허리근육막, 갈비뼈의 아래 가장자리 → 배널힘줄, 흰줄, 두덩뼈
④ 등 하부
- 척추세움근 : 엉덩갈비근(등허리널힘줄, 갈비뼈 뒷부분)
　가장긴근(등허리널힘줄, 등·허리뼈의 가로돌기)
　가시근(목덜미인대, 목·등뼈의 가시돌기)
　→ 엉덩갈비근(갈비뼈 뒷부분, 목뼈가로돌기)
　가장긴근(목·등뼈의 가로돌기, 꼭지돌기)
　가시근(목·등뼈의 가시돌기, 뒤통수뼈)

익스터널 로테이션
external rotation

익스터널 로테이션은 어깨 심부에 있는 회선건판을 발달시킨다. 운동용 볼 위에서 이 운동을 하려면 균형을 유지하기 위해 복근과 등 근육도 사용해야 한다. 회선건판을 강화하면 특히 테니스나 스쿼시와 같은 라켓 스포츠를 즐기는 사람들에게 도움이 된다.

운동용 볼을 사용하면 중력에 반대로 움직일 뿐만 아니라 덤벨을 들어올리는 동안 운동용 볼 위에서 안정적인 자세를 취하기 위해 더 집중해야 하기 때문에 운동 강도를 높일 수 있다. 운동용 볼에 대해 더 자세히 알고 싶다면 180페이지를 보라.

이 운동을 할 때 머리와 등은 일직선상에 놓여야 하며 등에 무리가 가지 않도록 복근에 힘을 준다. 단순하게 손을 위아래로 흔드는 대신 운동하는 내내 동작을 천천히 크게 하면서 웨이트를 올렸다 내린다.

최근 회선건판에 부상을 입었거나 등 하부에 문제가 있다면 조심해야 한다.

시작/종료 자세

운동 중 자세

1 운동용 볼에 가슴을 대고 엎드린다. 어깨너비만큼 다리를 벌려 무릎은 약간 굽히고 발끝을 바닥에 댄다.

2 한 손에 하나씩 덤벨을 든다. 팔꿈치는 천장을 가리키고 손바닥은 발을 향하도록 팔꿈치를 90도로 굽힌다.

3 손바닥이 바닥을 향하고 팔꿈치는 발을 가리키도록 천천히 덤벨을 들어올린다.
• 등에 무리가 가지 않도록 복근에 힘을 준다.

4 다시 시작 위치로 천천히 덤벨을 내린다.

Tip

이 운동을 변형시킨 운동에는 또 어떤 것이 있나요?

인터널 로테이션(internal rotation)이 있다. 한 손에 하나씩 덤벨을 들고 운동용 볼에 등을 대고 누워 발은 앞으로 평평하게 두고 무릎은 굽힌다. 팔꿈치는 90도로 굽혀 손바닥이 천장을 향하고 팔꿈치가 발끝을 가리키도록 덤벨을 잡는다. 손바닥이 발을 향하고 팔꿈치가 바닥을 가리키도록 덤벨을 들어올린다. 다시 덤벨을 내리고 반복한다. 이처럼 변형시킨 운동은 회선건판의 다른 부분을 발달시킨다.

익스터널 로테이션을 할 때 등 근육도 발달시킬 수 있나요?

있다. 팔을 굽히지 않고 편 채로 들어올리면 회선건판뿐만 아니라 등 중부 근육도 발달시킬 수 있다. 위에서 설명한 것처럼 운동용 볼에 가슴을 대고 엎드린다. 팔을 옆으로 벌려 팔꿈치는 약간 굽히고 손바닥이 앞을 향하도록 한 손에 하나씩 덤벨을 든다. 팔과 등이 수평이 되도록 어깨 높이까지 천천히 덤벨을 들어올린다. 그 다음 덤벨을 내리고 반복한다.

금지사항	운동부위
	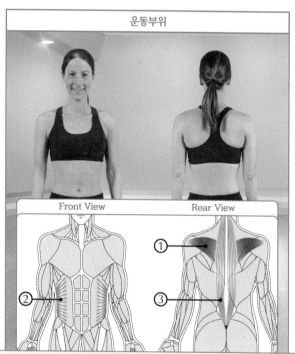

- 목을 앞으로 숙이거나 뒤로 젖히지 않는다. 머리, 목, 등은 일직선이 되어야 한다.
- 덤벨을 올렸다 내릴 때 손목을 구부리지 않는다.
- 덤벨을 어깨 높이보다 위로 들어올리지 않는다.

목표 근육
① 어깨 심부(회선건판)
부가적 근육
② 복근 심부
- 배가로근 : 샅고랑인대, 엉덩뼈능선, 복장허리근육막, 갈비통의 아래 가장자리 → 배널힘줄, 흰줄, 두덩뼈
③ 등 하부
- 척추세움근 : 엉덩갈비근(등허리널힘줄, 갈비뼈 뒷부분)
가장긴근(등허리널힘줄, 등 · 허리뼈의 가로돌기)
가시근(목덜미인대, 목 · 등뼈의 가시돌기)
→ 엉덩갈비근(갈비뼈 뒷부분, 목뼈가로돌기)
가장긴근(목 · 등뼈의 가로돌기, 꼭지돌기)
가시근(목 · 등뼈의 가시돌기, 뒤통수뼈)

볼 딥
ball dip

볼 딥은 위팔세갈래근을 강화하고 모양을 잡아주는데 초점을 맞춘 운동이지만 어깨와 등 상·하부, 그리고 복근 심부도 강화한다. 볼 딥은 강도 높은 운동을 하고 싶은 사람들에게 안성맞춤인 운동이다.

이 운동을 하려면 운동용 볼을 사용해야 한다. 운동용 볼에 대해 더 자세히 알고 싶다면 180페이지를 보라. 운동용 볼은 쉽게 움직이기 때문에 90페이지에서 보여준 벤치 딥(bench dip)보다 볼 딥이 더 어려운 운동이다. 운동용 볼 위에서 균형을 잃지 않도록 더 집중해야 하지만 등 근육과 복근을 포함한 중심부 근육을 강화하는 데 도움이 된다.

목이나 등 하부에 문제가 있다면 이 운동을 할 때 조심해야 한다. 만약 어깨나 팔꿈치, 손목에 문제가 있다면 이 운동은 하지 않는 편이 좋다.

시작/종료 자세

운동 중 자세

1 운동용 볼 끝부분에 앉아 다리를 모으고 무릎은 90도로 굽혀 바닥에 발을 평평하게 둔다. 등에 무리가 가지 않도록 복근에 힘을 준다.

2 손가락이 옆을 가리키도록 손은 둔부 옆에 둔다.

3 손바닥으로 볼을 짚고 팔을 쭉 펴 자신의 몸무게를 지탱하면서 둔부를 운동용 볼 위로 들어올린다.

4 위팔이 바닥과 평행이 될 때까지 천천히 팔을 굽혀 몸을 내린다. 이때 팔꿈치가 양옆으로 벌어지면 안 된다.

5 다시 시작 위치로 천천히 팔을 쭉 펴 몸을 밀어올린다.

Tip

어떻게 하면 이 운동을 조금 더 쉽게 할 수 있나요?

안정성을 높이려면 운동용 볼을 벽에 대거나 엄지손가락은 앞을 가리키고 다른 손가락들은 옆을 가리키도록 손의 위치를 바꿔 볼을 짚으면 된다. 또 운동용 볼에 앉아 무릎을 90도로 굽혀 어깨너비만큼 다리를 벌리고 할 수도 있다. 손가락이 앞을 향하도록 손을 약간 뒤에 두고 팔꿈치를 약간 굽힌다. 45도 정도 뒤로 기울이며 팔꿈치를 굽히고 다시 시작 위치로 되돌아오면서 팔을 편다. 등은 항상 곧게 편 상태를 유지한다.

이 운동을 조금 더 어렵게 변형시킬 수 있는 방법이 있나요?

있다. 운동용 볼에 앉아 다리를 모으고 쭉 편 상태로 운동하면 된다. 그 다음 발끝은 위를 향하고 발뒤꿈치에 몸무게를 실어 위에서 설명한 것처럼 운동한다.

금지사항

운동부위

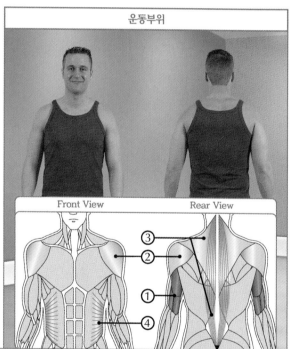

- 단순하게 둔부를 위아래로 움직이지 않는다. 반드시 팔을 굽혔다 펴야 한다.
- 너무 낮게 몸을 내리지 않는다. 아래팔이 바닥과 평행이 되는 지점보다 낮게 내려가면 안 된다.
- 팔꿈치를 완전히 펴거나 팔꿈치가 양옆으로 벌어지면 안 된다.
- 어깨를 움츠리지 않는다.

목표 근육
① 위팔세갈래근 : 장두(어깨뼈의 관절오목 아래결절)
　　　　　　　　외측두(위팔뼈 뒤쪽 나선도랑 위)
　　　　　　　　내측두(위팔뼈 뒤쪽 나선도랑 아래)
　　　　　　　　→ 자뼈의 팔꿈치돌기

부가적 근육
② 어깨(어깨세모근) : 앞부분(빗장뼈 가쪽 1/3)
　　　　　　　　　　가운데부분(어깨봉우리 가쪽)

　　　　　　　뒷부분(어깨뼈가시)
　　　　　　　→ 위팔뼈의 어깨세모근 거친면
③ 등 상·하부
- 등세모근 : 뒤통수뼈, 목덜미인대, 제7목뼈와 제1~12등뼈의 가시돌기
　　　　　→ 상부(빗장뼈 가쪽, 어깨봉우리), 중부(어깨뼈가시), 하부
　　　　　　(어깨뼈가시근육)
- 척추세움근 : 엉덩갈비근(등허리널힘줄, 갈비뼈 뒷부분)
　　　　　　　가장긴근(등허리널힘줄, 등·허리뼈의 가로돌기)
　　　　　　　가시근(목덜미인대, 목·등뼈의 가시돌기)
　　　　　　　→ 엉덩갈비근(갈비뼈 뒷부분, 목뼈가로돌기)
　　　　　　　　가장긴근(목·등뼈의 가로돌기, 꼭지돌기)
　　　　　　　　가시근(목·등뼈의 가시돌기, 뒤통수뼈)
④ 복근 심부
- 배가로근 : 샅고랑인대, 엉덩뼈능선, 복장허리근육막, 갈비통의 아래
　　　　　　가장자리 → 배널힘줄, 흰줄, 두덩뼈

199

시티드 덤벨 컬
seated dumbbell curl

시티드 덤벨 컬은 위팔두갈래근을 강화하는 운동이다. 따라서 팔꿈치나 손목에 문제가 있다면 조심해야 한다.

운동용 볼에 앉아 덤벨 컬을 하면 복근과 등 근육도 단련할 수 있는데, 이는 중심부 근육을 강화하는 데 도움이 된다. 운동용 볼을 이용하면 지루하지 않도록 웨이트 트레이닝에 변화를 줄 수 있다. 또한 덤벨을 들어올리는 동안 운동용 볼 위에서 자세를 안정시켜야 하기 때문에 강도 높게 운동할 수 있다는 장점이 있다.

이 운동을 할 때는 자세에 각별히 주의를 기울여야 한다. 팔꿈치는 옆구리에 붙이고 운동하되, 덤벨을 들어올리려고 팔꿈치로 옆구리를 찌르거나 등을 구부리면 안 된다. 등이 구부러진다면 조금 더 가벼운 덤벨을 사용하자. 최대의 운동 효과를 거두려면 덤벨을 단순하게 위로 올렸다 떨어뜨리며 반동을 이용하는 대신 동작을 천천히 컨트롤하며 운동해야 한다.

시작/종료 자세

운동 중 자세

1 한 손에 하나씩 덤벨을 든다.

2 운동용 볼에 앉아 무릎은 굽히고 다리를 약간 벌려 발을 바닥에 평평하게 둔다. 등에 무리가 가지 않도록 복근에 힘을 준다.

3 팔꿈치는 약간 굽히고 손바닥이 앞을 향하도록 팔을 양옆으로 내리고 시작한다.

4 덤벨을 어깨 쪽으로 올리면서 천천히 팔꿈치를 굽힌다.

• 등과 머리는 똑바로 세우고 팔꿈치는 옆구리에 접해야 한다.

5 다시 시작 위치로 덤벨을 내리면서 천천히 팔을 편다.

Tip

덤벨 컬을 변형시킨 운동에는 어떤 것들이 있 나요?

우선 한번에 한 팔만 집중할 수 있도록 왼팔과 오른 팔을 번갈아가며 덤벨을 들어올리는 방법이 있다. 또 손바닥이 안쪽을 향하도록 덤벨을 들고 시작하는 방 법도 있다. 팔이 허벅지를 지나면 손목을 돌려 들어 올리는 동작이 끝날 때 손바닥이 천장을 향하도록 한 다. 이처럼 변형시킨 운동은 위팔두갈래근과 아래팔 을 발달시킨다.

어떻게 하면 이 운동을 조금 더 어렵게 변형시 킬 수 있나요?

덤벨 컬을 어렵게 변형시키려면 오른쪽 다리를 앞으 로 뻗고 왼쪽 다리로만 지탱하면서 왼팔만 컬 동작을 하면 된다. 한 세트를 완성한 뒤 왼쪽 다리를 뻗고 오 른팔로 반복한다. 이 방법으로 운동하면 운동용 볼 위에서 균형을 유지하기가 더 어렵다는 것을 알 수 있다. 주의할 점은 등을 구부리지 않고 운동하는 것 이다.

금지사항	운동부위

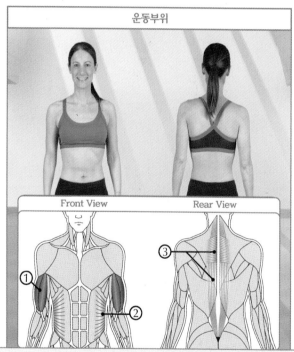

Front View　　　Rear View

- 위팔을 움직이지 않는다. 위팔은 고정시키고 몸에 접해야 한다.
- 덤벨을 들어올리려고 팔꿈치로 옆구리를 찌르거나 등을 구 부리지 않는다.
- 손목을 구부리거나 팔꿈치를 완전히 펴지 않는다.
- 운동하는 동안 운동용 볼이 움직이면 안 된다.

목표 근육
① **위팔두갈래근**: 장두(어깨뼈의 관절오목 위결절)
　　　　　　　　　단두(어깨뼈의 부리돌기)
　　　　　　　　　→ 노뼈 거친면
부가적 근육
② **복근 심부**
• 배가로근: 샅고랑인대, 엉덩뼈능선, 복장허리근육막, 갈비통의 아래

가장자리 → 배널힘줄, 흰줄, 두덩뼈
③ **등 상부**
• 마름근: 작은마름근(제7목뼈와 제1등뼈의 가시돌기)
　　　　　큰마름근(제2~5등뼈의 가시돌기)
　　　　　→ 작은마름근(어깨뼈가시근육)
　　　　　큰마름근(어깨뼈가시근육에서 아래각까지의 어깨뼈 척추모
　　　　　서리)
• 척추세움근: 엉덩갈비근(등허리널힘줄, 갈비뼈 뒷부분)
　　　　　　　가장긴근(등허리널힘줄, 등·허리뼈의 가로돌기)
　　　　　　　가시근(목덜미인대, 목·등뼈의 가시돌기)
　　　　　　　→ 엉덩갈비근(갈비뼈 뒷부분, 목뼈가로돌기)
　　　　　　　가장긴근(목·등뼈의 가로돌기, 꼭지돌기)
　　　　　　　가시근(목·등뼈의 가시돌기, 뒤통수뼈)

복부 크런치
abdominal crunch

복부 크런치는 복부를 매끈하고 탄탄하게 만들어 복근을 강화하는 데 초점을 둔 운동이지만 이 운동을 하면 복근 측면과 심부, 그리고 등 하부 근육도 발달한다. 이 운동을 하려면 운동용 볼을 사용해야 한다. 운동용 볼에 대해 더 자세히 알고 싶다면 180페이지를 보라.

운동용 볼을 이용해 복부 크런치를 할 때 등이 너무 구부러지지 않고, 복근에 긴장을 더 느낄 수 있도록 복근에 힘을 준다. 또 머리와 어깨를 들어올릴 때 손으로 머리를 당겨 올리거나 팔꿈치를 안으로 모으지 않는다.

균형을 유지하려면 동작을 천천히 한다. 그리고 안정성과 균형성을 높이려면 발은 바닥에 고정시킨다.

운동용 볼에서 복부 크런치를 하면 등 하부에 문제가 있는 사람들에게 도움이 된다. 그러나 목에 문제가 있다면 이 운동을 할 때 주의해야 한다.

시작/종료 자세

운동 중 자세

1 운동용 볼 끝부분에 앉은 다음, 발을 어깨너비로 벌려 바닥에 평평하게 둔다.

2 둔부와 등이 운동용 볼에 닿도록 뒤로 눕는다.

3 두 손은 머리 뒤에 두고 팔꿈치는 양옆을 가리키도록 한다.

4 등 하부로 운동용 볼을 누르고 복근에 힘을 준다.

5 등 상부가 들리도록 천천히 머리와 어깨를 약간 일으킨다. 이때 팔꿈치는 양옆을 가리켜야 한다.

6 잠깐 멈춘 뒤 다시 시작 위치로 머리와 어깨를 천천히 내린다.

Tip

이 운동을 조금 더 쉽게 할 수 있는 방법이 있나요?

물론 몇 가지가 있다. 지탱하는 힘과 안정성을 높이려면 발을 벽에 대고 운동하면 된다. 또 팔을 교차시켜 가슴 위에 올려두고 하는 방법도 있지만 목에 긴장이 느껴진다면 한 팔로 머리를 받치고 할 수도 있다.

어떻게 하면 이 운동을 조금 더 어렵게 변형시킬 수 있나요?

이 운동을 조금 더 어렵게 변형시키려면 운동용 볼에 둔부만 닿도록 자세를 취하면 된다. 등 상부는 운동용 볼에 닿으면 안 된다. 상체가 허벅지와 거의 수직이 될 때까지 위로 일으킨다. 이처럼 변형시킨 운동은 동작의 범위가 커져 근육을 더 발달시킬 수 있다. 또 한쪽 다리를 약간 들고 하는 것도 균형유지에 더 신경 써야 하기 때문에 운동 강도를 높일 수 있는 방법이다.

금지사항	운동부위

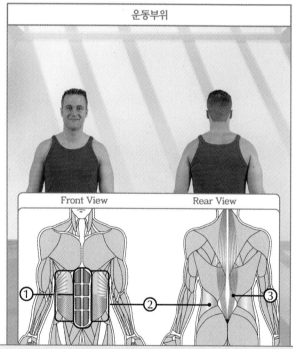

• 손으로 머리를 당겨 올리지 않는다. 목이 구부러지면 안 된다.
• 운동하는 동안 운동용 볼이 움직이면 안 된다.
• 팔을 움직이지 않는다. 팔꿈치는 양옆을 가리켜야 한다.
• 머리 뒤에서 두 손을 깍지 끼지 않는다.

목표 근육
① 복근 전면
• 배곧은근 : 제5~7갈비물렁뼈 → 두덩뼈

부가적 근육
② 복근 옆면과 심부
• 배바깥빗근 : 제6~12갈비뼈 → 엉덩뼈능선, 배널힘줄

• 배속빗근 : 샅고랑인대, 엉덩뼈능선저부 → 제9~12갈비뼈의 갈비물렁뼈, 배널힘줄
• 배가로근 : 샅고랑인대, 엉덩뼈능선, 복장허리근육막, 갈비통의 아래 가장자리 → 배널힘줄, 흰줄, 두덩뼈
③ 등 하부
• 척추세움근 : 엉덩갈비근(등허리널힘줄, 갈비뼈 뒷부분) 가장긴근(등허리널힘줄, 등·허리뼈의 가로돌기) 가시근(목덜미인대, 목·등뼈의 가시돌기) → 엉덩갈비근(갈비뼈 뒷부분, 목뼈가로돌기) 가장긴근(목·등뼈의 가로돌기, 꼭지돌기) 가시근(목·등뼈의 가시돌기, 뒤통수뼈)

사이드 크런치
side crunch

사이드 크런치는 복근 측면을 강화하고 모양을 다듬는 데 중점을 둔 운동이지만 복근 심부와 등 하부도 발달시킨다. 이 운동을 하려면 운동용 볼을 이용해야 한다. 운동용 볼에 대해 더 자세히 알고 싶다면 180페이지를 보라.

운동용 볼을 이용해 사이드 크런치를 할 때 올바른 자세를 유지하고 균형을 잃지 않도록 집중해야 한다. 상체를 들어올릴 때 목을 구부리면 안 된다. 운동하는 동안 머리, 목, 등은 일직선이 되어야 한다. 균형을 유지하고, 운동용 볼이 움직이지 않도록 하려면 상체를 앞뒤로 움직이지 않는다.

항상 상체를 빠르게 올렸다 내리지 않도록 주의한다. 다른 운동과 마찬가지로 사이드 크런치 역시 부상을 피하고 최대의 운동 효과를 거두려면 동작을 천천히 컨트롤하며 운동해야 한다.

목에 문제가 있다면 사이드 크런치를 할 때 각별히 조심해야 한다. 만약 등에 문제가 있다면 이 운동은 하지 않는 편이 좋다.

시작/종료 자세

운동 중 자세

1 왼쪽 둔부가 볼에 닿도록 운동용 볼에 왼쪽으로 눕는다. 팔은 교차시켜 가슴 위에 올리고 복근에 힘을 준다.

2 왼발을 오른발 앞으로 내밀어 무릎은 약간 굽히고 발끝을 바닥에 댄다.

3 오른쪽 둔부를 향해 천천히 오른쪽 어깨를 일으킨다.

4 잠깐 멈춘 뒤 다시 시작 위치로 천천히 상체를 내린다.

5 왼쪽으로 한 세트를 완성한 뒤 오른쪽으로 반복한다.

Tip

이 운동을 조금 더 쉽게 할 수 있는 방법들이 있나요?

물론 몇 가지가 있다. 안정성을 높이려면 발을 벽에 대고 운동하면 된다. 또 왼쪽 둔부와 상체 왼쪽 면이 볼에 닿도록 운동용 볼에 낮게 앉아서 하는 방법도 있다.

어떻게 하면 이 운동을 조금 더 어렵게 변형시킬 수 있나요?

이 운동을 조금 더 어렵게 변형시킨 방법에는 여러 가지가 있다. 손을 머리 뒤에 두거나 머리 위로 팔을 뻗고 할 수도 있으며, 또 저항력을 추가하기 위해 웨이트 플레이트를 가슴에 안고 하는 방법도 있다. 또 다른 방법으로 한 손에 덤벨을 들고 운동할 수도 있다. 이때 바닥과 더 가까운 팔을 아래로 내려 덤벨을 들고 다른 손은 지탱할 수 있도록 머리 뒤에 두고 운동하면 된다.

금지사항	운동부위

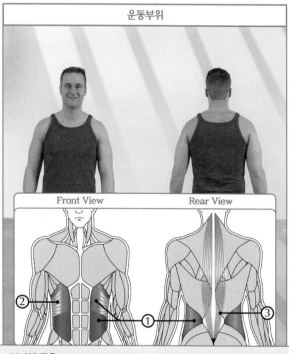

Front View Rear View

② ① ③

- 목을 구부리지 않는다. 머리, 목, 등은 일직선이 되어야 한다.
- 몸을 앞뒤로 움직이지 않는다. 운동용 볼이 움직이면 안 된다.
- 상체를 빠르게 올렸다 내리지 않는다. 동작을 천천히 컨트롤하며 운동한다.

부가적 근육
② **복근 심부**
• 배가로근 : 샅고랑인대, 엉덩뼈능선, 복장허리근육막, 갈비통의 아래
　　　　　 가장자리 → 배널힘줄, 흰줄, 두덩뼈
③ **등 하부**
• 척추세움근 : 엉덩갈비근(등허리널힘줄, 갈비뼈 뒷부분)
　　　　　 가장긴근(등허리널힘줄, 등·허리뼈의 가로돌기)
　　　　　 가시근(목덜미인대, 목·등뼈의 가시돌기)
　　　　　 → 엉덩갈비근(갈비뼈 뒷부분, 목뼈가로돌기)
　　　　　 가장긴근(목·등뼈의 가로돌기, 꼭지돌기)
　　　　　 가시근(목·등뼈의 가시돌기, 뒤통수뼈)

목표 근육
① **복근 옆면**
• 배속빗근 : 샅고랑인대, 엉덩뼈능선저부
　　　　　 → 제9~12갈비뼈의 갈비물렁뼈, 배널힘줄
• 배바깥빗근 : 제6~12갈비뼈 → 엉덩뼈능선, 배널힘줄

리버스 크런치
reverse crunch

리버스 크런치는 복근 전면에 중점을 둔 운동이지만 등 하부와 복근 측면과 심부도 발달시킨다. 하복부를 탄탄하고 매끈하게 만들어주는 데 효과적인 운동이다. 이 운동을 하려면 운동용 볼을 사용해야 한다. 운동용 볼에 대해 더 자세히 알고 싶다면 180페이지를 보라. 운동용 볼을 사용하면 안정적인 자세를 유지해야 하기 때문에 운동하기가 조금 더 어려울 수 있다.

운동용 볼을 사용해 리버스 크런치를 할 때 복근을 써서 둔부를 들어올리도록 집중한다. 복근에 집중하려면 둔부를 들어올리려고 다리를 흔들거나 둔부를 밀어올리지 않는다. 또 머리나 등을 바닥 위로 들지 않도록 주의하고 둔부를 내릴 때 등을 구부리면 안 된다.

등 하부에 문제가 있다면 이 운동을 할 때 조심해야 한다.

시작/종료 자세   **운동 중 자세**

1 매트에 등을 대고 누워 양쪽 종아리 사이에 운동용 볼을 끼운다.

2 무릎은 90도로 굽히고 허벅지가 바닥과 수직이 되도록 다리를 들어올린다.

3 손바닥이 아래를 향하도록 양옆으로 팔을 똑바로 내린다. 머리는 매트에 대고 복근에 힘을 준다.

4 허리는 바닥에 밀착시키고 천장을 향해 무릎을 올리면서 천천히 둔부를 매트 위로 약간 들어올린다.

5 잠깐 멈춘 뒤 다시 시작 위치로 천천히 둔부를 내린다.

Tip

리버스 크런치를 하기가 어렵습니다. 좀더 쉬운 운동이 있나요?

있다. 골반 기울이기를 하면 된다. 위에서 설명한 것처럼 자세를 취하고 둔부를 머리 쪽으로 기울인다. 이 운동은 하복근을 분리해주며, 둔부를 바닥 위로 들어올릴 필요가 없기 때문에 리버스 크런치보다 하기가 쉽다.

어떻게 하면 이 운동을 조금 더 어렵게 변형시킬 수 있나요?

몇 가지 방법이 있다. 다리가 바닥과 수직이 되도록 위로 똑바로 세워 종아리 사이에 운동용 볼을 끼우고 리버스 크런치를 한다. 또 다리를 쭉 뻗고 바닥 위로 조금만 들어 종아리 사이에 볼을 놓고 운동할 수도 있다. 바닥과 수직이 될 때까지 다리를 들어올리고 다시 아래로 내린다. 이 운동을 하면 엉덩이굽힘근도 강해진다.

금지사항	운동부위
	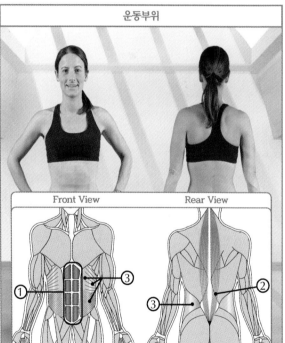

- 등을 매트 위로 들지 않는다.
- 다리를 흔들지 않는다. 둔부를 들어올리는 데 집중한다.
- 둔부를 내릴 때 등을 구부리지 않는다.
- 머리를 매트 위로 들지 않는다.

목표 근육
① 복근 전면
• 배곧은근 : 제5~7갈비물렁뼈 → 두덩뼈
② 등 하부
• 척추세움근 : 엉덩갈비근(등허리널힘줄, 갈비뼈 뒷부분)
　　　　　　　가장긴근(등허리힘줄, 등 · 허리뼈의 가로돌기)
　　　　　　　가시근(목덜미인대, 목 · 등뼈의 가시돌기)

→ 엉덩갈비근(갈비뼈 뒷부분, 목뼈가로돌기)
　가장긴근(목 · 등뼈의 가로돌기, 꼭지돌기)
　가시근(목 · 등뼈의 가시돌기, 뒤통수뼈)

부가적 근육
③ 복근 옆면과 심부
• 배속빗근 : 샅고랑인대, 엉덩뼈능선저부
　　　　　　→ 제9~12갈비뼈의 갈비물렁뼈, 배널힘줄
• 배바깥빗근 : 제6~12갈비뼈
　　　　　　　→ 엉덩뼈능선, 배널힘줄
• 배가로근 : 샅고랑인대, 엉덩뼈능선, 복장허리근육막, 갈비통의 아래
　　　　　　가장자리 → 배널힘줄, 흰줄, 두덩뼈

백 익스텐션
back extension

백 익스텐션은 등 하부를 강화하는 데 중점을 두고 있다. 이 운동을 하면 여러 일상적인 활동에서 필요한 등 하부에 지탱하는 힘을 기를 수 있다. 등 하부 근육을 강화할 수 있을 뿐 아니라 둔부와 복근 심부도 강화한다. 이 운동을 하려면 운동용 볼을 사용해야 한다. 운동용 볼에 대해 더 자세히 알고 싶다면 180페이지를 보라.

백 익스텐션을 할 때 항상 운동용 볼이 움직이지 않도록 주의한다. 운동용 볼 위에서 균형유지에 집중하면 등 근육과 복근을 포함한 중심부 근육을 발달시킬 수 있다.

다른 운동과 마찬가지로 백 익스텐션을 할 때도 동작을 천천히 컨트롤하며 운동하고, 올바른 자세를 유지해야 한다는 점을 기억하자. 무릎은 항상 약간 굽히고 상체를 올렸다 내릴 때 목을 구부리지 않는다. 머리, 목, 등은 항상 일직선이 되어야 한다.

등 하부에 문제가 있다면 이 운동은 하지 않는 편이 좋다.

| 시작/종료 자세 | 운동 중 자세 |

1 운동용 볼에 복부를 대고 엎드린다. 무릎은 약간 굽히고 발을 어깨너비로 벌려 발끝을 바닥에 댄다.

2 손은 머리 뒤로 올리고 팔꿈치는 양옆을 가리키도록 한다. 이때 두 손은 깍지 끼지 않는다.

3 허리와 등이 일직선이 될 때까지 천천히 상체를 들어 올린다.

4 다시 시작 위치로 천천히 상체를 내린다.

Tip

백 익스텐션을 조금 더 쉽게 할 수 있나요?

있다. 안정성을 높일 수 있도록 발을 벽에 대고 하면 된다. 또 팔을 교차시켜 가슴 위에 놓거나 상체를 높게 들어 올리지 않으면서 동작의 범위를 줄여 운동할 수도 있다.

어떻게 하면 백 익스텐션을 조금 더 어렵게 변형시킬 수 있나요?

몇 가지 방법이 있다. 저항력을 추가하기 위해 웨이트 플레이트를 가슴에 안고 하거나 운동용 볼에 복부 대신 둔부가 닿도록 자세를 높여 운동할 수도 있다. 또 운동용 볼에 복부를 대고 엎드린 다음, 다리를 모아서 똑바로 편다. 손은 어깨너비로 벌려 바닥을 짚고 둔부 높이보다 약간 위로 천천히 다리를 들어올리고 다시 내리는 방법도 있다.

금지사항	운동부위

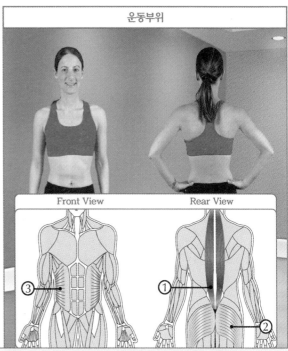

- 무릎을 완전히 펴지 않는다.
- 목을 구부리지 않는다. 머리, 목, 등은 일직선이 되어야 한다.
- 운동하는 동안 운동용 볼이 움직이면 안 된다.
- 상체를 빠르게 올렸다 내리지 않는다. 동작을 천천히 컨트롤하며 운동한다.

목표 근육
① 등 하부
• 척추세움근 : 엉덩갈비근(등허리널힘줄, 갈비뼈 뒷부분)
　　　　　　 가장긴근(등허리널힘줄, 등·허리뼈의 가로돌기)
　　　　　　 가시근(목덜미인대, 목·등뼈의 가시돌기)

　　　　　→ 엉덩갈비근(갈비뼈 뒷부분, 목뼈가로돌기)
　　　　　　 가장긴근(목·등뼈의 가로돌기, 꼭지돌기)
　　　　　　 가시근(목·등뼈의 가시돌기, 뒤통수뼈)

부가적 근육
② 둔부
• 큰볼기근 : 엉치뼈 뒷면, 엉덩뼈, 엉덩뼈 위볼기근선
　　　　　　→ 넙다리뼈의 볼기근 거친면, 엉덩정강근막띠
③ 복근 심부
• 배가로근 : 샅고랑인대, 엉덩뼈능선, 복장허리근육막, 갈비통의 아래
　　　　　 가장자리 → 배널힘줄, 흰줄, 두덩뼈

튜빙밴드란?

튜빙밴드는 근육을 강화하고 탄탄하게 만드는 데 도움을 준다. 이 운동 도구는 여행 중일 때도 편리하게 사용할 수 있으며, 일상적으로 하던 운동에 변화를 주기 위해 이용할 수도 있다.

튜빙밴드는 강도 높은 근력 운동이나 근육을 형성하는 웨이트 운동과 똑같은 결과를 가져다주진 않지만 튜빙밴드를 이용하면 근육을 매끈하고 뚜렷하게 만들 수 있다. 튜빙밴드는 스포츠용품점이나 운동기구상점에서 쉽게 구입할 수 있다.

또 운동용 밴드라고 하는 고무 재질의 띠줄도 구입할 수 있는데, 이 줄은 보통 손잡이가 없고 튜빙밴드처럼 여러 운동에 이용되는 길고 가느다란 줄이다. 자신의 튜빙밴드에 손잡이가 없지만 운동의 특성상 손잡이를 잡아야 할 경우 튜빙밴드의 끝을 손에 느슨하게 감아주면 된다.

튜빙밴드의 장점

튜빙밴드 이용하기

- 어느 장소에서든 튜빙밴드를 이용해 빠르고 쉽게 운동할 수 있다. 텔레비전을 볼 때나 친구 집에서나, 혹은 여행 중일 때도 튜빙밴드를 이용해보자.
- 운동에 변화를 주기 위해 튜빙밴드를 사용할 수 있다. 튜빙밴드는 가격이 저렴하고 안전하게 사용할 수 있으며 가볍고 휴대가 간편하다.

- 튜빙밴드는 시간이 지나면 마모된다. 구멍이나 찢어진 부분이 없는지 자주 확인해야 한다. 혹 손상된 부분이 있다면 즉시 새것으로 교체한다.
- 튜빙밴드를 이용한 운동을 시작하려면 그전에 부상을 피할 수 있도록 튜빙밴드의 상태가 양호한지 확인한다.
- 최상의 결과를 얻으려면 세트마다 12~15회 정도 반복하고 3세트씩 운동한다.

Tip

튜빙밴드를 사용한 운동의 강도를 높이기 위해 구입할 수 있는 부대용품들이 있나요?

운동 강도를 높이고 운동에 변화를 줄 수 있는 여러 가지 튜빙밴드 부대용품들이 있다. 문이나 문틀에 튜빙밴드를 연결할 수 있는 장치인 도어 앵커(door anchor)나 훅크(hook)처럼 여러 운동을 더 쉽게 만들어주는 부대용품을 구입할 수도 있다. 만약 튜빙밴드를 자주 사용한다면 튜빙밴드에 고정시킬 수 있는 발목 스트랩 등 복합적인 용품들이 포함된 튜빙밴드 세트를 구입하는 편이 좋을 것이다.

튜빙밴드를 사용할 때의 단점은 무엇인가요?

튜빙밴드도 몇 가지 결점이 있다. 웨이트 기구와 비교해 저항력이 제한되며, 튜빙밴드를 잡고 있는 동안 자세를 취하기 힘들거나, 또 튜빙밴드의 효과적인 장력을 얻기가 어려울 수도 있다. 튜빙밴드는 비교적 사용이 안전하지만 시간이 지날수록 마모되기 때문에 운동 중에 튜빙밴드가 끊어지면 부상을 입을 수도 있다. 정기적으로 튜빙밴드를 체크하고 마모되었으면 새것으로 교체해야 한다.

튜빙밴드의 저항력

• 튜빙밴드는 다양한 색으로 만들어지며, 각각의 색은 튜빙밴드의 저항력을 나타낸다. 제조업체마다 색이 다르지만 보통 어두운 색일수록 저항력이 크며, 또 튜빙밴드가 두꺼울수록 저항력이 크다.

• 튜빙밴드의 저항력을 빠르고 쉽게 높이거나 줄이려면 손으로 튜빙밴드를 짧게 하거나 길게 하면 된다. 예를 들어, 저항력에 변화를 주기 위해 손에 튜빙밴드를 감거나 튜빙밴드를 밟고 서는 지점을 달리 하면 된다.

스쿼트
squat

스쿼트는 넙다리네갈래근, 무릎굽힘근, 그리고 둔부에 중점을 둔 운동이지만 대퇴부 안쪽과 엉덩이굽힘근도 발달시킨다. 걷기나 물건 들어올리기와 같은 활동을 쉽게 할 수 있도록 강한 다리를 만드는 데 효과적인 운동이다. 또 스쿼트를 하면 계단을 오를 때 지구력을 높일 수 있다.

이 운동을 하려면 튜빙밴드를 사용해야 한다. 튜빙밴드에 대해 더 자세히 알고 싶다면 210페이지를 보라. 튜빙밴드를 이용하면 덤벨이나 바벨을 이용할 때와는 또 다른 저항력을 줄 수 있다.

스쿼트를 할 때 머리, 목, 등은 일직선이 되어야 하며 등에 무리가 가지 않도록 복근에 힘을 준다. 허벅지가 바닥과 평행이 될 때까지 무릎을 굽히되, 더 낮게 내리거나 무릎이 발끝보다 앞으로 나오면 안 된다.

등 하부나 허리, 무릎에 문제가 있다면 이 운동을 할 때 조심해야 한다.

시작/종료 자세

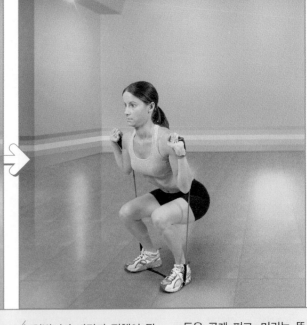

운동 중 자세

1 두 손으로 각각 튜빙밴드의 손잡이를 잡는다.

2 튜빙밴드의 중앙을 밟고 선다. 이때 발은 어깨너비로 벌리고 무릎은 약간 굽힌다.

3 위팔은 양옆으로 붙이고 손바닥이 앞을 향하도록 어깨 앞으로 손을 올린다. 등에 무리가 가지 않도록 복근에 힘을 준다.

4 허벅지가 바닥과 평행이 될 때까지 천천히 무릎을 굽힌다. 이때 무릎이 발끝보다 앞으로 나오면 안 된다. 의자에 앉아있다고 생각한다.

• 등은 곧게 펴고, 머리는 똑바로 세우며, 발은 바닥에 평평하게 둔다.

5 발뒤꿈치로 밀어올리면서 다시 시작 위치로 천천히 일어선다.

Tip

스쿼트를 할 때 발을 더 벌리거나 조금만 벌리고 할 수 있나요?

있다. 발을 어깨너비의 1.5배 정도로 벌리고 하면 대퇴부 안쪽과 둔부를 더 발달시킬 수 있다. 또 어깨너비보다 작게 벌리면 넙다리네갈래근과 둔부를 더 강화할 수 있다.

어떻게 하면 이 운동을 조금 더 어렵게 변형시킬 수 있나요?

이 운동을 조금 더 어렵게 변형시키고 근육과 건의 힘을 키우려면 동작을 천천히 하면 된다. 2초에 걸쳐 앉고 잠깐 멈춘 뒤 4~6초에 걸쳐 다시 시작 위치로 일어선다. 동작을 천천히 하면 다시 시작 위치로 일어설 때 튜빙밴드의 저항력에 반응하여 힘을 더 써야 하기 때문에 근육의 사용을 극대화할 수 있다.

금지사항

운동부위

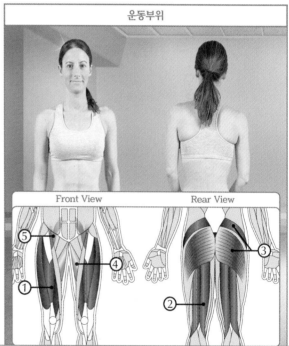

- 몸무게를 앞으로 싣지 않는다. 무릎이 발끝보다 앞으로 나오면 안 된다.
- 등을 구부리지 않는다.
- 목을 앞으로 숙이거나 뒤로 젖히지 않는다. 머리, 목, 등은 일직선이 되어야 한다.
- 무릎을 완전히 펴거나 발뒤꿈치를 들지 않는다.
- 팔을 양옆으로 벌리지 않는다.

목표 근육
① 넙다리네갈래근
- 넙다리곧은근 : 아래앞엉덩뼈가시, 볼기뼈절구위모서리
- 안쪽넓은근 : 넙다리뼈 뒷면의 거친선
- 가쪽넓은근 : 넙다리뼈 뒷면의 거친선
- 중간넓은근 : 넙다리뼈 사이의 앞가쪽면
  → 무릎뼈, 무릎인대를 경유하여 정강뼈거친면

② 무릎굽힘근 : 넙다리두갈래근, 반막모양근, 반힘줄모양근
③ 둔부
- 큰볼기근 : 엉치뼈 뒷면, 엉덩뼈, 엉덩뼈 위볼기선
  → 넙다리뼈의 볼기근 거친면, 엉덩정강근막띠
- 중간볼기근 : 엉덩뼈능선, 엉덩뼈의 위볼기근선과 중간볼기근선 사이
  → 넙다리뼈의 큰돌기

부가적 근육
④ 대퇴부 안쪽(모음근)
- 긴모음근과 짧은모음근 : 두덩뼈 앞면 → 넙다리뼈 뒷면의 거친선
- 큰모음근 : 전부섬유—두덩뼈가지, 후부섬유—엉덩뼈거친면
  → 넙다리뼈 뒷면의 거친선, 넙다리뼈 안쪽의 모음근결절
⑤ 엉덩이굽힘근

스탠딩 레그 컬
standing leg curl

스탠딩 레그 컬은 무릎굽힘근에 중점을 둔 운동으로 다리 후면을 탄탄하게 만들어준다. 이 운동은 체육관에 가지 않더라도 쉽게 할 수 있으며 무릎굽힘근은 물론 종아리 근육도 강화한다.

아래에서 설명하는 스탠딩 레그 컬을 하려면 튜빙밴드를 사용해야 한다. 튜빙밴드에 대해 더 자세히 알고 싶다면 210페이지를 보라. 이 운동을 할 때 튜빙밴드의 장력을 조절하려면 튜빙밴드를 밟고 서는 부분을 달리하면 된다. 예를 들어, 지탱하는 다리로 튜빙밴드의 고리부분을 가깝게 밟으면 장력이 높아진다.

스탠딩 레그 컬을 할 때 몸을 앞뒤로 기울이면 안 된다. 또 지탱하는 다리의 무릎을 완전히 펴거나 운동하는 다리의 허벅지를 움직이지 않도록 주의한다. 다른 운동과 마찬가지로 동작을 천천히 컨트롤하며 운동해야 한다.

등 하부에 문제가 있다면 이 운동을 할 때 조심해야 한다.

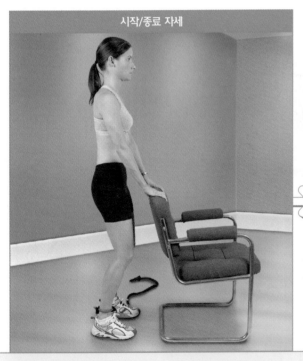

시작/종료 자세 · 운동 중 자세

1 튜빙밴드의 한쪽 끝에 고리를 만들어 오른쪽 발목에 고리를 끼운다.

2 어깨너비만큼 발을 벌리고 서서 왼발로 튜빙밴드를 밟는다. 양쪽 무릎은 약간 굽힌다.

3 지탱할 수 있도록 양손으로 의자나 벽을 짚는다.

4 허벅지는 움직이지 않으면서 무릎을 굽혀 둔부 쪽으로 오른발을 천천히 들어올린다.
• 등에 무리가 가지 않도록 복근에 힘을 준다.

5 다시 시작 위치로 천천히 발을 내린다.

6 오른쪽 다리로 한 세트를 완성한 뒤 왼쪽 다리로 반복한다.

무릎굽힘근뿐 아니라 둔부와 등 하부, 복근도 발달시키려면 어떻게 해야 하나요?

튜빙밴드를 이용해 데드리프트를 하면 된다. 무릎은 약간 굽히고 발을 어깨너비로 벌려 튜빙밴드의 중앙에 선다. 상체를 숙여 팔꿈치는 약간 굽히고 손바닥이 뒤를 향하도록 튜빙밴드의 손잡이를 잡는다. 튜빙밴드를 팽팽하게 하려면 손에 튜빙밴드를 감으면 된다. 상체를 똑바로 세우면서 천천히 상체를 들고, 다시 시작 위치로 상체를 내린다. 항상 등은 곧게 편 상태를 유지해야 한다.

금지사항	운동부위

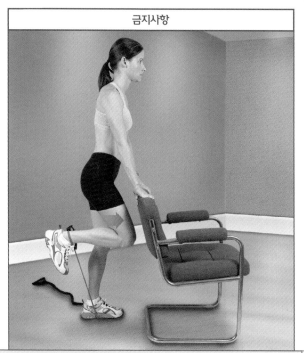

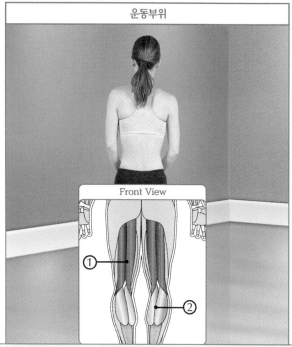

Front View

- 운동하는 다리의 허벅지는 움직이지 않는다.
- 몸을 앞뒤로 기울이면 안 된다.
- 너무 빨리 다리를 들어올리거나 내리지 않는다. 동작을 천천히 컨트롤하며 운동한다.
- 지탱하는 다리의 무릎을 완전히 펴지 않는다.

목표 근육
① **무릎굽힘근**
• 넙다리두갈래근 : 장두(엉덩뼈거친면)
　　　　　　　　　단두(넙다리뼈거친선)
　　　　　　　　　→ 종아리뼈머리
• 반막모양근 : 엉덩뼈거친면 → 정강뼈 안쪽관절융기
• 반힘줄모양근 : 엉덩뼈거친면 → 정강뼈 위안쪽부분

부가적 근육
② **종아리**
• 장딴지근 : 안쪽머리(넙다리뼈 안쪽관절융기)
　　　　　　가쪽머리(넙다리뼈 가쪽관절융기)
　　　　　　→ 발꿈치힘줄로 되어 발꿈치뼈에 부착

사이드-라잉 이너 사이 리프트
side-lying inner thigh lift

사이드-라잉 이너 사이 리프트는 대퇴부 안쪽을 탄탄하고 매끈하게 만들어준다. 이 운동을 할 때 손으로 머리를 받치는 대신 팔을 쭉 펴고 팔위에 머리를 올려놓을 수도 있다.

유연성과 근력에 따라 다리를 들어올릴 수 있는 높이는 사람마다 다를 수 있지만 굽히고 있는 다리의 무릎보다 위로 다리를 들어올리면 안 된다. 대퇴부 안쪽 근육에 긴장이 느껴지면 다리를 그만 올리고 그 자세를 잠깐 유지한 뒤 천천히 다리를 내린다.

사이드-라잉 이너 사이 리프트를 할 때도 올바른 자세를 유지해야 한다는 점을 명심한다. 다른 운동처럼 부상을 피하고 최대의 운동 효과를 거두기 위해 동작을 천천히 컨트롤하며 운동한다. 시작하기 전에 튜빙밴드가 팽팽한지 확인한다. 튜빙밴드에 대해 더 자세히 알고 싶다면 210페이지를 보라.

등 하부나 허리에 문제가 있다면 이 운동을 할 때 조심해야 한다.

시작/종료 자세

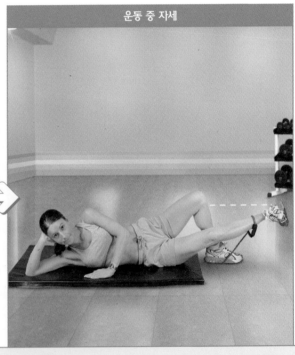

운동 중 자세

1 튜빙밴드의 한쪽 끝에 고리를 만들고 오른쪽 발목에 고리를 끼운다.

2 오른쪽으로 누워 오른쪽 다리는 쭉 펴고 왼발은 오른쪽 무릎 뒤에 둔다.

3 튜빙밴드가 움직이지 않도록 왼발로 튜빙밴드를 밟는다.

4 오른손으로 머리를 받치고 왼손은 몸 앞으로 내려 지탱할 수 있도록 매트를 짚는다.

5 오른쪽 다리는 쭉 편 상태로 발끝을 정강이 쪽으로 당기면서 천천히 들어올린다. 이때 왼쪽 무릎보다 높이 들어올리면 안 된다. 등에 무리가 가지 않도록 복근에 힘을 준다.

6 잠깐 멈춘 뒤 다시 천천히 오른쪽 다리를 내린다.

7 오른쪽 다리로 한 세트를 완성한 뒤 자세를 바꿔 왼쪽 다리로 반복한다.

Tip

어떻게 하면 이 운동을 조금 더 쉽게 할 수 있나요?

운동하는 다리의 무릎을 약간 굽힌 상태로 들어올리면 된다. 다리를 구부리면 튜빙밴드를 고정시키고 있는 발과의 거리가 더 가까워 튜빙밴드의 장력을 줄일 수 있다.

이 운동을 조금 더 어렵게 변형시킨 운동 방법이 있나요?

있다. 운동하는 다리를 조금 다르게 위치시키면 된다. 위에서 설명한 것처럼 누워 오른쪽 다리를 45도 정도 앞으로 위치시킨다. 다리를 쭉 편 상태로 천천히 들어올린 다음 다시 시작 위치로 천천히 내린다. 오른쪽 다리로 한 세트를 완성한 뒤 왼쪽 다리로 반복한다. 이처럼 변형시킨 운동은 튜빙밴드의 장력을 높여 대퇴부 안쪽 근육을 더 발달시킬 수 있다.

금지사항	운동부위

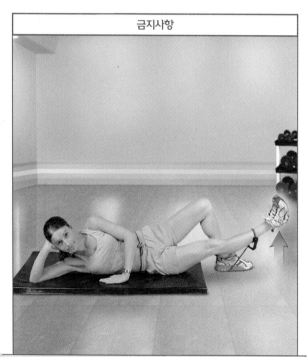

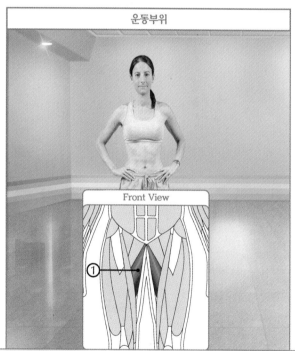
Front View

- 쭉 펴고 있는 다리의 발끝이 천장을 향하도록 다리를 돌리면 안 된다. 발끝은 옆을 가리켜야 한다.
- 목을 구부리지 않는다. 머리, 목, 등은 일직선이 되어야 한다.
- 굽히고 있는 다리의 무릎보다 위로 다리를 들어올리지 않는다.
- 너무 빨리 다리를 올렸다 내리지 않는다.

목표 근육
① 대퇴부 안쪽(모음근)
- 긴모음근과 짧은모음근 : 두덩뼈 앞면
  → 넙다리뼈 뒷면의 거친선
- 큰모음근 : 전부섬유-두덩뼈가시
  후부섬유-엉덩뼈거친면
  → 넙다리뼈 뒷면의 거친선
  넙다리뼈 안쪽의 모음근결절

닐링 킥백
kneeling kickback

닐링 킥백은 둔부를 탄탄하고 매끈하게 할 뿐만 아니라 무릎굽힘근도 강화한다. 이 운동을 할 때 튜빙밴드를 이용하면 저항력을 높일 수 있어 튜빙밴드를 사용하지 않을 때보다 운동 강도를 높일 수 있다. 튜빙밴드에 대해 더 자세히 알고 싶다면 210페이지를 보라.

시작 자세에서 팔꿈치는 어깨 일직선 아래로 내리고, 무릎은 둔부 일직선 아래 위치해야 한다.

킥백을 할 때 등은 곧게 펴고 등에 무리가 가지 않도록 복근에 힘을 준다. 또 머리는 등과 일직선이 되어야 하며 어깨에 힘을 푼다. 다리를 갑자기 들어 올렸다 다시 시작 위치로 내리면서 반동을 이용하는 대신 동작을 천천히 컨트롤하며 운동하도록 집중한다. 다리를 올렸다 내릴 때는 무릎을 둔부보다 위로 올리거나 몸이 좌우로 기울어지면 안 된다.

등 하부나 무릎, 어깨에 문제가 있다면 이 운동을 할 때 조심해야 한다.

시작/종료 자세

운동 중 자세

1 튜빙밴드의 한쪽 끝에 고리를 만들고 오른쪽 발목에 고리를 끼운다.

2 매트에 무릎을 꿇고 엎드려 무릎과 아래팔로 몸을 지탱한다.

3 무릎과 팔꿈치는 어깨너비로 벌린다.

4 왼쪽 무릎으로 튜빙밴드를 누르고 손바닥이 서로 마주보도록 두 손으로 튜빙밴드의 손잡이를 잡는다.

5 오른쪽 무릎을 90도로 굽힌 채 허벅지가 바닥과 평행이 될 때까지 천천히 오른쪽 다리를 들어올린다.

• 등에 무리가 가지 않도록 복근에 힘을 준다.

6 잠깐 멈춘 뒤 다시 천천히 다리를 내린다.

7 오른쪽 다리로 한 세트를 완성한 뒤 왼쪽 다리로 반복한다.

Tip

어떻게 하면 이 운동을 조금 더 어렵게 변형시킬 수 있나요?

다리를 굽히는 대신 똑바로 펴서 닐링 킥백을 하면 된다. 오른쪽 다리를 쭉 펴 발끝이 바닥에 닿게 한다. 이 상태에서 허벅지가 바닥과 평행이 될 때까지 오른쪽 다리를 들어올린다. 그 다음 다시 시작 위치로 다리를 내린다. 아래팔대신 팔을 쭉 펴 손으로 상체 무게를 지탱하는 자세도 이 운동을 어렵게 변형시킨 방법이다.

일어서서 킥백을 할 수 있나요?

있다. 튜빙밴드의 한쪽 끝에 고리를 만들고 오른쪽 발목에 고리를 끼운다. 발은 어깨너비로 벌려 왼발로 튜빙밴드를 밟고 양쪽 무릎은 약간 굽힌다. 지탱할 수 있도록 의자나 벽을 짚는다. 몸을 움직이지 않으면서 최대한 뒤로 오른쪽 다리를 천천히 밀어올린다. 그 다음 다시 시작 위치로 천천히 다리를 내린다. 오른쪽 다리로 한 세트를 완성한 뒤 왼쪽 다리로 반복한다.

금지사항	운동부위

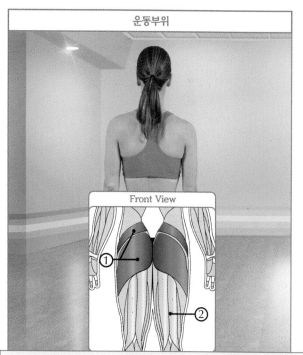

Front View
① ②

• 다리를 들어올릴 때 등을 구부리지 않는다.
• 어깨를 움츠리지 않는다.
• 목을 구부리지 않는다. 머리, 목, 등은 일직선이 되어야 한다.
• 바닥과 평행이 되는 지점보다 위로 다리를 올리지 않는다.
• 몸이 좌우로 기울어지면 안 된다.

목표 근육
① 둔부
• 큰볼기근 : 엉치뼈 뒷면, 엉덩뼈, 엉덩뼈 위볼기선
　　　→ 넙다리뼈의 볼기근 거친면, 엉덩정강근막띠

• 중간볼기근 : 엉덩뼈능선, 엉덩뼈의 위볼기근선과 중간볼기근선 사이
　　　→ 넙다리뼈의 큰돌기

부가적 근육
② 무릎굽힘근
• 넙다리두갈래근 : 장두(엉덩뼈거친면), 단두(넙다리뼈거친선)
　　　→ 종아리뼈머리
• 반막모양근 : 엉덩뼈거친면 → 정강뼈 안쪽관절융기
• 반힘줄모양근 : 엉덩뼈거친면 → 정강뼈 위안쪽부분

라잉 레그 업덕션
lying leg abduction

라잉 레그 업덕션은 둔부에 중점을 둔 운동이지만 외둔부근도 발달시키며, 둔부 모양을 잡아주고 외둔부근을 탄탄하게 만들어준다. 이 운동을 하려면 튜빙밴드를 사용해야 한다. 튜빙밴드에 대해 더 자세히 알고 싶다면 210페이지를 보라.

라잉 레그 업덕션을 할 때는 등에 무리가 가지 않도록 복근에 힘을 준다. 또 등을 구부리거나 머리를 매트 위로 들어서는 안 된다. 항상 팔은 고정시키고 발끝은 정강이를 향해야 한다.

다른 운동과 마찬가지로 부상을 피하고 최대의 운동 효과를 거두기 위해 동작을 천천히 컨트롤하며 운동해야 한다. 허리에 문제가 있다면 운동 시 각별히 주의하자.

시작/종료 자세	운동 중 자세

1 발등에 튜빙밴드의 중앙을 놓고 뒤로 돌린 뒤, 두 발 사이로 튜빙밴드를 꺼내 두 발을 튜빙밴드로 감는다.

2 두 손으로 각각 튜빙밴드의 손잡이를 잡는다.

3 매트에 등을 대고 누워 다리를 모아 쭉 편 상태에서 바닥과 수직이 되도록 다리를 들어올린다.

4 상완은 옆으로 붙이고 팔꿈치를 90도로 굽혀 손바닥이 복부 위에서 서로 마주보게 한다.

5 팔꿈치로 바닥을 누르고 발끝은 정강이 쪽으로 당기면서 가능한 넓게 천천히 다리를 벌린다.

• 등에 무리가 가지 않도록 복근에 힘을 준다.

6 잠깐 멈춘 뒤 다시 시작 위치로 천천히 다리를 모은다.

Tip

어떻게 하면 한번에 한 다리만 운동할 수 있나요?

한쪽 다리는 움직이지 않고 다른 한쪽 다리로만 위에서 설명한 것처럼 운동하면 된다. 한번에 한쪽 다리만 운동하면 따로따로 모양을 잡아주고 강화할 수 있다.

이 운동을 일어서서도 할 수 있나요?

있다. 위에서 설명한 방법대로 튜빙밴드를 발에 감고 벽이나 의자 앞에 선다. 발은 어깨너비보다 약간 좁게 벌린다. 오른손으로 손바닥이 뒤를 향하도록 양쪽 손잡이를 잡고 팔을 약간 앞에 위치시킨다. 왼손으로 의자나 벽을 짚는다. 몸을 기울이지 않으면서 최대한 옆으로 왼쪽 다리를 밀어올린다. 항상 지탱하는 다리의 무릎은 약간 굽힌다. 한 세트를 완성한 뒤 왼손으로 손잡이를 잡고 오른쪽 다리로 반복한다.

금지사항	운동부위

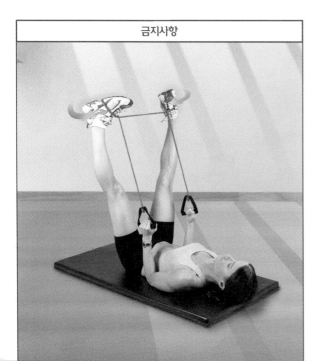

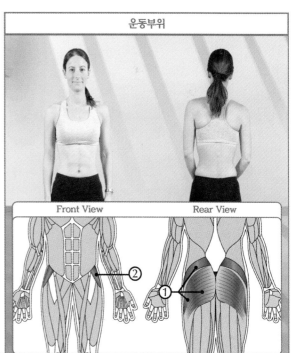

- 발을 안쪽이나 바깥쪽으로 돌리지 않는다. 항상 발끝은 정강이를 향해야 한다.
- 팔을 움직이지 않는다. 팔은 항상 고정된 상태를 유지해야 한다.
- 머리를 매트 위로 들지 않는다.
- 등을 구부리지 않는다.

목표 근육

① 둔부
- 큰볼기근 : 엉치뼈 뒷면, 엉덩뼈, 엉덩뼈 위볼기선
    → 넙다리뼈의 볼기근 거친면, 엉덩정강근막띠
- 중간볼기근 : 엉덩뼈능선, 엉덩뼈의 위볼기근선과 중간볼기근선 사이
    → 넙다리뼈의 큰돌기
- 작은볼기근 : 엉덩뼈 뒷부분 – 중간볼기근선과 아래볼기근선 사이
    → 넙다리뼈의 큰돌기 앞부분

② 외둔부근

캐프 프레스
calf press

캐프 프레스는 종아리 근육을 강화하고 매끈하게 해 주며, 걷기나 달리기, 계단 오르기와 같은 일상적인 활동을 보다 쉽게 할 수 있도록 도와주는 운동이다. 이 운동을 하려면 튜빙밴드를 사용해야 한다. 튜빙밴드에 대해 더 자세히 알고 싶다면 210페이지를 보라. 튜빙밴드를 사용하면 종아리 근육을 단련하는 운동에 변화를 줄 수 있다.

튜빙밴드가 쉽게 벗겨진다면 고리를 만들어 발끝에 끼울 수도 있다. 한쪽 손잡이에 다른 한쪽 손잡이를 넣어 고리를 만들고, 발끝에 고리를 끼운다. 그 다음 장력을 추가하려면 손에 튜빙밴드의 다른 한쪽 끝을 감으면 된다. 그리고 두 손으로 튜빙밴드를 잡는다.

운동할 때는 쭉 편 다리의 무릎을 완전히 펴지 않는다. 운동하는 동안 무릎은 약간 굽히고, 등은 곧게 편 상태를 유지한다.

시작/종료 자세	운동 중 자세

1 매트에 앉아 두 손으로 각 각 튜빙밴드의 손잡이를 잡는다.

2 왼쪽 다리를 굽혀 왼발은 바닥에 평평하게 둔다. 오른쪽 다리를 쭉 펴고 무릎은 약간 굽힌다.

3 오른발 발끝에 튜빙밴드의 중앙을 위치시킨다.

4 위팔은 옆구리에 붙이고 팔꿈치를 90도로 굽혀 손바닥이 복부 높이에서 서로 마주보게 한다.

5 저항력을 높일 수 있도록 튜빙밴드는 약간 뒤로 당기면서 천천히 발끝이 앞을 향하도록 한다.

6 잠깐 멈춘 뒤 다시 시작 위치로 발끝을 당긴다.

7 오른쪽 다리로 한 세트를 완성한 뒤 왼쪽 다리로 반복한다.

Tip

그 밖에 지탱하는 다리는 어떻게 위치시킬 수 있나요?

안정성을 높이기 위해 지탱하는 다리의 위치를 달리 할 수 있는 방법이 몇 가지 있다. 지탱하는 다리를 쭉 펴거나 무릎은 바깥쪽을 가리키고 발바닥이 운동하는 다리에 닿도록 무릎을 굽혀 옆으로 내릴 수도 있다. 지탱하는 다리는 어떤 자세를 유지하든 간에 등은 항상 곧게 펴야 한다.

동시에 두 발로 이 운동을 할 수도 있나요?

있다. 동시에 두 발로 운동하면 된다. 두 발의 발끝에 튜빙밴드를 위치시키고 위에서 설명한 단계대로 운동한다. 이때도 등은 곧게 편 상태를 유지해야 한다.

금지사항	운동부위

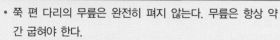

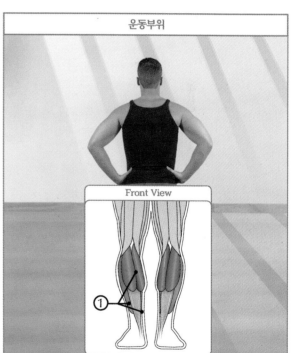

Front View

• 쭉 편 다리의 무릎은 완전히 펴지 않는다. 무릎은 항상 약간 굽혀야 한다.
• 등을 구부리지 않는다. 등은 곧게 편 상태를 유지한다.

목표 근육
① 종아리
• 장딴지근 : 안쪽머리(넙다리뼈 안쪽관절융기)
　　　　　　 가쪽머리(넙다리뼈 가쪽관절융기)
　　　　　　→ 발꿈치힘줄로 되어 발꿈치뼈에 부착
• 가자미근 : 정강뼈의 가자미선, 종아리뼈머리 후방과 종아리뼈몸통
　　　　　　→ 발꿈치힘줄로 되어 발꿈치뼈에 부착

223

팔굽혀펴기
push-up

팔굽혀펴기는 가슴은 물론 어깨와 위팔세갈래근을 발달시킨다. 상체에 근력과 지구력을 길러주는 데 효과적인 운동으로 야구나 풋볼처럼 던지는 힘이 필요한 스포츠의 능력을 기를 수 있다.

팔굽혀펴기를 할 때 튜빙밴드를 이용하면 저항력이 추가되기 때문에 운동 강도를 높일 수 있다. 튜빙밴드에 대해 더 자세히 알고 싶다면 210페이지를 보라.

시작 자세에서 튜빙밴드가 팽팽한지 확인한다. 튜빙밴드가 너무 느슨하다면 바람직한 장력을 얻을 수 있도록 손에 튜빙밴드를 감는다.

이 운동을 할 때는 복근에 힘을 주고 등과 다리가 일직선이 되어야 한다. 동작은 크게 하며 팔꿈치를 완전히 펴지 않되, 팔을 곧게 밀어올린 다음 가슴이 바닥에 거의 닿을 때까지 내린다.

어깨나 팔꿈치, 손목, 등 하부에 문제가 있다면 조심해야 한다.

| 시작/종료 자세 | 운동 중 자세 |

1 등 상부와 겨드랑이 아래에 튜빙밴드를 두른다. 두 손은 겨드랑이 가까이 위치시키고 두 손에 각각 튜빙밴드의 끝을 감는다.

2 바닥에 엎드려 다리를 모아 쭉 펴고 발끝을 바닥에 댄다.

3 팔꿈치는 굽히고 손가락이 앞을 향하도록 어깨 옆 바닥을 손바닥으로 짚는다.

4 팔을 쭉 펴 천천히 몸을 들어올린다. 등과 다리는 일직선이 되어야 한다.

• 항상 등에 무리가 가지 않도록 복근에 힘을 준다.

5 가슴이 거의 바닥에 닿을 때까지 천천히 몸을 내린다.

Tip

초금 더 쉽게 팔굽혀펴기를 할 수 있는 방법이 있나요?

있다. 운동하는 동안 몸무게를 지탱할 수 있도록 무릎을 바닥에 대고 하면 된다. 종아리를 모아 바닥에 대거나 약간 들고 할 수도 있지만 발목을 교차시키면 안 된다. 팔굽혀펴기를 할 때 항상 상체는 일직선이 되어야 한다.

일어서서 이와 비슷한 운동을 할 때도 튜빙밴드를 이용할 수 있나요?

있다. 체스트 프레스를 하면 된다. 어깨너비로 발을 벌리고 선다. 등 상부와 겨드랑이 아래 튜빙밴드를 두르고 두 손으로 각각 손잡이를 잡는다. 팔꿈치가 뒤를 향하도록 팔을 굽히고 시작한다. 이때 손은 어깨 가까이 위치하고 손바닥은 바닥을 향해야 한다. 장력이 충분하도록 손에 튜빙밴드를 감을 수도 있다. 두 손이 거의 닿을 때까지 가슴 앞으로 팔을 뻗은 다음 다시 시작 위치로 팔을 굽힌다.

금지사항	운동부위

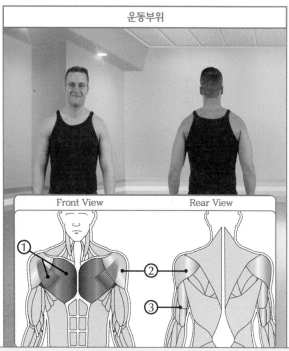

- 상체를 들어올릴 때 등을 구부리지 않는다.
- 팔꿈치를 완전히 펴지 않는다.
- 머리를 앞으로 숙이지 않는다. 머리, 목, 등은 일직선이 되어야 한다.

목표 근육

① 가슴
- 큰가슴근 : 빗장뼈머리(빗장뼈 안쪽 1/2)
  복장뼈머리(복장뼈, 1~6갈비물렁뼈)
  → 위팔뼈두갈래근고랑의 가쪽입술
- 작은가슴근 : 제3~5갈비뼈 앞쪽면 → 어깨뼈의 부리돌기

부가적 근육

② 어깨
- 어깨세모근 : 앞부분(빗장뼈 가쪽 1/3)
  가운데부분(어깨봉우리 가쪽)
  아래부분(어깨뼈가시)
  → 위팔뼈의 어깨세모근 거친면
③ 위팔세갈래근 : 장두(어깨뼈 관절오목 아래결절)
  외측두(위팔뼈 뒤쪽 나선도랑 위)
  내측두(위팔뼈 뒤쪽 나선도랑 아래)
  → 자뼈의 팔꿈치돌기

벤트 오버 로우
bent over row

벤트 오버 로우는 등 상부에 중점을 둔 운동이지만 어깨 후면도 발달시킨다. 등 상부 근육을 뚜렷하게 할 뿐만 아니라 자세를 개선하는 데도 효과적이다. 이 운동을 하려면 튜빙밴드를 사용해야 한다. 튜빙밴드에 대해 더 자세히 알고 싶다면 210페이지를 보라. 장력이 충분하도록 손에 튜빙밴드를 감아야 할 수도 있다.

운동하는 동안 등은 곧게 펴고 등에 무리가 가지 않도록 복근에 힘을 준다. 팔꿈치를 들어올릴 때 등을 구부리지 않으며 무릎은 약간 굽힌 상태를 유지한다. 항상 손목과 목은 구부리면 안 된다.

등 하부나 어깨, 목에 문제가 있다면 이 운동을 할 때 조심해야 한다.

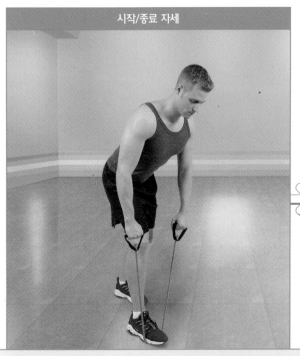
시작/종료 자세

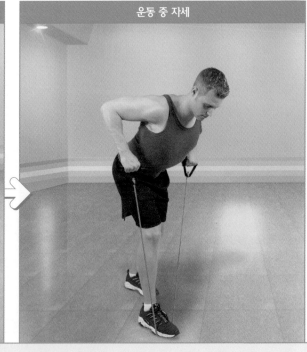
운동 중 자세

1 두 손으로 각각 튜빙밴드의 손잡이를 잡는다.

3 어깨너비로 발을 벌리고 서서 오른발을 한 발 앞으로 내민다. 무릎은 약간 굽히고 발은 바닥에 평평하게 둔다.

3 오른발로 튜빙밴드의 중앙을 밟고 상체를 45도 정도 앞으로 숙인다.

4 팔꿈치는 약간 굽히고 손바닥이 뒤를 향하도록 팔을 아래로 내린다.

5 양쪽 어깨뼈가 모아지도록 힘을 주고 최대한 뒤로 팔꿈치를 올리면서 천천히 팔을 굽힌다.

• 운동하는 동안 등은 곧게 펴고 복근에 힘을 준다.

6 잠깐 멈춘 뒤 다시 시작 위치로 되돌아가며 천천히 팔을 편다.

Tip

등에 문제가 있습니다. 이 운동을 조금 더 쉽게 할 수 있는 방법이 있나요?

있다. 기둥이나 난간 등 고정되어 있는 대상 앞에 등받이가 있는 벤치를 놓고 그 대상에 튜빙밴드를 감는다. 두 손으로 각각 손잡이를 잡고 벤치에 앉는다. 튜빙밴드를 팽팽하게 하려면 고정되어 있는 대상과 거리를 더 두고 벤치를 위치시키면 된다. 튜빙밴드가 어깨 높이에 오고 손바닥이 아래를 향하도록 팔을 앞으로 뻗어 팔꿈치는 약간 굽힌다. 천천히 팔꿈치를 최대한 뒤로 당긴 다음 다시 시작 위치로 되돌아간다.

어떻게 하면 어깨 후면 근육에 더 집중할 수 있나요?

어깨 후면에 더 중점을 두려면 벤트 오버 래터럴 레이즈를 하면 된다. 손바닥이 서로 마주보도록 튜빙밴드의 손잡이를 잡고 위에서 설명한 것처럼 자세를 취한다. 팔꿈치는 약간 굽힌 채 어깨 높이까지 천천히 양옆으로 팔을 들어올린다. 팔을 다 올렸을 때 양쪽 어깨뼈가 모아지도록 힘을 준다. 그 다음 다시 시작 위치로 팔을 내린다.

금지사항	운동부위
	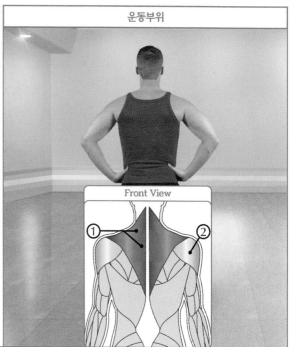

- 등을 구부리거나 어깨를 움츠리지 않는다.
- 무릎을 완전히 펴지 않는다. 무릎은 항상 약간 굽혀야 한다.
- 팔을 펼 때 팔꿈치까지 완전히 펴지 않는다.
- 손목이나 목을 구부리지 않는다.

목표 근육
① 등 상부
• 마름근 : 작은마름근(제7목뼈와 제1등뼈의 가시돌기)
　　　　　큰마름근(제2~5등뼈의 가시돌기)
　　　　　→ 작은마름근(어깨뼈가시근육)
　　　　　큰마름근(어깨뼈가시근육에서 아래각까지의 어깨뼈 척추모서리)
• 위쪽등세모근 : 뒤통수뼈, 목덜미인대, 제7목뼈와 제1~12등뼈의 가시돌기
　　　　　→ 빗장뼈 가쪽, 어깨봉우리

부가적 근육
② 어깨 뒤쪽면
• 뒤쪽어깨세모근 : 어깨뼈가시 → 위팔뼈의 어깨세모근 거친면

래터럴 레이즈
lateral raise

래터럴 레이즈는 어깨뿐만 아니라 등 상부도 발달시킨다. 어깨 모양을 잡아주고 뚜렷하게 하는 데 좋은 운동이다. 튜빙밴드를 사용하면 프리 웨이트로 운동할 때와는 또 다른 저항력을 줄 수 있다. 튜빙밴드에 대해 더 자세히 알고 싶다면 210페이지를 보라.

팔을 너무 높이 올리거나 팔을 들어올리려고 등을 구부리면 안 되며 천천히 운동해야 한다. 또 운동하는 동안 손목을 구부리지 않으며 무릎은 약간 굽힌다.

목이나 등 하부에 문제가 있다면 이 운동을 할 때 조심해야 한다. 만약 어깨에 문제가 있다면 이 운동은 하지 않는 편이 좋다.

등에 문제가 있다면 등을 보호할 수 있도록 등받이가 있는 벤치나 의자에 앉아 운동한다. 앉아서 운동할 때 튜빙밴드가 너무 느슨하다면 장력을 높일 수 있도록 손에 튜빙밴드를 감아준다.

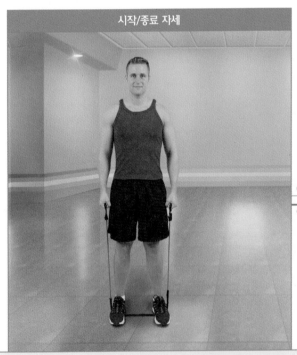

시작/종료 자세

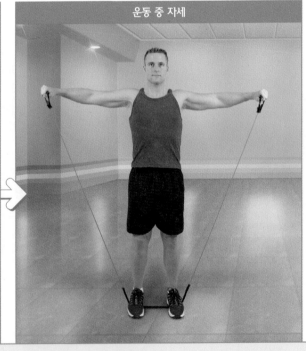

운동 중 자세

1 두 손으로 각각 튜빙밴드의 손잡이를 잡는다.

2 두 발로 튜빙밴드의 중앙을 밟고 똑바로 선다. 이때 발은 어깨너비로 벌리고 무릎을 약간 굽힌다.

3 손바닥이 서로 마주보도록 팔을 양옆으로 내려 팔꿈치는 약간 굽힌다. 등에 무리가 가지 않도록 복근에 힘을 준다.

4 팔이 어깨 높이에 올 때까지 양옆으로 천천히 팔을 올린다. 이때 팔꿈치는 약간 굽히고 손바닥은 아래를 향해야 한다.

5 잠깐 멈춘 뒤 다시 시작 위치로 천천히 팔을 내린다.

Tip

한번에 한 팔만 운동할 수 있나요?

있다. 한 팔은 옆으로 내리고 한 팔만 들어올리면 된다. 튜빙밴드를 밟는 지점에 따라 팔에 가해지는 저항력도 달라진다. 손잡이 가까이 서면 저항력을 높일 수 있고, 멀리 서면 저항력이 낮아진다. 한번에 한 팔씩 운동하면 두 팔을 따로따로 강화할 수 있어 한 팔이 다른 팔보다 강해 두 팔의 근력을 균형잡고자 할 때 도움이 된다.

어떻게 하면 어깨 전면을 더 발달시킬 수 있나요?

래터럴 레이즈 대신 프런트 레이즈를 하면 된다. 손바닥이 허벅지 전면을 향하도록 팔을 내리고 시작한다. 팔꿈치는 약간 굽힌 채 손이 어깨 높이에 올 때까지 팔을 앞으로 올린다. 그 다음 팔을 내리고 반복한다.

금지사항	운동부위

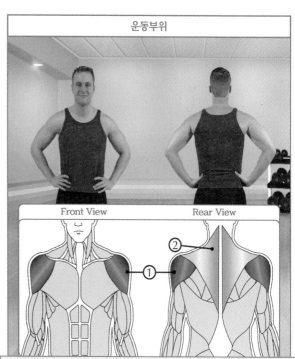

Front View   Rear View

- 손목을 구부리지 않는다.
- 팔꿈치나 무릎을 완전히 펴지 않는다. 팔꿈치와 무릎은 항상 약간 굽혀야 한다.
- 어깨보다 위로 팔을 들어올리지 않는다.
- 팔을 들어올리려고 등을 구부리거나 몸을 앞뒤로 흔들지 않는다. 등은 항상 곧게 편다.

목표 근육
① 어깨 중앙
• 가운데어깨세모근 : 어깨봉우리 가쪽
→ 위팔뼈의 어깨세모근 거친면

부가적 근육
② 등 상부
• 위쪽등세모근 : 뒤통수뼈, 목덜미인대, 제7목뼈와 제1~12등뼈의 가시 돌기 → 빗장뼈 가쪽, 어깨봉우리

익스터널 로테이션
external rotation

익스터널 로테이션은 어깨 심부에 있는 회선건판을 강화한다. 회선건판을 강화하면 라켓스포츠와 던지는 힘이 필요한 스포츠 능력을 향상시킬 수 있다. 또 이 운동은 어깨 관절 내의 안정성을 유지하는 데 도움을 준다.

아래에서 보여주는 익스터널 로테이션을 하려면 튜빙밴드를 사용해야 한다. 튜빙밴드에 대해 더 자세히 알고 싶다면 210페이지를 보라. 이 운동을 하려면 집의 계단 난간이나 문고리, 체육관의 웨이트 머신과 같이 고정되어 있는 대상에 튜빙밴드를 감고 해야 한다. 튜빙밴드의 장력을 높이려면 대상에서 몇 걸음 떨어져 운동한다.

익스터널 로테이션을 하면 어깨부상을 방지할 수 있으며 어깨부상을 회복중인 사람들에게 도움이 된다. 그러나 최근 회선건판에 부상을 입었다면 이 운동을 할 때 조심해야 한다.

시작/종료 자세

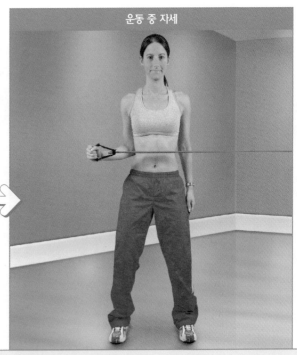
운동 중 자세

1 고정되어 있는 대상에 튜빙밴드를 감고 고리를 만들어 고정시킨다. 튜빙밴드가 허리 높이에 오도록 한다. 오른손으로 손잡이를 잡는다.

2 고정되어 있는 대상을 향해 왼쪽으로 서서 발은 어깨너비로 벌리고 무릎을 약간 굽힌다.

3 팔을 90도로 굽혀 손바닥이 몸을 향하도록 오른쪽 팔꿈치를 옆구리에 붙인다.

4 위팔은 고정시킨 채 최대한 오른쪽으로 손을 벌린다. 등에 무리가 가지 않도록 복근에 힘을 준다.

5 잠깐 멈춘 뒤 다시 시작 위치로 천천히 손을 되돌린다.

6 오른팔로 한 세트를 완성한 뒤 자세를 바꿔 왼팔로 반복한다.

Tip

튜빙밴드를 이용해 할 수 있는 회선건판 운동에는 또 어떤 것이 있나요?

인터널 로테이션이 있다. 고정되어 있는 대상에 튜빙밴드를 감고 대상을 향해 오른쪽으로 서서 오른손으로 손잡이를 잡는다. 발은 어깨너비로 벌린다. 팔을 90도로 굽혀 오른쪽 팔꿈치를 옆구리에 붙이고 손을 옆으로 벌려 손바닥이 앞을 향하게 한다. 위팔은 고정시킨 채 오른손을 복부 쪽으로 당긴다. 잠깐 멈춘 뒤 다시 시작 위치로 손을 벌린다. 이 운동은 회선건판의 다른 부분을 강화한다.

어떻게 하면 이 운동을 조금 더 어렵게 변형시킬 수 있나요?

어깨너비로 발을 벌리고 서서 튜빙밴드의 한쪽 끝을 오른발로 밟는다. 다른 쪽 손잡이를 오른손으로 잡는다. 오른쪽 위팔이 바닥과 평행을 이루고 팔꿈치가 옆을 가리키도록 팔을 90도로 굽힌다. 손바닥이 바닥을 향한 상태로 시작해 손바닥이 앞을 향할 때까지 오른쪽 아래팔을 들어올린다. 그 다음 다시 시작 위치로 아래팔을 내린다.

금지사항	운동부위
	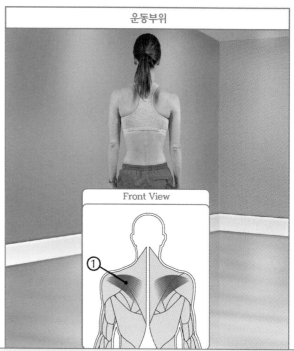

Front View

• 팔꿈치가 옆으로 벌어지면 안 된다.
• 손목을 구부리지 않는다.
• 손을 움직일 때 몸을 비틀지 않는다. 몸은 고정된 상태를 유지한다.

목표 근육 :

① 어깨 심부(회선건판)

트라이셉 익스텐션
tricep extension

트라이셉 익스텐션은 위팔두갈래근을 강화하는 운동으로 한번에 한 팔만 운동하는 데 집중해야 한다. 아래에서 보여주는 트라이셉 익스텐션은 튜빙밴드를 사용한 운동이다. 튜빙밴드에 대해 더 자세히 알고 싶다면 210페이지를 보라.

트라이셉 익스텐션을 할 때 등은 곧게 펴고 등에 무리가 가지 않도록 복근에 힘을 준다. 또 위팔은 항상 고정시키고 무릎은 약간 굽힌다. 팔을 펼 때 손목을 구부리거나 팔꿈치까지 완전히 펴지 않도록 주의한다.

다른 운동과 마찬가지로 부상을 피하고 최대의 운동효과를 거두려면 동작을 천천히 컨트롤하며 운동해야 한다.

목이나 손목에 문제가 있다면 트라이셉 익스텐션을 할 때 조심해야 한다. 만약 어깨나 팔꿈치에 문제가 있다면 이 운동은 하지 않도록 한다.

시작/종료 자세

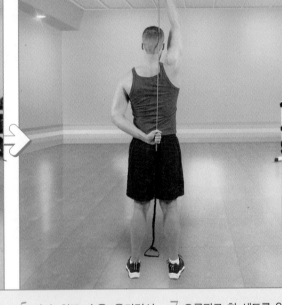

운동 중 자세

1 오른손으로 튜빙밴드의 한 쪽 손잡이를 잡는다.

2 발은 어깨너비로 벌리고 서서 무릎은 약간 굽힌다. 등에 무리가 가지 않도록 복근에 힘을 준다.

3 팔꿈치는 천장을 향하고 손바닥이 머리 뒤를 향하도록 오른쪽 팔을 위로 올려 굽힌다.

4 왼팔을 굽혀 등 뒤에서 튜빙밴드를 잡는다. 이때 손바닥이 뒤를 향하게 한다.

5 머리 위로 손을 올리면서 천천히 팔을 편다.

6 잠깐 멈춘 뒤 다시 시작 위치로 손을 내리면서 천천히 팔을 굽힌다.

7 오른팔로 한 세트를 완성한 뒤 왼팔로 반복한다.

Tip

목에 문제가 있습니다. 제가 할 수 있는 쉬운 위팔세갈래근 운동이 있나요?

있다. 튜빙밴드의 중앙을 밟고 서서 어깨너비로 발을 벌리고 무릎은 약간 굽힌다. 손바닥이 몸을 향하도록 오른손으로 한쪽 손잡이를 잡고 상체를 45도 정도 앞으로 숙인다. 오른팔을 90도로 굽혀 위팔은 옆구리에 붙이고 왼손은 왼쪽 허벅지에 올린다. 위팔은 고정시킨 채 오른팔을 편 다음 다시 시작 위치로 팔을 굽힌다.

어떻게 하면 동시에 두 팔을 운동할 수 있나요?

동시에 두 팔을 운동하려면 발은 조금만 벌리고 서서 무릎을 약간 굽힌다. 튜빙밴드의 한쪽 끝을 밟은 다음 등을 따라 튜빙밴드를 위로 올린다. 팔을 올려 팔꿈치는 천장을 가리키고 손바닥은 등을 향하도록 두 손으로 튜빙밴드의 손잡이를 잡는다. 손을 머리 위로 올리면서 팔을 곧게 편 다음 다시 시작 위치로 손을 내리면서 팔을 굽힌다.

금지사항	운동부위

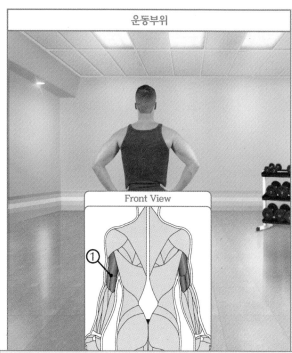

Front View

- 손을 올리고 내릴 때 위팔이 움직이면 안 된다.
- 팔을 펼 때 팔꿈치까지 완전히 펴지 않는다.
- 손목을 구부리지 않는다.
- 무릎을 완전히 펴지 않는다. 무릎은 약간 굽힌 상태를 유지한다.
- 등을 구부리지 않는다.

목표 근육

① **위팔세갈래근** : 장두(어깨뼈 관절오목 아래결절)
외측두(위팔뼈 뒤쪽 나선도랑 위)
내측두(위팔뼈 뒤쪽 나선도랑 아래)
→ 자뼈의 팔꿈치돌기

바이셉스 컬
biceps curl

바이셉스 컬은 위팔두갈래근뿐만 아니라 아래팔도 강화하는 운동으로 팔꿈치나 손목에 문제가 있다면 이 운동을 할 때 조심해야 한다. 위팔두갈래근이 강해지면 무거운 물건도 쉽게 들어올릴 수 있다.

튜빙밴드를 사용하면 웨이트를 사용할 때와는 또 다른 저항력을 줄 수 있으며 운동에 변화를 주기 위한 좋은 방법이다. 튜빙밴드에 대해 더 자세히 알고 싶다면 198페이지를 보라.

운동을 시작하기 전에 양팔에 가해지는 저항력이 같도록 튜빙밴드의 중앙을 밟고 섰는지 확인한다. 컬 동작을 할 때 위팔은 고정시키고 팔꿈치는 옆구리에 붙이되, 팔꿈치로 몸을 찌르지 않도록 주의한다. 모든 운동이 그렇듯 팔을 들어올리고 내릴 때 동작을 천천히 컨트롤하며 운동해야 한다. 반복할 때마다 동작은 크게 하고 튜빙밴드가 팽팽할 때까지 최대한 위로 들어올린 다음 아래로 내린다. 팔을 내릴 때는 팔꿈치까지 완전히 펴지 않는다.

시작/종료 자세

운동 중 자세

1 두 손으로 각각 튜빙밴드의 손잡이를 잡는다.

2 튜빙밴드의 중앙을 두 발로 밟고 선다. 발은 어깨너비로 벌리고 무릎을 약간 굽힌다.

3 손바닥이 앞을 향하도록 양 옆으로 팔을 내리고 팔꿈치는 약간 굽힌다. 등에 무리가 가지 않도록 복근에 힘을 준다.

4 팔꿈치는 옆구리에 붙인 채 어깨 쪽으로 손을 올리면서 천천히 팔을 굽힌다.

• 등을 곧게 펴고 머리는 똑바로 세운다.

5 다시 시작 위치로 손을 내리면서 천천히 팔을 편다.

Tip

어떻게 하면 한번에 한 팔만 운동할 수 있나요?

왼팔과 오른팔을 번갈아가며 들어올리면 된다. 또 한 팔은 옆에 내려놓고 다른 팔로만 튜빙밴드의 한쪽 손잡이를 잡고 컬 동작을 할 수도 있다. 이 운동을 할 때 손잡이 가까이 밟고 설수록 팔에 가해지는 저항력이 높아지고, 손잡이에서 멀리 설수록 저항력은 낮아진다.

이 운동을 조금 더 어렵게 변형시킨 운동이 있나요?

있다. 왼손으로 튜빙밴드의 양쪽 손잡이를 잡고 위에서 설명한 방법과 똑같이 운동한다. 발은 어깨너비보다 좁게 벌려 튜빙밴드를 밟고 선 다음 천천히 왼손을 들어올리고 내린다. 왼팔로 한 세트를 완성한 뒤 팔을 바꿔 오른팔로 반복한다.

금지사항	운동부위
	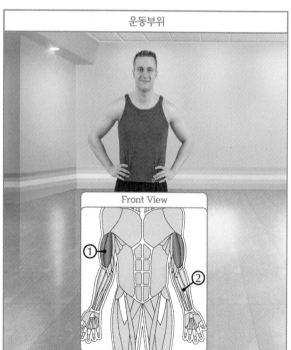

Front View

- 위팔은 움직이지 않는다. 위팔은 옆구리에 붙여 고정시킨다.
- 손을 올리려고 팔꿈치로 옆구리를 찌르거나 등을 구부리지 않는다.
- 어깨를 움츠리거나 손목을 구부리지 않는다.
- 무릎을 완전히 펴지 않으며 팔을 펼 때도 팔꿈치까지 완전히 펴지 않는다.

목표 근육
① 위팔두갈래근 : 장두(어깨뼈의 관절오목 위결절)
　　　　　　　　　단두(어깨뼈의 부리돌기)
　　　　　　　　→ 노뼈 거친면

부가적 근육
② 아래팔굽힘근

복부 크런치
abdominal crunch

복부 크런치는 복근 전면을 강화하고 매끈하게 하는 데 중점을 두고 있지만 복근 측면도 발달시킨다. 이 운동을 하려면 튜빙밴드를 사용해야 한다. 튜빙밴드에 대해 더 자세히 알고 싶다면 210페이지를 보라.

이 운동을 할 때도 올바른 자세를 유지해야 한다. 팔꿈치는 양옆을 가리키게 하고 발은 매트에 둔다. 머리와 등을 일으킬 때 목을 구부리지 않도록 주의한다.

복근이 강해지면 어깨를 조금 더 높이 들어올릴 수 있다. 또 튜빙밴드의 장력을 높이고 싶다면 손잡이 대신 밴드부분을 잡고 할 수도 있다.

목에 문제가 있다면 이 운동을 할 때 조심해야 한다.

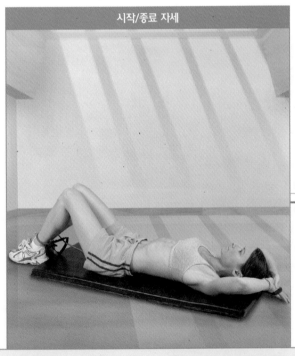

| 시작/종료 자세 | 운동 중 자세 |

1 튜빙밴드의 한쪽 끝에 고리를 만들어 양쪽 발목에 고리를 끼운다.

2 매트에 등을 대고 누워 무릎은 굽히고 발을 모은다.

3 튜빙밴드를 등 아래로 깔고 손바닥이 서로 마주보도록 머리 뒤에서 튜빙밴드의 손잡이를 잡는다.

4 등 하부는 매트에 밀착시키고 복근에 힘을 준다.

5 팔꿈치는 양옆을 가리키도록 한 상태에서 천천히 머리와 어깨를 매트 위로 일으킨다.

6 잠깐 멈춘 뒤 다시 시작 위치로 천천히 머리와 어깨를 내린다.

Tip

이 운동을 조금 더 어렵게 변형시킬 수 있는 방법이 있나요?

있다. 무릎을 90도로 굽혀 다리를 올린 상태로 운동하면 된다. 이때 허벅지는 바닥과 수직을 이루어야 한다. 이 자세로 운동하면 튜빙밴드의 장력을 높일 수 있고 하복근도 써야 하기 때문에 근육을 더 많이 사용하게 된다.

복근 측면에 더 중점을 두려면 어떻게 해야 하나요?

트위스트 크런치를 하면 된다. 위에서 설명한 것처럼 시작 자세를 취한다. 그 다음 오른쪽 무릎을 향해 천천히 머리와 어깨를 들어올린다. 잠깐 멈춘 뒤 다시 시작 위치로 천천히 머리와 어깨를 내린다. 오른쪽 무릎을 향해 한 세트를 완성한 뒤 왼쪽 무릎을 향해 반복한다.

금지사항	운동부위

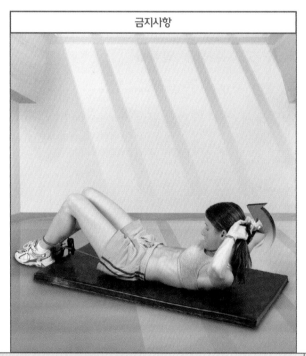

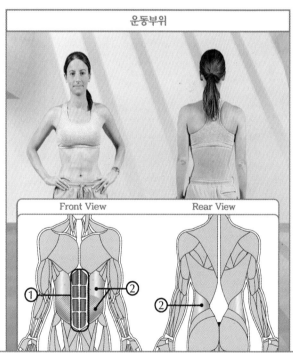

Front View   Rear View

- 머리와 어깨를 일으킬 때 목을 앞으로 구부리지 않는다.
- 팔을 움직이지 않는다. 팔꿈치는 항상 양옆을 가리켜야 한다.
- 발을 들지 않는다.

목표 근육
① 복근 전면
- 배곧은근 : 제5~7갈비물렁뼈 → 두덩뼈

부가적 근육
② 복근 옆면
- 배속빗근 : 샅고랑인대, 엉덩뼈능선저부
  → 제9~12갈비뼈의 갈비물렁뼈, 배널힘줄
- 배바깥빗근 : 제6~12갈비뼈 → 엉덩뼈능선, 배널힘줄

Section 5

이제 웨이트 트레이닝의 운동 방법을 알았으니 자신의 건강목표를 이룰 수 있도록 웨이트 트레이닝 일과를 세워보자. 섹션 5는 웨이트 트레이닝을 효과적으로 할 수 있도록 운동 일과를 세울 때 필요한 정보를 담고 있다. 예를 들어, 웨이트를 들어올리는 횟수나 운동 중의 휴식시간, 그리고 부상을 예방할 수 있는 방법과 또 치료 방법 등을 알려준다. 이번 섹션에는 바로 운동을 시작할 수 있는 운동일과표 샘플도 준비되어 있다.

이번 섹션에서는 …

웨이트 트레이닝 일과의 기본사항

반복

반복(rep)은 웨이트 트레이닝의 기본 요소이다. 웨이트 트레이닝에서 1회 반복은 올리는 동작과 내리는 동작으로 이루어진다. 예를 들면, 덤벨 컬을 할 경우 덤벨을 어깨 쪽으로 들어올리고 다시 시작 위치로 내리는 동작까지를 1회 반복한 것으로 본다. 이때 반복을 지나치게 빨리 하면 관절을 다칠 우려가 있으므로 주의해야 한다. 보통 1회 반복하는 데 4~6초가 걸려야 한다. 2~3초에 걸쳐 웨이트를 들어올리고 잠깐 멈춘 뒤 다시 2~3초에 걸쳐 웨이트를 내린다.

세트

일련의 연속적인 반복 동작을 세트라고 한다. 몇 세트를 하고 몇 번 반복할 것인지는 자신의 목표에 따라 정해야 한다.

웨이트 트레이닝이 처음이라면 12~15회씩, 1~2세트 운동하는 것이 좋다. 그런 다음 한두 달 후 3세트로 늘린다. 건강상태가 좋다면 1~2세트만 해도 자신의 체력을 충분히 유지할 수 있다.

운동할 때는 한 세트를 마칠 때까지 반복하는 동작을 부드럽게 연결해야 한다.

세트 사이의 휴식

한 세트를 완성한 뒤 다음 세트를 시작하기 전에 근육이 회복할 수 있는 시간을 주어야 한다. 이 시간은 자신의 목표를 고려해 정할 수 있다. 체력 향상을 위해 무거운 중량으로 운동한다면 세트 사이 쉬는 시간은 2~5분 정도가 적당하다. 근육을 키우려고 중간 정도 중량으로 운동한다면 1~2분 정도 쉬고, 또 근육을 매끈하게 만들고 지구력을 기르기 위해 가벼운 중량으로 운동한다면 30초~1분 정도 쉬는 것이 좋다.

대부분 세트 사이의 휴식 시간은 보통 60~90초면 충분하다. 너무 오래 쉬면 근육이 진정되어 다시 운동을 시작할 때 상해의 염려가 있다. 변화를 주기 위해 세트 사이의 휴식시간을 달리 할 수도 있지만 명심하자. 휴식시간이 짧을수록 다음 세트에서 운동할 수 있는 중량도 낮아진다.

중량

부상을 막고 운동 효과를 높이려면 적정한 중량으로 운동하는 것이 중요하다. 마지막 남은 두세 번의 반복 동작이 힘겨울 정도로 근육이 지치더라도 올바른 자세로 목표한 반복횟수를 마칠 수 있는 적정한 중량을 선택해야 한다. 너무 무거운 중량을 들어올리면 근육에 부상을 입을 수 있으며 중량을 통제하지 못하고 떨어뜨릴 수도 있다. 일반적으로 다리 근육처럼 큰 근육이 팔 근육처럼 작은 근육보다 무거운 중량을 들어올릴 수 있다.

적정한 중량을 선택하려면 다양한 중량으로 먼저 시험해본다. 너무 가벼운 중량으로 쉽게 한 세트를 마치거나 너무 무거운 중량으로 무리하게 한 세트를 마치려고 해선 안 된다. 처음엔 가벼운 중량으로 시작하고 점차 중량을 늘려가는 것이 바람직하다. 마지막 두세 번 남은 반복동작도 무리 없이 하면서 매 세트를 완성할 수 있을 때 중량을 늘린다.

올바른 자세

운동할 때 올바른 자세를 유지하는 것이야말로 부상을 피하고 운동 효과를 극대화할 수 있는 결정적인 요인이다. 거울 앞에서 자세를 보며 운동하면 올바른 자세를 유지하는 데 도움이 된다. 얼마나 무거운 중량을 들어올리는가보다 어떻게 중량을 들어올리는가가 더 중요하다는 점을 잊지 말자.

주요 근육군 운동

하루에 모든 근육을 운동해야 할 필요는 없지만 웨이트 트레이닝 일과에 주요 근육군 운동은 적어도 일주일에 2~3회 포함되어야 한다. 주요 근육군 운동을 생략하면 운동 중 다칠 수 있으며 균형잡힌 몸을 만들 수 없다. 웨이트 트레이닝 프로그램은 다음의 모든 주요 근육군 운동에 중점을 두어야 한다.

가슴
어깨
이두근(위팔두갈래근)
삼두근(위팔세갈래근)
복근
등
대퇴사두근(넙다리네갈래근)
슬굴곡근(무릎굽힘근)

올바른 호흡법

호흡은 운동의 효율성을 높이고 혈압 조절을 돕는다. 운동 중 가장 힘든 동작을 할 때 입으로 숨을 깊게 내쉬고, 다소 힘들지 않은 동작을 할 때 코로 숨을 들이마신다.

준비운동

웨이트 트레이닝을 하기 전에 준비운동을 하면 유연성을 높여 보다 쉽게 운동할 수 있고, 또 부상을 막을 수 있다. 준비운동으로 5분정도 가볍게 달리기와 같은 심혈관운동을 하면 충분하다. 특정 근육을 강화하기 위해 강도 높은 운동을 한다면 준비운동 차원에서 첫 세트는 가벼운 웨이트를 사용하는 편이 좋다.

올바른 운동 순서

근육을 효과적으로 발달시키려면 운동 순서를 고려해야 한다. 큰 근육 먼저 운동한 다음 작은 근육을 운동하는 것이 일반적이다.

몸을 상, 중, 하로 나눠볼 때, 몸 전체를 운동하고자 한다면 하부, 상부, 중부 순으로 운동해야 한다. 아래의 순서대로 운동해보자.

하부
1. 넙다리네갈래근, 무릎굽힘근
2. 대퇴부 안쪽
3. 둔부
4. 엉덩이굽힘근, 외둔부근
5. 종아리, 정강이

상부
1. 가슴, 등 중·상부
2. 어깨
3. 위팔두갈래근, 위팔세갈래근
4. 아래팔

중부
1. 복근, 등 하부

근육의 휴식

근육을 더욱 강하게 만들려면 운동 후 근육도 쉬는 시간이 필요하다. 사실상 운동하는 동안보다 쉬는 동안 근육은 힘을 얻는다. 따라서 근육을 무리하게 쓰면 오히려 역효과가 나타난다. 이틀 연속 동일한 근육을 쓰지 않는 것이 좋다. 근육이 충분히 회복되기 전에 근육을 사용하면 부상을 입을 수도 있다. 적어도 48시간은 근육이 쉴 수 있도록 한다.

정리운동

정리운동은 근육의 긴장을 풀어주고 운동 중 분비된 노폐물을 제거하는 데 도움을 준다. 일반적으로 세트 사이 충분히 쉬면서 운동을 천천히 했다면 정리운동으로 몇 분 정도 스트레칭을 하면 된다. 그러나 빠른 속도로 웨이트 트레이닝 운동을 했다면 근육에 젖산이 쌓이지 않도록 하고 운동 후 통증을 예방하기 위해 5분 정도 가벼운 심혈관운동을 하는 것이 좋다. 그런 다음 몇 분 정도 스트레칭을 한다.

스케줄

웨이트 트레이닝 일과를 어떻게 계획
하느냐는 자신이 투자할 수 있는 운동
시간과 목표, 그리고 운동 강도 등 여러
요인에 달려 있다. 운동 강도가 높을수록
운동 사이사이 근육이 회복하는 시간도
더 많이 필요하다. 최상의 결과를
얻으려면 일주일에 3~4일 정도
운동해야 한다. 초보자라면 일주
일에 3일을 목표로 하고 매회 전신
운동을 하도록 한다. 일주일에 이틀만
운동하더라도 자신의 현재 체력수준을 유지하기에는
충분할 수 있다. 그러나 다음번 운동까지 기간이 길어
지면 이전 운동으로 얻은 효과를 잃을 수도 있다.

웨이트 트레이닝 일과

웨이트 트레이닝 일과나 프로그램은 사용하는 운동 기
구나 휴식 시간, 운동 순서, 그리고 운동 종류 등 모든
요소를 포함해야 한다. 자신의 일과는 자신의 목표와
운동 시간을 고려해 자신의 특정한 욕구에 맞게 짜여
야 한다. 바람직한 일과표란 다양한 운동이 포함되어
있으며 진도에 따라 수정할 수 있는 일과표다.

전통적 웨이트 트레이닝 대 기능적 웨이트 트레이닝

웨이트 트레이닝 일과에는 전통적인 웨이트 트레이닝
과 기능적인 웨이트 트레이닝이 통합되어 있어야 한
다. 전통적인 웨이트 트레이닝 운동은 근육을 키우고
근력을 형성하기 위해 근육을 분리하며, 기능적인 웨이
트 트레이닝 운동은 동시에 여러 근육을 사용한다. 두
가지 운동 방식을 모두 포함해야 웨이트 트레이닝 프
로그램이 조화를 이룰 수 있다.

웨이트 트레이닝 진도

근력을 키우려면 정기적으로 운동 강도를 높여야 한
다. 보통은 모든 주요 근육군을 사용하는 운동을 12~15
회씩 1~2세트, 일주일에 2~3일 하면서 시작한다. 한두
달 후 운동이 익숙해졌을 때, 그리고 한 세트의 마지막
남은 1~2회 반복동작이 힘들다고 느껴지지 않을 때 운
동마다 3세트로 세트수를 늘리고 몇 주 후에 사용하는
중량도 늘린다. 웨이트 트레이닝을 처음 시작할 때는
웨이트 머신으로 운동하고 진도에 따라 프리 웨이트
운동을 추가하는 것이 좋다. 그리고 4~6주 간격으로 일
과표의 운동을 바꿔준다. 그러면 근육이 똑같은 동작
에 익숙해지지 않도록 계속 자극을 줄 수 있다. 진도를
더 많이 나가려면 분할 훈련(split training)처럼 상급 웨
이트 트레이닝을 시도해본다.

웨이트 트레이닝 일과표 샘플

아래 보여주는 일과표는 자신의 일과표를 계획할 때 참고할 수 있는 견본이다. 웨이트 트레이닝을 처음 시작할 때는 일반적으로 웨이트 머신(사용할 수 있다면)으로 운동하고 진도에 따라 프리 웨이트 운동을 추가하는 것이 좋다. 초보자의 경우 일주일에 2~3일 운동하고 전체 운동 시간은 20~30분이 소요되도록 계획한다.

초보자용 일과표 샘플 1

1	레그 프레스 넙다리네갈래근, 무릎굽힘근 144페이지	6	체스트 프레스 머신 가슴 52페이지
2	레그 컬 무릎굽힘근 188페이지	7	숄더 프레스 머신 어깨 68페이지
3	레그 익스텐션 넙다리네갈래근 146페이지	8	트라이셉스 익스텐션 머신 위팔세갈래근 102페이지
4	시티드 캐프 레이즈 머신 종아리 172페이지	9	암 컬 머신 위팔두갈래근 116페이지
5	랫 풀다운 등 74페이지	10	업도미널 머신 복근 126페이지

적정한 충량으로 운동하고 있는지 어떻게 알 수 있나요?

매 세트의 마지막에 근육이 타는 듯한 느낌이 있어야 한다. 이러한 느낌은 근육을 사용할 때 근육에 젖산이 축적되기 때문인데, 전혀 해롭지 않으며 운동을 마친 후 몇 초가 지나면 대개 이러한 느낌은 사라진다.

초보자 일과표 샘플 2

1		월 스쿼트(운동용 볼 이용) 넙다리네갈래근 182페이지
2		런지 넙다리네갈래근, 무릎굽힘근 150페이지
3		싱글-레그 캐프 레이즈 종아리 174페이지
4		팔굽혀펴기 가슴, 위팔세갈래근 48페이지
5		벤트 오버 로우(튜빙밴드 이용) 등 상부 206페이지
6		벤치 딥 위팔세갈래근 90페이지
7		래터럴 레이즈 어깨 60페이지
8		시티드 덤벨 컬 위팔두갈래근 104페이지
9		백 익스텐션(운동용 볼 이용) 등 하부 208페이지
10		업도미널 크런치 복근 120페이지

초보자용 일과표대로 운동하는 것이 익숙해졌다면 아래 보여주는 중급자용 일과표로 운동을 시작해도 된다. 중급자용 일과의 경우 매주 하는 운동과 운동마다 의 반복횟수 및 세트 수는 자신의 목표에 따라 다를 수 있다.

중급자용 일과표 샘플 1

1	덤벨 스쿼트 넙다리네갈래근, 무릎굽힘근 138페이지	6	덤벨 숄더 프레스 어깨, 등 상부 58페이지
2	런지 넙다리네갈래근, 무릎굽힘근 150페이지	7	바벨 트라이셉스 프레스 위팔세갈래근 96페이지
3	싱글-레그 캐프 레이즈 종아리 174페이지	8	바벨 컬 위팔두갈래근 106페이지
4	바벨 벤치 프레스 가슴 44페이지	9	트위스트 크런치 복근 측면, 복근 전면 122페이지
5	벤트 오버 바벨 로우 등 88페이지	10	리버스 크런치 복근 전면 124페이지

중급자용 일과표 샘플 2

1

바벨 스쿼트

넙다리네갈래근, 무릎굽힘근

140페이지

2

바벨 데드리프트

무릎굽힘근, 둔부

154페이지

3

캐프 프레스

종아리

176페이지

4

원-암 덤벨 로우

등

76페이지

5

덤벨 플라이

가슴

46페이지

6

래터럴 레이즈

어깨

60페이지

7

덤벨 오버해드 트라이셉스
익스텐션

위팔세갈래근

98페이지

8

컨센트레이션 컬

위팔두갈래근

108페이지

9

플랭크

복근, 등 하부

130페이지

10

레그 레이즈

복근 전면

128페이지

슈퍼 슬로우super slow, 네거티브negative, 드롭 세트drop set, 피라미드pyramid

웨이트 트레이닝을 할 때 운동 강도를 높이기 위해 활용할 수 있는 효과적인 기법이 몇 가지 있다.

슈퍼 슬로우(super slow)

슈퍼 슬로우 기법은 반동을 이용하지 않고 근육이 최대한 수축할 수 있도록 동작을 천천히 하는 데 바탕을 두고 있다. 이 기법으로 운동할 때는 최소 4초에 걸쳐 웨이트를 들어올리고(양상), 또 최소 4초에 걸쳐 다시 시작 위치로 웨이트를 내려야 한다(음상). 웨이트를 올리고 내리는 동작을 천천히 하면, 특히 내리는 동작을 천천히 하면 운동이 더 어려워진다. 들어올리는 동작과 내리는 동작의 시간이 같을 필요는 없다. 예를 들어, 5초에 걸쳐 웨이트를 들어올리고 내릴 때는 10초가 걸려도 된다. 세트 당 4~8회 반복한다.

슈퍼 슬로우 기법으로 운동하면 관절 부상을 방지할 수 있고 올바른 자세를 유지하기가 쉬워 근력을 더 빨리 키울 수 있다.

일주일에 한번은 근육마다 슈퍼 슬로우 기법을 적용해 운동해보자. 운동마다 한 세트는 슈퍼 슬로우 기법으로 운동하고 나머지 세트는 평상시대로 한다.

네거티브(negative)

네거티브 기법은 웨이트 트레이닝 운동의 하향 단계에 중점을 둔다. 웨이트 트레이닝에서 들어올리는 동작을 양상이라 하고 내리는 동작을 음상이라 한다.

일반적으로 들어올릴 때의 중량보다 더 무거운 중량을 내릴 수 있기 때문에 이 기법으로 운동하면 평상시보다 더 무거운 웨이트를 사용할 수 있다. 트레이너의 도움을 받으며 웨이트를 들어올린 뒤, 혼자 힘으로 천천히 웨이트를 내리는 데 집중한다. 4~10초에 걸쳐 웨이트를 내리고 한 세트를 반복한다.

네거티브 기법은 근력을 기르는 데 도움이 되며 무거운 웨이트를 사용하는 데 익숙해질 수 있는 방법이다. 근력을 기르기 위해 1주일 내지 2주일에 한번은 네거티브 기법으로 운동하자.

이 기법을 프리 웨이트로 운동할 때는 각별히 주의해야 한다. 무거운 웨이트로 운동하기 때문에 웨이트를 떨어뜨려 다치거나 자세가 틀릴 수도 있다. 머신으로 운동하면 부상의 위험을 줄일 수 있다. 음상에 중점을 두기 때문에 근육에 많은 힘이 가해지고 운동 후 근육통증이 있을 수 있다는 점을 명심한다.

드롭 세트(drop set)

드롭 세트는 반복동작을 몇 번 더 할 수 있도록 무거운 중량으로 시작해 근육의 힘이 약해질 때마다 중량을 낮추는 기법이다. 드롭 세트를 한번 하려면 무거운 웨이트로 가능한 여러 번 반복동작을 마친 다음 15회 정도 반복할 수 있을 때까지 웨이트의 중량을 줄여나간다.

드롭 세트를 한번 하는 동안 최소 3번은 중량을 줄이는 것이 보통이다. 예를 들어, 무거운 웨이트로 6~8회 반복하고, 중량을 낮춰 10회 반복한다. 그리고 다시 중량을 낮춰 12회 반복한 다음 다시 또 중량을 낮춰 15회 반복한다. 운동마다 드롭 세트를 2~3번 해주고 한 세트를 마친 다음 적어도 2분간 휴식을 취한다.

드롭 세트는 근육이 똑같은 움직임에 적응하지 않도록 자신의 운동 일과에 변화를 주고자 할 때 도움이 된다. 근육을 매끈하고 뚜렷하게 하려면 어떤 근육군의 마지막 운동 시 드롭 세트를 하면 된다. 예를 들어, 마지막 위팔세갈래근 운동 시 드롭 세트로 운동한다.

피라미드(pyramid)

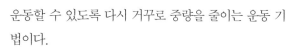

피라미드는 첫 번째 세트는 가벼운 웨이트로 시작해 세트마다 점차 무거운 웨이트로 중량을 늘리고, 그 다음 마지막 세트를 첫 번째 세트에서 사용한 중량과 같은 중량으로 운동할 수 있도록 다시 거꾸로 중량을 줄이는 운동 기법이다.

가벼운 웨이트를 사용할 때는 12~15회 정도 반복하고, 무거운 웨이트를 사용할 때는 4~6회 정도 반복한다. 피라미드를 한번 완성하려면 1~2분씩 쉬면서 6~10세트 정도 하면 된다. 머신을 이용한다면 매번 플레이트를 하나씩 높이거나 줄이면 된다. 프리 웨이트를 이용한다면 약 5파운드(2.2kg) 간격으로 운동한다.

피라미드의 주요 유형에는 어센딩(ascending)과 디센딩(descending)의 두 가지가 있다. 어센딩 피라미드는 첫 번째 세트는 가벼운 웨이트를 사용하고 마지막 세트에서 4~6회 반복할 수 있을 정도로 세트마다 점차적으로 중량을 늘려가는 방식의 운동으로 가장 일반적인 피라미드 유형이다. 디센딩 피라미드는 무거운 웨이트로 시작해 마지막 세트에서 12~15회 반복할 수 있을 정도로 세트마다 중량을 낮춰가는 방식의 운동이다. 디센딩 피라미드를 시작하기 전에는 근육을 적당히 풀어줘야 한다. 디센딩 피라미드가 어센딩 피라미드보다 더 어렵지만 근력을 더 많이 기를 수 있다.

피라미드는 근력과 근육량을 키우는 데 효과적인 기법이다. 모든 웨이트 트레이닝 운동마다 이 피라미드 기법을 적용할 수 있다.

서킷 트레이닝
circuit training

서킷 트레이닝은 운동하는 사이사이 쉬지 않고 계속하는 일련의 운동을 말한다. 하나의 웨이트 트레이닝 서킷은 보통 8~12가지 운동을 포함한다. 운동마다 10~15회씩 1세트를 하고 서킷을 한번 마친 다음 2분 정도 쉰다. 그런 후 다음 서킷으로 넘어가 2~4회 서킷을 반복한다.

프리 웨이트 운동만 하든지 머신 운동만 하든지, 또는 둘을 조합해서 할 수도 있다. 전신 서킷의 경우 모든 주요 근육군 운동을 포함해야 한다. 일과표의 한 부분으로 서킷 트레이닝을 할 수도 있다.

서킷 트레이닝은 짧은 시간 내에 보다 효율적으로 운동할 수 있으며 운동 일과에 변화를 주기 위한 좋은 방법이다. 또 지구력을 기르고 체중을 줄이는 데 효과적이다. 머신이나 웨이트를 바로바로 이용할 수 없거나 머신의 설정을 바꾸는 데 시간이 걸릴 수 있기 때문에 체육관에서는 효과적으로 서킷 트레이닝을 하기가 어려울 수도 있다.

서킷 트레이닝의 고려사항

근육이 너무 빨리 피로해지지 않게 하려면 두번 연속해서 동일한 근육을 사용하지 않도록 서킷 트레이닝을 계획해야 한다. 상체와 하체를 번갈아가며 하거나 등과 가슴, 또는 무릎굽힘근과 넙다리네갈래근처럼 같은 부위의 반대편 근육을 사용하도록 구성한다. 또 넙다리네갈래근, 무릎굽힘근, 등, 가슴처럼 큰 근육을 먼저 운동하고 위팔세갈래근, 위팔두갈래근, 어깨, 종아리 등의 작은 근육을 운동할 수도 있다.

누워서 한 다음 일어서서 하는 것처럼 운동 중 자세를 바꿀 때는 현기증을 일으킬 수도 있으므로 너무 빨리 자세를 바꾸지 않도록 주의한다.

서킷 트레이닝의 빠른 속도는 반복동작을 빨리 하는 것이 아니라 세트 간 쉬는 시간을 생략하는 데 바탕을 두고 있다는 점을 명심한다. 각각의 반복동작은 평상시 운동할 때처럼 천천히 컨트롤하며 운동해야 한다.

서킷 트레이닝의 변형

날마다 다른 부위별로 운동하는 분할 훈련(split training)을 통해 자신의 서킷 트레이닝에 변화를 줄 수 있다. 예를 들어, 월요일과 수요일에는 상체운동을 하고 화요일과 목요일에는 하체운동을 하면서 서킷을 할 수도 있다.

또 지방 연소를 위해 근력운동과 심혈관운동을 병행하면서 서킷을 할 수도 있다. 한두 가지 근력운동이 끝났을 때마다 사이클, 줄넘기, 뜀뛰기, 달리기나 심혈관 운동기구를 이용한 운동 등 강도 높은 심혈관운동을 2~4분간 해준다.

서킷 트레이닝 일과표 샘플

1		레그 프레스 넙다리네갈래근, 무릎굽힘근 144페이지

1 레그 프레스 — 넙다리네갈래근, 무릎굽힘근 — 144페이지
2 랫 풀다운 — 등 — 74페이지
3 레그 컬 — 무릎굽힘근 — 148페이지
4 체스트 프레스 머신 — 가슴 — 52페이지
5 레그 익스텐션 — 넙다리네갈래근 — 146페이지
6 숄더 프레스 머신 — 어깨 — 68페이지
7 시티드 캐프 레이즈 머신 — 종아리 — 172페이지
8 트라이셉스 푸시다운 — 위팔세갈래근 — 94페이지
9 시티드 덤벨 컬 — 위팔두갈래근 — 104페이지
10 복부 크런치 — 복근 — 120페이지

분할 트레이닝

분할 트레이닝은 격일로 신체 부위별, 또는 근육별로 나눠 운동하는 프로그램이다. 상체와 하체처럼 몸을 부위별로 나누거나 미는 근육과 당기는 근육처럼 근육별로 나눌 수 있다. 운동 시에는 이틀 연속 같은 근육을 사용하지 않도록 특정 신체부위나 특정 근육만 운동한다.

분할 트레이닝으로 전체적인 신체 운동을 완성하려면 이틀 이상이 필요하며, 특정 신체부위나 특정 근육에 복합적인 운동을 하고자 할 때 도움이 된다. 이러한 방식은 근력을 빨리 기를 수 있도록 돕고 운동 시간이 짧더라도 일주일에 자주 운동할 수 있는 사람들에게 효과적이다. 운동 시간은 짧지만 운동을 자주 하면 피로가 쌓이지 않고 지루함을 느끼지 않아 의욕을 지속시켜 준다.

각각의 근육이나 신체 부위마다 적어도 일주일에 두세 번은 운동해야 한다.

상체와 하체 분할

상체와 하체 분할은 격일로 상체와 하체를 나눠 운동하는 방식으로 근육이 쉴 수 있는 시간을 줄수 있다. 예를 들어, 월요일과 목요일에는 상체를 운동하고 화요일과 금요일에는 하체를 운동한다. 복근 운동은 상체 운동이나 하체 운동, 어느 쪽에든 포함될 수 있다.

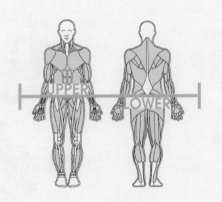

운동 샘플

	목표 근육	운동 종류
상체	등	랫 풀다운, 벤트 오버 바벨 로우
	가슴	바벨 벤치 프레스, 덤벨 플라이
	어깨	덤벨 숄더 프레스, 리버스 플라이
	위팔두갈래근	스탠딩 바벨 컬
	위팔세갈래근	덤벨 오버헤드 트라이셉스 익스텐션
	등 하부	로만체어를 이용한 백 익스텐션
하체	넙다리네갈래근, 무릎굽힘근	레그 프레스, 런지
	넙다리네갈래근	레그 익스텐션
	무릎굽힘근	레그 컬
	둔부, 외둔부근	힙 업덕션 머신
	대퇴부 안쪽	힙 업덕션 머신
	종아리	스탠딩 캐프 레이즈 머신
	복근	업도미널 머신, 리버스 크런치

주간 계획표 샘플

1일	상체
2일	휴식
3일	하체
4일	휴식
5일	상체
6일	휴식
7일	하체

미는 근육과 당기는 근육 분할

이 분할법은 상체 근육을 두 그룹(미는 근육과 당기는 근육)으로 나눠 운동하는 방식이다. 하루는 미는 근육을 운동하고 하루는 당기는 근육을 운동한다. 이틀 연속 동일한 근육을 사용하지 않도록 주의한다.

미는 근육은 벤치 프레스처럼 자신으로부터 멀리 웨이트를 미는 운동에 사용되는 반면, 당기는 근육은 랫 풀다운처럼 자신 쪽으로 웨이트를 당기는 운동에 사용된다.

미는 근육 운동은 가슴

과 위팔세갈래근을 발달시키고, 당기는 근육 운동은 등과 위팔두갈래근을 강화한다. 어깨 근육은 미는 근육을 운동할 때나 당기는 근육을 운동할 때 모두 단련할 수 있다.

당기는 근육이나 미는 근육별로 운동할 때는 격일 또는 하루에 어깨, 하체, 복근 운동을 하면 된다.

운동 샘플

목표 근육	운동 종류
가슴	어시스티드 딥, 덤벨 벤치 프레스, 펙 플라이 머신, 케이블 크로스오버
위팔세갈래근	라잉 바벨 트라이셉스 익스텐션, 덤벨 오버헤드 트라이셉스 익스텐션, 트라이셉스 푸시다운
등	어시스티드 친-업, 원-암 덤벨 로우, 업라이트 로우, 덤벨 시러그
위팔두갈래근	프리처 컬, 시티드 덤벨 컬, 컨센트레이션 컬
넙다리네갈래근, 무릎굽힘근	핵 스쿼트, 런지
넙다리네갈래근	레그 익스텐션
무릎굽힘근	레그 컬, 바벨 데드리프트
어깨	덤벨 숄더 프레스, 프런트 레이즈, 벤트 오버 래터럴 레이즈
복근	레그 레이즈, 트위스트 크런치

주간 계획표 샘플

1일	가슴, 위팔세갈래근
2일	휴식
3일	등, 위팔두갈래근
4일	넙다리네갈래근, 무릎굽힘근
5일	휴식
6일	어깨, 복근
7일	휴식

슈퍼 세트
super set

슈퍼 세트는 쉬지 않고 두 가지 운동을 계속하는 것을 말한다. 슈퍼 세트를 하면 운동을 보다 능률적으로 할 수 있다. 특히 운동할 시간이 많지 않을 경우 도움이 되지만 붐비는 체육관에서 운동한다면 운동기구를 바로바로 사용할 수 없기 때문에 이상적인 방법이 아닐 수 있다. 슈퍼 세트에는 두 가지 방식이 있다. 반대의 근육군을 운동하는 방식과 동일한 근육군을 운동하는 방식이다.

슈퍼 세트를 할 때는 가능한 효율적으로 한 가지 운동에서 다른 운동으로 진행해야 한다. 운동 사이에 시간을 뺏기면 슈퍼 세트의 효율성이 떨어질 수 있다. 슈퍼 세트는 부상을 일으킬 수도 있으므로 각각의 근육군마다 일주일에 한번만 하는 편이 좋다.

운동의 강도와 효율성을 높이기 위해 쉬지 않고 세 가지 운동을 할 수도 있다. 예를 들어, 강도 높은 복근 운동을 하고 싶다면, 서로 다른 3가지 복근 운동을 연속해서 하면 된다.

반대의 근육군 슈퍼 세트

가슴과 등처럼 상반되는 근육군의 슈퍼 세트는 근육을 균형잡는 데 도움을 준다. 예를 들어, 가슴과 등을 운동할 경우 바벨 벤치 프레스를 하고 바로 뒤이어 랫 풀다운을 한다. 슈퍼 세트를 또 반복하기 전에 1~2분 정도 휴식을 취해야 함을 명심하자.

동일한 근육군 슈퍼 세트

동일한 근육군의 슈퍼 세트는 강도 높은 운동이다. 예를 들어, 철저하게 등을 운동하고 싶다면 랫 풀다운을 하고 바로 뒤이어 시티드 케이블 로우를 한다. 첫 번째 운동을 마친 후 근육이 피로해질 수 있기 때문에 두 번째 운동을 할 때는 중량을 낮춰 사용해야 한다.

샘플

목표 근육	운동 종류
가슴과 등	바벨 벤치 프레스 + 랫 풀다운
위팔두갈래근과 위팔세갈래근	시티드 덤벨 컬 + 덤벨 오버헤드 트라이셉스 익스텐션
복근과 등 하부	복부 크런치 + 로만체어를 이용한 백 익스텐션
넙다리네갈래근과 무릎굽힘근	레그 익스텐션 + 레그 컬

샘플

목표 근육	운동 종류
가슴	바벨 벤치 프레스 + 덤벨 플라이
등	랫 풀다운 + 시티드 케이블 로우
위팔세갈래근	라잉 바벨 트라이셉스 익스텐션 + 벤치 딥
위팔두갈래근	바벨 컬 + 해머 컬
복근	플랭크 + 복부 크런치
넙다리네갈래근	덤벨 스쿼트 + 레그 익스텐션
무릎굽힘근	레그 프레스 + 레그 컬

프리 웨이트에 관한 안전 수칙

운동 중 프리 웨이트를 이용할 경우 다음의 안전 수칙을 명심해야 한다.

올바른 자세로 운동한다.

얼마나 무거운 웨이트를 들어올리느냐보다 웨이트를 어떻게 들어올리느냐가 더 중요하다. 프리 웨이트로 운동할 때는 올바른 자세를 유지해야 부상을 막을 수 있고 최대의 운동 효과를 거둘 수 있다. 틀린 자세로 운동하면 근육과 힘줄, 관절에 불필요한 힘이 가해지며 이는 부상을 일으킬 수 있다. 부상을 피하려면 등은 곧게 펴고, 무릎과 팔꿈치는 약간 굽히며, 등에 무리가 가지 않도록 복근에 힘을 준다.

트레이너의 도움을 받는다.

운동할 때는 트레이너의 도움을 받는 것이 좋다. 특히 무거운 웨이트로 운동한다면 꼭 트레이너와 함께 운동해야 한다. 트레이너는 옆에 서서 필요할 때마다 보조 역할을 해준다. 자신이 하려는 운동의 반복 횟수도 트레이너에게 알려주는 것이 좋다. 그래야 트레이너도 마지막 몇 번 남은 반복동작을 할 때 도와줄 준비를 할 수 있다.

안전하게 웨이트를 집어들고 내려놓아야 한다.

운동을 시작하고 끝낼 때 웨이트를 안전하게 집어들고 내려놓아야 한다. 덤벨을 선반에서 꺼낼 때는 상체만 굽히는 것이 아니라 항상 무릎을 굽혀 웨이트를 집어야 한다. 바닥에서 웨이트를 집어올릴 때는 등이 아닌 다리 힘으로 들어올려야 한다. 벤치에 누워서 해야 하는 운동을 할 때는 우선 벤치에 앉아 웨이트를 허벅지에 올려둔다. 그런 다음 벤치에 누워 다리 힘을 이용해 웨이트를 제자리에 위치시킨다.

걸쇠를 사용한다.

걸쇠는 웨이트 플레이트가 덜걱거리거나 떨어지지 않도록 바벨에 사용하는 금속의 잠금 장치이다. 웨이트 플레이트를 바에 고정시키려면 걸쇠를 사용해야 한다. 그래야 자신은 물론 다른 누군가가 상해를 입는 일을 방지할 수 있다.

진행상황
기록하기

자신이 한 운동을 계속 기록하는 것은 웨이트 트레이닝 일과의 중요한 부분이다. 운동일지에 자신이 한 운동을 기록해두면 시간에 따른 자신의 진행상황을 알 수 있고 운동을 지속할 수 있도록 의욕을 불어넣어 준다.
운동일지는 진행상황을 보여줄 뿐만 아니라 운동 효과를 높이기 위해 자신의 운동을 조정할 수 있는 부분을 정확히 나타내준다.
자신의 운동에 대해 기록할 수 있도록 257페이지의 운동일지 견본을 활용해보자.

운동일지에 기록하는 사항

운동일지에는 그날그날의 웨이트 트레이닝에 대한 세부사항을 기록해야 한다. 날짜와 운동시간, 그리고 자신이 한 운동의 명칭이 포함되어야 한다. 운동마다 반복횟수와 세트 수, 사용한 중량을 기록한다. 머신을 이용할 때의 특별한 조정사항이나 다음 번 운동의 변경 계획 등 부가적인 사항에 대해 기록하는 것도 도움이 된다.

또 심혈관운동에 대해서도 기록할 수 있다. 예를 들어, 트레드밀을 이용했다면 시간, 강도, 심박 수, 달린 거리 등을 기록한다.

운동이 피곤했는지, 활력적이었는지 등 운동 후 느낌과 같은 일반적인 사항도 도움이 될 수 있다.

운동일지 검토

몇 주마다 자신의 진행상황을 체크할 수 있도록 운동일지를 검토해야 한다. 운동일지를 검토할 때는 운동 중 사용한 웨이트의 중량이 늘었는지도 살펴본다. 이를 통해 어떤 근육이 더 강해졌으며 근육 불균형은 없는지 등을 알 수 있다. 예를 들어, 무릎굽힘근은 더 강해졌지만 넙다리네갈래근은 그대로라면 넙다리네갈래근을 강화하는 데 집중해야 한다.

3~4주 동안 중량을 늘리지 않았다면, 혹은 지난 2개월간 세트 수와 반복횟수에 변동사항이 없었다면 운동일과를 변경한다. 꾸준히 근력을 키우려면 정기적으로 자신의 운동일과를 변경해야 한다.

자신의 운동일과에 특정 운동이 계속 생략되진 않았는지도 확인한다. 어떤 운동을 자주 생략했다면 규칙적으로 할 수 있는 그와 비슷한 운동으로 대체한다. 또 적어도 일주일에 3일은 운동을 지속하고 있는지도 체크한다.

심혈관운동을 검토하는 것도 중요하다. 운동 강도와 심박 수의 변경사항도 기록한다. 같은 강도에서 운동할 때 심박 수가 시간이 지날수록 점차 줄었는지 확인한다. 그러면 운동의 강도나 시간을 늘릴 수 있는지 알 수 있다.

운동일지

날짜 :					시간 :			
운동 종류		세트1	세트2	세트3	세트4	세트5	세트6	주의사항
	WT							
	REP							
	WT							
	REP							
	WT							
	REP							
	WT							
	REP							
	WT							
	REP							
	WT							
	REP							
	WT							
	REP							
	WT							
	REP							
	WT							
	REP							
	WT							
	REP							
	WT							
	REP							
심혈관운동								
비고								

REP(반복횟수), WT(중량)

웨이트 트레이닝을 하면서 자주 입는 상해

염좌나 좌상과 같은 상해는 누구에게나 있을 수 있다. 심지어 노련한 역도 선수에게도 있을 수 있다. 상해의 정도에 따라 회복하는 시간은 며칠에서 몇 달이 걸릴 수 있다. 부상당한 부위가 며칠이 지나도 진정되지 않거나 통증이 심할 경우 병원에 가야 한다. 통증을 느낀 순간 운동을 멈추면 통증을 줄이고 회복 시간을 단축할 수 있다. 운동을 계속하면 상해 부위에 더 큰 손상을 가져올 수 있으며 회복 시간도 지연시키게 된다.

좌상(strain)

좌상은 근육이나 힘줄의 손상을 말하며, 운동 전에 준비운동을 하지 않고 아주 무거운 중량을 들어올렸거나 한계를 넘어서까지 근육을 긴장시켰을 때 일어날 수 있다. 좌상을 입으면 즉시 근육에 심한 고통이 느껴진다. 다친 부위는 빨갛게 붓고, 움직일 때 통증이 느껴진다.

염좌(sprain)

염좌는 손목, 팔꿈치, 무릎과 같은 관절 주위에 있는 띠 모양의 결합 조직인 인대가 손상된 것을 말한다. 주로 외상으로 인해 발생하며, 염좌 역시 다친 관절에 즉각적인 통증을 수반하고 빨갛게 붓고 멍이 든다.

과사용 손상

과사용 손상은 보통 운동 후 느껴지는 가벼운 통증으로 시작하지만 시간이 지날수록 통증이 악화되어 늘 다친 부위에 통증을 느끼게 된다. 어떤 근육군을 과도하게 쓰거나 반복적인 동작으로 인해 발생하며 힘줄이나 활액낭에 염증이 생기는 것이 가장 일반적이다.

지발성 근육통(delayed onset muscle soreness(DOMS))

운동 후 24~48시간이 지나면 근육에 긴장이나 통증이 느껴질 수도 있다. 이러한 근육 통증을 지발성 근육통이라 하며, 심한 운동 후 특히 초보자이거나 얼마간 운동을 하지 않은 사람에게 흔히 나타난다. 지발성 근육통은 상해라고 할 순 없지만 근육을 사용했을 때 나타나는 근육의 미세한 파열 때문이며, 근육이 회복하면 근육은 더욱 강해진다. 일반적으로 통증은 운동 후 48시간째 가장 심하며 며칠 이내에 사라진다. 며칠이 지나도 통증이 계속되거나 악화된다면 병원에 가는 것이 좋다.

상해 방지

상해를 방지하려면 :

1 근육을 풀어주고 혈액순환이 잘 되도록 운동 전에 약 5분간 심혈관운동을 한다.

2 운동 강도는 점진적으로 늘려야 한다. 사용하는 중량을 기록하여 서서히 중량을 늘리고 자신이 다룰 수 있는 중량보다 무거운 중량을 사용하지 않는다.

3 항상 올바른 자세를 유지해야 한다. 틀린 자세로 운동하면 관절에 필요이상의 힘이 가해진다.

4 근육 불균형을 막기 위해 모든 주요 근육군을 운동한다.

5 세트 사이나 운동 후에는 스트레칭을 한다.

6 이틀 연속 동일한 근육을 사용하지 않는다. 근육이 회복하는 시간을 주어야 한다.

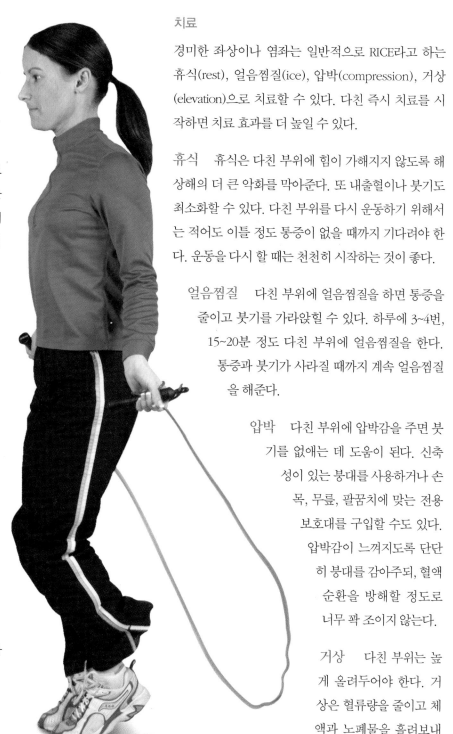

치료

경미한 좌상이나 염좌는 일반적으로 RICE라고 하는 휴식(rest), 얼음찜질(ice), 압박(compression), 거상(elevation)으로 치료할 수 있다. 다친 즉시 치료를 시작하면 치료 효과를 더 높일 수 있다.

휴식 휴식은 다친 부위에 힘이 가해지지 않도록 해 상해의 더 큰 악화를 막아준다. 또 내출혈이나 붓기도 최소화할 수 있다. 다친 부위를 다시 운동하기 위해서는 적어도 이틀 정도 통증이 없을 때까지 기다려야 한다. 운동을 다시 할 때는 천천히 시작하는 것이 좋다.

얼음찜질 다친 부위에 얼음찜질을 하면 통증을 줄이고 붓기를 가라앉힐 수 있다. 하루에 3~4번, 15~20분 정도 다친 부위에 얼음찜질을 한다. 통증과 붓기가 사라질 때까지 계속 얼음찜질을 해준다.

압박 다친 부위에 압박감을 주면 붓기를 없애는 데 도움이 된다. 신축성이 있는 붕대를 사용하거나 손목, 무릎, 팔꿈치에 맞는 전용 보호대를 구입할 수도 있다. 압박감이 느껴지도록 단단히 붕대를 감아주되, 혈액순환을 방해할 정도로 너무 꽉 조이지 않는다.

거상 다친 부위는 높게 올려두어야 한다. 거상은 혈류량을 줄이고 체액과 노폐물을 흘려보내 붓기를 줄이는 데 도움을 준다.

여행 중의
웨이트 트레이닝

휴가나 출장으로 멀리 떠났을 때도 이전의 운동 효과를 모두 잃지 않으려면 웨이트 트레이닝을 계속해주는 것이 중요하다. 일주일에 한번 짧게 웨이트 트레이닝을 하더라도 건강을 유지하는 데 도움이 되고 여행 후 규칙적인 운동일과로 복귀하기가 수월해진다.

여행 중 운동을 지속하려면 어느 정도의 계획과 훈련이 필요하지만 운동 효과를 생각하면 여행 중에도 운동을 계속할만한 가치가 충분하다. 여행 중 운동은 스트레스와 시차로 인한 피로를 덜어주고 자신의 수면 패턴을 유지하는 데 도움을 준다. 여행 중에는 평상시 집에서의 식사량보다 더 많이 먹기 일쑤다. 특히 모든 식사를 음식점에서 해결한다면 더욱 그렇다. 운동은 신진대사를 높여 칼로리를 더 많이 소비하도록 돕는다.

여행 중 일주일에 단 한번도 운동을 하지 않았다면 이전의 체력 수준으로 되돌아갈 때까지 운동 강도를 낮춰 서서히 평상시 운동일과로 복귀하는 편이 좋다.

운동시설이 있는 호텔 이용

인근 체육관 이용

New York, NY
Images Gym

• 여행 중에는 자신의 웨이트 트레이닝 일과를 지속할 수 있도록 운동시설을 갖춘 호텔에서 숙박하도록 한다. 대부분의 호텔은 투숙객이 무료나 최저비용으로 이용할 수 있는 웨이트 트레이닝 시설을 갖추고 있다.

• 호텔에 운동시설이 없다면 인근에 체육관이 있는지 찾아보라. 호텔 직원에게 물어보거나 업종별 전화번호부를 보면 주변의 체육관을 찾아볼 수 있다.
• 호텔 인근의 체육관이 자신이 평상시 이용하는 체육관과 제휴하고 있다면 무료나 할인을 적용받을 수 있다.

Tip

여행 중에는 어떤 심혈관운동을 할 수 있나요?

체육관의 심혈관 운동기구나 호텔 수영장을 이용할 수 있다. 만약 이러한 시설이 없다면 방에서 제자리 뛰기나 줄넘기, 또는 뜀뛰기를 하면 된다. 또 자신의 방까지 계단을 이용하거나 산책을 한다든지, 또는 주변을 조깅할 수도 있다. 여행 중일 때도 이틀에 한번은 15~20분간 심혈관운동을 하도록 노력하자.

여행 중 어떻게 하면 건강에 좋은 식단을 유지할 수 있나요?

집에서 멀리 떠나 있을 때도 모든 식품군의 음식, 특히 과일과 채소를 계속 섭취해야 한다. 식사를 거르거나 음식점에서 과식하지 않으려면 견과류 같은 가볍고 영양가 높은 간식거리를 챙겨간다. 음식점에서는 샐러드드레싱과 같은 소스를 따로 담아달라고 주문하고 기름에 튀긴 음식보다 구워서 요리한 음식을 선택한다. 대개 음식점에서는 평상시 집에서 먹는 양보다 많은 양을 주기 때문에 식사량에 주의해야 한다. 또 물을 많이 마시는 것도 중요하다.

튜빙밴드를 이용한 운동

맨몸 운동

• 여행 중 웨이트 트레이닝 시설을 이용할 수 없다면 튜빙밴드를 챙겨 간다. 튜빙밴드는 가볍고 휴대가 간편해 여행 중 갖고 다니기에 안성맞춤이다. 튜빙밴드를 이용해 호텔방에서 편안하게 여러 가지 운동을 할 수 있다. 튜빙밴드에 대해 더 자세히 알고 싶다면 210~237페이지를 보라.

• 운동기구 없이 맨몸으로 자신의 운동일과를 지속할 수도 있다. 여행 중 체형을 유지할 수 있도록 호텔방에서 팔굽혀펴기, 복부 크런치, 딥, 런지 등의 운동을 하면 된다. 여행 중 할 수 있는 운동에 대해 더 자세히 알고 싶다면 262페이지를 보라.

여행 중 할 수 있는 운동

체육관을 이용할 수 없다면 여행 중 자신의 웨이트 트레이닝 프로그램을 지속하기가 어려울 수 있다. 그러나 운동기구를 이용하지 않더라도 체형을 유지하고 신체의 주요 근육군을 발달시킬 수 있는 운동이 몇 가지 있다.

아래의 운동을 시작하기 전에 준비운동으로 5분 정도 조깅, 뜀뛰기, 계단 오르기 등 가벼운 심혈관운동을

먼저 한다. 그런 다음 근력운동을 하고, 10분간 스트레칭을 한다. 운동마다 15회씩 3세트 정도 한다. 약 20분간은 운동을 해야 한다.

운동 중 특정 운동의 운동 강도를 더 높이려면 발목용 웨이트나 튜빙밴드를 사용할 수도 있다. 튜빙밴드에 대해 더 자세히 알고 싶다면 210~237페이지를 보라.

여행 중 할 수 있는 운동

 1

스쿼트
212페이지
스쿼트는 넙다리네갈래근과 무릎굽힘근에 중점을 둔 운동이지만 대퇴부 안쪽과 엉덩이굽힘근, 그리고 둔부도 발달시킨다. 스쿼트는 하체 전반을 강화시키기 때문에 스쿼트를 하면 많이 걸어야 할 경우 피로를 덜 수 있다.

2

런지
150페이지
런지는 넙다리네갈래근과 무릎굽힘근을 목표로 하지만 대퇴부 안쪽과 둔부, 엉덩이굽힘근, 종아리 근육도 발달시킨다. 런지는 탄탄하고 강한 하체를 유지하는 데 효과적인 운동으로 런지를 하면 오래 걸어도 쉽게 지치지 않는다.

3

팔굽혀펴기
50페이지
팔굽혀펴기는 가슴을 목표로 하지만 어깨와 위팔세갈래근도 강화한다. 상체 근력을 유지하는 데 도움이 되며 이 운동을 하면 여행 중 무거운 가방도 쉽게 들고 다닐 수 있다.

4

벤치 딥
90페이지

벤치 딥은 위팔세갈래근을 목표로 하지만 가슴과 어깨, 등 상부 근육도 발달시킨다. 탄탄하고 매끈한 팔을 유지하는 데 효과적이다.

5

닐링 킥백
162페이지

닐링 킥백은 둔부에 중점을 둔 운동이지만 무릎굽 힘근도 발달시킨다. 둔부를 탄탄하고 매끈하게 만 들어주며 강한 하체를 유지하는 데 도움이 된다.

6

복부 크런치
120페이지

복부 크런치는 복근 전면을 목표로 하지만 복근측 면도 강화한다. 복부를 매끈하게 하는 데 가장 좋 은 운동이다.

7

플랭크
130페이지

플랭크는 복근과 등 하부에 중점을 둔 운동이지만 어깨와 등 중부도 발달시킨다. 또 이 운동은 등과 복근을 포함한 중심부 근육을 강화한다. 중심부 근 육이 강해지면 자세를 개선하는 데 도움이 되고 등 하부 통증을 없앨 수 있다.

Section 6

스 트레칭은 웨이트 트레이닝
일과에서 중요한 부분을
차지한다. 규칙적으로 스트레칭을
하면 부상을 막고 운동 후 근육통
을 줄일 수 있다. 또한 유연성을 높
이는 데도 효과적이며, 일상생활의
일을 보다 쉽게 할 수 있다. 섹션 6
에서는 신체의 주요 근육에 적합한
스트레칭 방법을 소개한다.

스트레칭

이번 섹션에서는 …

스트레칭이란?

스트레칭은 상해를 막아주고 근육을 풀어 몸을 유연하게 만들어준다. 스트레칭을 하면 일상적인 활동을 보다 쉽게 할 수 있고 자세를 개선하는 데 도움이 된다. 또 운동 후 근육통을 줄여주고 근육이 더 가늘고 길어 보이게 한다.

노인과 운동이 부족한 사람은 근육의 길이가 쉽게 짧아진다. 스트레칭은 근육을 신장시키고 관절을 풀어주기 때문에 몸이 유연해지고 가벼워짐을 느낄 수 있다.

자신의 유연성을 다른 사람과 비교해선 안 된다. 정기적으로 스트레칭을 하면 유연성을 높일 수 있다. 적어도 일주일에 3번 스트레칭을 한다면 불과 몇 주만 지나도 유연성이 크게 향상되었음을 알 수 있다.

스트레칭을 할 때는 사용한 근육에만 집중할 수도 있지만 주요 근육군을 소홀히 하면 안 된다.

스트레칭 방법

- 10~30초간 스트레칭 자세를 유지한다.
- 가벼운 긴장이 느껴질 때까지 근육을 뻗는다.
- 천천히, 부드럽게 뻗는다.

- 모든 주요 근육군에는 최소 1가지 스트레칭을 꼭 해야 한다.
- 코로 깊게 숨을 들이쉬고, 뻗으면서 입으로 숨을 내쉰다.

- 자세를 유지할 때도 호흡을 깊게 계속한다. 호흡을 깊게 하면 근육에 혈액을 보내고, 편안함을 주기 때문에 유연성을 높일 수 있다.

- 자세를 유지한 후, 근육이 풀리는 것이 느껴질 때 천천히 더 뻗는다.
- 근육을 더 팽팽하게 당겨주고 싶다면 15초 정도 후 스트레칭을 한두 번 더 한다.

Tip

보조 스트레칭(assisted stretching)이란 무엇인가요?

보조 스트레칭은 일반적으로 스트레칭을 더 강도 높여 하기 위해 파트너와 함께 운동하는 것을 말한다. 그러나 파트너가 없다면 벽이나 의자, 벤치와 같은 대상을 이용해도 된다. 파트너는 상대방이 천천히 편안하게 스트레칭 할 수 있도록 도와주어야 한다. 그리고 서로의 파트너에게 스트레칭을 할 때의 느낌에 관해 피드백을 주도록 한다. 그래야 과도하게 스트레칭 할 때 일어날 수 있는 상해를 막을 수 있다. 개인 트레이너에게 올바른 보조 스트레칭 방법을 배우는 것도 좋다.

PNF란 무엇인가요?

고유수용성 신경근 촉진법(Proprioceptive Neuromuscular Facilitation)의 약자인 PNF는 스트레칭의 한 방식으로 일반적인 스트레칭과 비교해 유연성을 크게 향상시킬 수 있다. 안전상의 이유에서 PNF는 트레이너의 도움을 받으며 하는 것이 가장 좋다. PNF는 스트레칭을 하는 근육에 6~10초간 저항을 준다. 그런 다음 20초 정도 이완시킨다. 저항을 준 다음 근육을 이완시키는 과정을 3~6번 반복한다. 반복할 때마다 근육을 더 신장시킬 수 있다. 상해를 막고 올바르게 스트레칭 하려면 근육의 한계를 넘어서까지 무리하지 않도록 주의한다.

스트레칭 시기

- 상해를 방지할 수 있도록 스트레칭 전에 근육을 데워준다. 뜀뛰기나 사이클 같은 운동을 최소 5분간 한다.
- 근력운동의 세트 후마다 목표 근육에 스트레칭을 할 수 있다. 운동이 끝난 후에는 모든 근육에 스트레칭을 한다.
- 적어도 일주일에 세 번은 스트레칭을 해야 한다. 가능하다면 매일 하는 것이 좋다.

금지사항

- 스트레칭을 할 때 통증이 느껴지면 안 된다.
- 스트레칭을 할 때 급히 움직이면 안 된다.
- 스트레칭을 하는 동안 호흡을 참지 않는다.
- 준비운동이나 운동 전에는 스트레칭을 하지 않는다.

가슴
스트레칭

가슴 스트레칭은 팔을 앞으로 끌어당길 때 사용하는 근육인 가슴근을 중점적으로 다룬다. 세트 사이나 모든 운동을 마친 후 가슴 스트레칭을 할 수 있다.

책상에 앉아있는 시간이 많아 몸이 구부정해질 때 가슴 스트레칭을 하면 자세를 바로잡을 수 있다. 스트레칭의 이점에 대해 더 자세히 알고 싶다면 266페이지를 보라.

가슴 스트레칭을 할 때도 15~30초정도 스트레칭 자세를 유지한다. 스트레칭을 할 때 불편함이나 통증이 느껴지면 즉시 멈추고 약간 당겨지는 듯한 느낌이 있을 때까지만 다시 가볍게 스트레칭 한다.

가슴 스트레칭 1

1 똑바로 서서 어깨너비만큼 발을 벌리고 무릎은 약간 굽힌다.

2 팔을 굽혀 머리 뒤로 손을 올린다.

3 가슴과 어깨 전면이 당겨지도록 팔꿈치를 뒤로 밀어준다. 이때 등을 구부리지 않는다.

가슴 스트레칭 2

1 똑바로 서서 어깨너비만큼 발을 벌리고 무릎은 약간 굽힌다.

2 등 뒤로 두 손을 깍지 낀다.

3 가슴 상부와 어깨 전면, 위팔두갈래근이 당겨지도록 천장을 향해 팔을 올린다. 이때 몸을 앞으로 숙이지 않는다.

보초 가슴 스트레칭도 있나요?

있다. 268페이지에서 보여준 가슴 스트레칭 1을 할 때 파트너가 뒤에 서서 상대방의 팔꿈치를 잡고 부드럽게 당겨주면 된다. 268페이지의 가슴 스트레칭 2를 할 때도 손을 깍지 끼지 않고 뒤로 곧게 뻗은 다음 파트너가 손바닥이 위를 향하도록 상대방의 손목을 잡고 위로 당겨줄 수 있다.

어떻게 하면 동시에 가슴과 어깨 전면을 스트레칭 할 수 있나요?

동시에 가슴과 어깨 전면을 스트레칭하려면 벤치에 누워 어깨 높이에서 팔을 양옆으로 벌린다. 그런 다음 중력이 끌어내리는 대로 천천히 팔을 아래로 내리면 된다.

가슴 스트레칭 3

1 문 앞에 서서 어깨너비만큼 발을 벌리고 무릎은 약간 굽힌다.

2 팔을 90도로 굽혀 두 손으로 각각 문틀을 짚는다.

3 가슴과 어깨 전면이 당겨지도록 몸을 앞으로 기울인다.

가슴 스트레칭 4

1 벽을 향해 왼쪽으로 서서 어깨너비만큼 발을 벌리고 무릎은 약간 굽힌다. 오른손은 허리에 올려둔다.

2 왼팔을 굽혀 아래팔과 손바닥을 벽에 댄다. 이때 팔꿈치는 어깨 높이에 있어야 한다.

3 가슴과 어깨 전면이 당겨지도록 오른쪽으로 몸을 비틀면서 작은 걸음으로 몇 걸음 옮긴다.

4 오른쪽으로 반복한다.

등
스트레칭

등 스트레칭은 척추 건강을 유지하는 데 도움을 준다. 등 스트레칭을 하면 척추골이 이완되면서 가동범위가 넓어져 물건을 집으려고 몸을 구부릴 때 상해를 피할 수 있다.

등 운동의 세트 사이나 모든 운동을 마친 후 등 스트레칭을 할 수 있다. 또 시간이 있다면 매일 아침 등 스트레칭을 해도 된다. 하루 종일 책상에 앉아 일한다면 앉아서 등 상부 스트레칭을 해주면 좋다.

다른 스트레칭처럼 15~30초간 자세를 유지해야 한다.

등 하부 스트레칭

등 상부 스트레칭

1 매트에 등을 대고 누워 다리를 모으고 무릎을 굽힌다. 발은 바닥 위로 들어 올린다.

2 두 팔로 두 다리를 감싼다.

3 등 하부가 당겨지도록 천천히 가슴 쪽으로 무릎을 당긴다. 머리는 매트에 대고 있어야 한다.

1 똑바로 서서 어깨너비만큼 발을 벌리고 무릎은 약간 굽힌다.

2 오른팔을 굽혀 오른손을 머리 위에 올린다.

3 왼팔을 굽혀 손바닥이 뒤를 향하도록 왼손을 등 하부에 올린다.

4 등 상부와 목이 당겨지도록 천천히 오른쪽으로 머리를 기울인다.

5 팔을 바꿔 왼쪽으로 머리를 기울이며 반복한다.

Tip

등 하부 스트레칭을 할 때 한번에 한쪽만 스트레칭을 할 수 있나요?

있다. 한번에 등 하부 한쪽 면만 스트레칭하려면 270 페이지에서 보여준 등 하부 스트레칭을 할 때 한쪽 다리는 바닥에 쭉 펴고 다른 쪽 다리만 감싸고 하면 된다. 두 다리 모두 감싸고 할 때보다 한쪽 다리만 감싸고 하면 더 쉽게 스트레칭을 할 수 있다.

등 중부 스트레칭을 할 때 잡을 대상이 없을 경우 달리 할 수 있는 스트레칭 방법이 있나요?

있다. 일어서서 두 팔을 앞으로 쭉 뻗고 두 손을 모아 깍지 낀다. 어깨, 팔, 손, 손가락, 손목에도 당겨지는 느낌이 있어야 한다.

등 측면 스트레칭

1 운동기구의 한 부분이나 기둥처럼 잡을 수 있는 대상 앞에 서서 다리를 모으고 무릎은 약간 굽힌다.
2 손바닥이 서로 마주보도록 허리높이에서 두 손으로 대상을 잡는다.
3 상체가 바닥과 평행을 이루도록 상체를 앞으로 숙인다.
4 오른쪽 등이 당겨지도록 천천히 무릎을 굽혀 몸을 약간 왼쪽 뒤로 당긴다.
5 오른쪽으로 몸을 당기면서 반복한다.

등 중부 스트레칭

1 운동기구의 한 부분이나 기둥처럼 잡을 수 있는 대상 앞에 서서 다리를 모으고 무릎은 약간 굽힌다.
2 손바닥이 서로 마주보도록 가슴높이에서 두 손으로 대상을 잡는다.
3 상체를 약간 앞으로 숙여 등을 둥글게 구부린다.
4 등 중부가 당겨지도록 천천히 무릎을 굽혀 몸을 약간 뒤로 당긴다.

어깨
스트레칭

어깨 스트레칭은 어깨 근육을 이완하고 늘려 어깨가 가늘어 보이게 한다. 또 건염이나 활액낭염 같은 흔한 상해를 막을 수 있다. 스트레칭에 대해 더 자세히 알고 싶다면 266페이지를 보라.

어깨운동의 세트 사이나 모든 운동을 마친 후 어깨 스트레칭을 할 수 있다. 시간이 있다면 매일 아침 어깨 스트레칭을 해도 좋다.

스트레칭을 할 때 15~30초간 스트레칭 자세를 유지하고 호흡은 깊게 규칙적으로 한다. 다른 스트레칭처럼 어깨에 통증이 느껴진다면 스트레칭을 계속해선 안된다.

어깨 스트레칭 1	어깨 스트레칭 2

1 똑바로 서서 어깨너비만큼 발을 벌리고 무릎은 약간 굽힌다.

2 손바닥이 뒤를 향하도록 오른팔을 가슴 앞으로 올려 왼쪽으로 쭉 편다.

3 오른팔 아래팔 앞에 손가락이 위를 가리키고 손바닥은 뒤를 향하도록 왼팔 아래팔을 올린다.

4 오른쪽 어깨와 위팔세갈래근이 당겨지도록 천천히 왼팔 아래팔을 뒤로 당긴다.

5 팔을 바꿔 반복한다.

1 테이블이나 선반에 뒤돌아서서 두 발을 모은다.

2 두 팔을 뒤로 곧게 뻗어 손가락이 뒤를 가리키고 손바닥은 위를 향하도록 테이블이나 선반 위에 올린다.

3 등은 곧게 펴고 팔꿈치는 약간 굽힌 채 어깨 전면이 당겨지도록 무릎을 굽혀 천천히 몸을 낮춘다.

스트레칭 전에 어떻게 하면 상체근육의 체열을 높일 수 있나요?

상체근육의 체열을 높이려면 어깨 돌리기(arm circles)를 하면 된다. 어깨너비만큼 발을 벌리고 서서 두 팔을 양옆으로 벌린다. 처음엔 작은 원을 그리며 팔을 돌리다가 점점 큰 원을 그리며 팔을 크게 돌린다. 한 방향으로 돌린 후 반대 방향으로도 돌려준다. 이 운동은 스트레칭이나 웨이트 트레이닝 운동 전 어깨, 목, 가슴부위의 준비운동으로 제격이다.

스트레칭 전에 어깨 관절을 풀기 위해 할 수 있는 다른 운동이 있나요?

있다. 벤치나 의자를 향해 왼쪽으로 선다. 어깨너비만큼 발을 벌리고 상체를 앞으로 숙여 왼손으로 벤치나 의자를 짚는다. 상체와 하체가 90도를 이루어야 한다. 손가락이 바닥을 가리키도록 오른팔을 아래로 늘어뜨린다. 그런 다음 작은 원을 그리며 팔을 돌리다가 점점 크게 팔을 돌린다. 한 세트를 완성한 후 왼팔로 반복한다.

어깨 스트레칭 3

1 문이나 벽 가장자리에 서서 발을 조금 벌리고 무릎은 약간 굽힌다.
2 허리높이에서 손바닥과 오른팔 아래팔 일부로 문틀이나 벽 가장자리를 짚는다.
3 팔꿈치는 몸에 붙이고 손목은 구부리지 않으면서 오른쪽 어깨가 당겨지도록 천천히 왼쪽으로 몸을 돌린다.
4 왼팔로 반복한다.

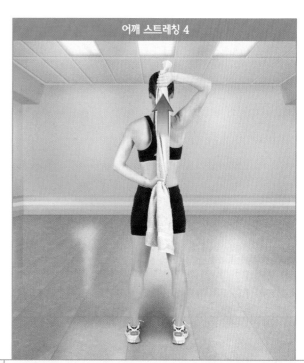

어깨 스트레칭 4

1 똑바로 서서 어깨너비만큼 발을 벌리고 무릎은 약간 굽힌다.
2 오른손으로 수건의 한쪽 끝을 잡는다.
3 손바닥이 앞을 향하도록 오른손을 머리 뒤로 올린다.
4 왼손을 뒤로 돌려 손바닥이 뒤를 향하도록 등 하부높이에서 수건을 잡는다.
5 왼쪽 어깨가 당겨지도록 오른손으로 천천히 수건을 위로 당긴다.
6 오른쪽 어깨가 당겨지도록 팔을 바꿔 반복한다.

위팔두갈래근과 위팔세갈래근 스트레칭

위팔두갈래근과 위팔세갈래근 스트레칭은 근육을 신장시키고 팔에 유연성을 길러준다. 위팔두갈래근과 위팔세갈래근은 주로 물건을 옮길 때 쓰이는 근육이다. 위팔두갈래근은 쉽게 구부정해지는 어깨와 연결되어 있기 때문에 위팔두갈래근 스트레칭을 하면 자세를 개선하는 데 도움이 된다. 스트레칭에 대해 더 자세히 알고 싶다면 266페이지를 보라.

위팔두갈래근이나 위팔세갈래근운동 세트 사이나 모든 운동을 마친 후 아래에서 설명하는 스트레칭을 할 수 있다. 스트레칭을 할 때는 15~30초간 자세를 유지해야 한다.

최근 어깨를 다친 적이 있다면 위팔두갈래근과 위팔세갈래근 스트레칭을 할 때 조심해야 한다. 명심하자. 스트레칭은 통증이 느껴지면 안 된다. 스트레칭 하는 부위에 통증이 느껴지면 스트레칭을 그만한다.

위팔두갈래근 스트레칭 1

1 벽을 향해 왼쪽으로 서서 어깨너비만큼 발을 벌리고 무릎은 약간 굽힌다.

2 왼팔을 어깨높이에서 뒤로 곧게 뻗어 손가락이 뒤를 가리키도록 손바닥으로 벽을 짚는다.

3 왼쪽 위팔두갈래근과 아래팔, 어깨 전면이 당겨지도록 천천히 오른쪽으로 몸을 돌리며 작은 걸음으로 몇 걸음 옮긴다.

4 오른팔로 반복한다.

위팔두갈래근 스트레칭 2

1 의자 뒷부분에 뒤돌아서서 발을 조금 벌린다.

2 허리높이에 오도록 팔을 뒤로 쭉 뻗어 손가락이 뒤를 가리키도록 의자를 짚는다.

3 등은 곧게 펴고 팔꿈치는 약간 굽힌 채 위팔두갈래근과 어깨 전면이 당겨지도록 무릎을 굽혀 천천히 몸을 낮춘다.

Tip

위팔세갈래근 스트레칭 방법에는 또 어떤 것이 있나요?

벽을 보고 오른쪽으로 서서 발을 조금 벌리고 무릎은 약간 굽힌다. 왼손은 허리에 올려둔다. 오른팔 팔꿈치가 천장을 가리키고 오른손이 머리 뒤에 오도록 오른쪽 팔꿈치를 벽에 붙인다. 오른쪽 위팔세갈래근이 당겨지도록 몸을 벽에 기댄다. 그런 다음 자세를 바꿔 왼쪽 위팔세갈래근이 당겨지도록 반복한다. 유연성이 부족한 경우 하기 좋은 스트레칭 방법이다.

위팔세갈래근 스트레칭 1

1 똑바로 서서 발을 조금 벌리고 무릎은 약간 굽힌다.

2 오른팔을 굽혀 팔꿈치가 천장을 가리키고 손바닥이 등을 향하도록 오른팔을 머리 뒤로 올린다.

3 왼손으로 오른쪽 팔꿈치를 잡는다.

4 오른쪽 위팔세갈래근이 당겨지도록 왼손으로 오른쪽 팔꿈치를 천천히 약간 왼쪽 뒤로 당긴다.

5 왼쪽 위팔세갈래근이 당겨지도록 팔을 바꿔 반복한다.

위팔세갈래근 스트레칭 2

1 똑바로 서서 발을 조금 벌리고 무릎은 약간 굽힌다.

2 오른손으로 수건의 한쪽 끝을 잡는다. 손바닥이 앞을 향하도록 오른손을 머리 뒤로 올린다.

3 왼손을 뒤로 돌려 손바닥이 뒤를 향하도록 등 중부높이에서 수건을 잡는다.

4 오른쪽 위팔세갈래근이 당겨지도록 천천히 수건을 아래로 당긴다.

5 왼쪽 위팔세갈래근이 당겨지도록 팔을 바꿔 반복한다.

아래팔 스트레칭

아래팔 스트레칭은 유연성을 높이고 손목의 긴장을 풀어준다. 장시간 컴퓨터 작업을 하는 등 끊임없이 손과 손가락을 쓰는 사람들에게 좋은 운동이다.

아래팔 근육은 매우 빨리 단단해지기 때문에 스트레칭을 자주 하는 것이 좋다. 손목이나 손가락을 많이 쓴다면 적어도 매시간 아래에서 보여주는 아래팔 스트레칭을 해야 한다. 또 아래팔운동의 세트 사이나 모든 운동을 마친 후에 스트레칭을 해도 된다.

아래팔 스트레칭을 할 때도 15~30초간 자세를 유지해야 한다. 스트레칭을 할 때는 통증이 느껴지는 지점이 아니라 아래팔에 가벼운 긴장이 느껴지는 지점까지만 당겨야 함을 잊지 말자. 스트레칭에 대해 더 자세히 알고 싶다면 266페이지를 보라.

아래팔 스트레칭 1

1 똑바로 서서 발을 조금 벌리고 무릎은 약간 굽힌다.

2 오른팔을 앞으로 내밀어 팔꿈치는 약간 굽히고 손바닥은 위를 향하게 한다.

3 왼손으로 오른손을 잡는다.

4 왼손으로 오른쪽 손목을 굽히면서 천천히 오른손을 누른다. 오른쪽 아래팔과 손목에 당겨지는 느낌이 있어야 한다.

5 왼쪽 아래팔이 당겨지도록 팔을 바꿔 반복한다.

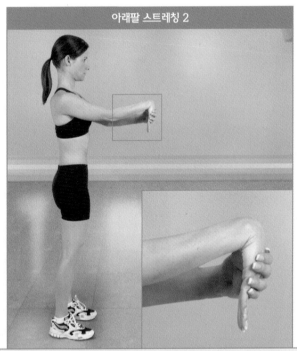

아래팔 스트레칭 2

1 똑바로 서서 발을 조금 벌리고 무릎을 약간 굽힌다.

2 오른팔을 앞으로 내밀어 팔꿈치는 약간 굽히고 손바닥은 아래를 향하게 한다.

3 왼손으로 오른손을 잡는다.

4 왼손으로 오른쪽 손목을 굽히면서 천천히 오른손을 누른다. 오른쪽 아래팔과 손목에 당겨지는 느낌이 있어야 한다.

5 왼쪽 아래팔이 당겨지도록 팔을 바꿔 반복한다.

목 스트레칭

하루 동안 몸에 쌓인 근육의 긴장은 대부분 목에 축적되기 때문에 목 스트레칭은 스트레스 해소에 좋다.

목 근육을 유연하게 하려면 규칙적으로 스트레칭을 해야 하며 운동을 마친 후 목 스트레칭을 할 수도 있다. 장시간 책상에 앉아 일한다면 시간마다 스트레칭을 하는 것이 좋다. 아래에서 보여주는 스트레칭은 앉아서나 서서 할 수 있다. 스트레칭을 할 때는 15~30초간 자세를 유지해야 한다.

목이 뻐근하다면 우선 약한 스트레칭을 먼저 하고 아래에서 보여주는 스트레칭처럼 점점 강도를 높인다. 기본 스트레칭으로 아래의 목 스트레칭 1을 어깨 쪽으로 턱을 당기지 않고 똑같이 하면 된다.

목을 뒤로 젖히는 목 스트레칭은 척추의 요추부위를 압박하기 때문에 삼가는 편이 좋다.

목 스트레칭 1

목 스트레칭 2

1 똑바로 서서 발을 조금 벌리고 무릎은 약간 굽힌다.	3 오른손을 머리 위에 올려 가볍게 누른다. 이때 손으로 머리를 잡아당기면 안 된다.
2 오른쪽 어깨 쪽으로 오른쪽 귀를 천천히 기울인 다음 왼쪽 목이 당겨지도록 오른쪽 어깨를 향해 턱을 당긴다.	4 오른쪽 목이 당겨지도록 자세를 바꿔 반복한다.

1 똑바로 서서 발을 조금 벌리고 무릎은 약간 굽힌다.	3 두 손을 머리 위에 올려 가볍게 누른다. 이때 손으로 머리를 잡아당기면 안 된다.
2 목 뒷부분이 당겨지도록 가슴 쪽으로 천천히 턱을 내린다.	

넙다리네갈래근
스트레칭

넙다리네갈래근 스트레칭은 걷기와 계단 오르기 같은 일상적인 활동에 사용되는 근육에 중점을 두고 있다. 이 스트레칭은 하체운동이나 심혈관운동을 한다면 꼭 해야 한다. 넙다리네갈래근 운동의 세트 사이나 모든 운동을 마친 후 스트레칭을 하면 된다.

유연성이 없다면 아래의 넙다리네갈래근 스트레칭 1이 하기에 가장 쉽다. 앉아서 하기 때문에 발을 쉽게 잡을 수 있다. 넙다리네갈래근 스트레칭 2는 긴장을 더 많이 풀어주며 다른 스트레칭을 하면서 이미 매트에 누워 있을 때 하기 편하다. 넙다리네갈래근 스트레칭 3과 4는 상급 스트레칭 운동으로 몸이 유연하고 균형 감각이 좋은 사람들이 하기에 적합하다.

넙다리네갈래근 스트레칭을 할 때는 넙다리네갈래근 중 하나가 골반과 연결되어 있기 때문에 둔부를 앞으로 밀어주는 것이 중요하다. 그리고 불균형을 가져오지 않도록 모든 근육군을 충분히 당겨야 한다.

무릎에 문제가 있다면 넙다리네갈래근 스트레칭을 할 때 조심한다.

넙다리네갈래근 스트레칭 1

1 왼발을 앞에 두고 무릎이 옆을 가리키도록 앉는다.
2 오른발을 뒤로 빼 무릎이 옆을 가리키게 한다.
3 지탱할 수 있도록 왼손으로 옆을 짚고 오른손으로 오른발을 잡는다.
4 둔부를 앞으로 밀어주면서 오른쪽 넙다리네갈래근과 엉덩이굽힘근이 당겨지도록 오른손으로 발을 둔부 쪽으로 약간 당긴다.
5 왼쪽 다리로 반복한다.

넙다리네갈래근 스트레칭 2

1 왼쪽으로 누워 왼손으로 머리를 받친다. 지탱할 수 있도록 왼쪽 다리를 굽힌다.
2 오른쪽 다리를 굽혀 뒤에서 오른손으로 오른발 발등을 잡는다.
3 둔부를 앞으로 밀어주면서 오른쪽 넙다리네갈래근과 엉덩이굽힘근이 당겨지도록 오른손으로 발을 머리 쪽으로 약간 당긴다.
4 왼쪽 다리로 반복한다.

Tip

넙다리네갈래근 스트레칭 2와 3을 할 때 유연성이 부족해 뒤에서 손으로 발을 잡을 수 없다면 어떻게 해야 하나요?

유연성이 충분하지 않다면 로프나 수건으로 발을 묶어 손으로 로프나 수건을 잡으면 된다.

넙다리네갈래근 스트레칭 3을 할 때 어떻게 하면 더 당겨줄 수 있나요?

균형감각과 유연성이 좋다면 한 손으로 벽을 짚는 대신 두 손으로 발을 잡고 당겨주면 된다.

유연성이 좋습니다. 보다 상급의 넙다리네갈래근 스트레칭이 있나요?

있다. 바닥에 무릎을 꿇고 앉는다. 손을 뒤로 뻗어 바닥을 짚고 넙다리네갈래근과 엉덩이굽힘근이 당겨지도록 최대한 몸을 뒤로 젖힌다.

넙다리네갈래근 스트레칭 3

1 벽에 마주보고 서서 지탱할 수 있도록 왼손으로 벽을 짚는다.
2 오른쪽 무릎을 굽혀 뒤에서 오른손으로 오른발 발등을 잡는다. 왼쪽 무릎은 약간 굽힌다.
3 둔부를 앞으로 밀어주면서 오른쪽 넙다리네갈래근과 엉덩이굽힘근이 당겨지도록 오른손으로 발을 약간 당긴다.
4 왼쪽 다리로 반복한다.

넙다리네갈래근 스트레칭 4

1 웨이트 머신이나 테이블에 뒤돌아서서 손은 허리에 올려둔다.
2 오른쪽 다리를 굽혀 발가락 윗부분이 웨이트 머신이나 테이블에 닿도록 올린다.
3 둔부를 앞으로 밀어주면서 오른쪽 넙다리네갈래근과 엉덩이굽힘근이 당겨지도록 몸을 낮추면서 천천히 왼쪽 다리를 굽힌다.
4 왼쪽 다리로 반복한다.

무릎굽힘근
스트레칭

무릎굽힘근은 대체로 단단한 근육이다. 무릎굽힘근 스트레칭은 근육을 이완시켜 걷기나 계단 오르기와 같은 일상 활동을 보다 쉽게 할 수 있도록 돕는다. 무릎굽힘근을 스트레칭하면 등 부상과 등 하부 통증도 막을 수 있다.

무릎굽힘근 운동의 세트 사이나 모든 운동을 마친 후 아래에서 보여주는 스트레칭을 하면 된다. 시간이 있다면 매일 아침이나 저녁에 무릎굽힘근 스트레칭을 하는 것도 좋다. 스트레칭을 할 때는 15~30초간 자세를 유지해야 한다.

아래의 스트레칭은 가장 쉬운 것부터 어려운 것까지 난이도 순으로 보여주고 있다. 각각의 스트레칭을 할 때는 등과 목이 일직선상에 있어야 함을 기억하자. 무릎굽힘근 스트레칭 1과 2를 하기가 어렵다면 허벅지나 발에 수건이나 로프를 감고 부드럽게 당겨준다.

등 하부에 문제가 있다면 스트레칭 4는 하지 않는 편이 좋으며, 스트레칭 2와 3을 할 때는 조심해야 한다.

무릎굽힘근 스트레칭 1

1 매트에 등을 대고 누워 왼쪽 다리를 굽혀 발을 바닥에 평평하게 둔다.
2 오른쪽 다리는 쭉 뻗어 무릎은 약간 굽히고 발끝을 정강이 쪽으로 당긴다.
3 등과 둔부는 매트에 밀착시키고 오른쪽 다리를 들어올린다.
4 두 손으로 오른쪽 다리를 잡는다.
5 오른쪽 무릎굽힘근이 당겨지도록 머리 쪽으로 천천히 오른쪽 다리를 당긴다.
6 왼쪽 다리로 반복한다.

무릎굽힘근 스트레칭 2

1 매트에 앉아 오른쪽 다리를 쭉 펴고 발끝을 정강이 쪽으로 당긴다.
2 왼쪽 다리를 굽혀 오른쪽 허벅지 안쪽에 왼발을 붙인다. 두 손은 오른쪽 다리에 올려둔다.
3 등은 곧게 펴고 오른쪽 무릎굽힘근과 등 하부가 당겨지도록 오른쪽 다리를 향해 천천히 상체를 앞으로 숙인다.
4 왼쪽 다리를 펴고 반복한다.

Tip

무릎굽힘근 스트레칭을 할 때 벽을 이용할 수 있나요?

있다. 벽이나 문 가장자리를 마주보고 매트에 눕는다. 왼쪽 다리를 굽혀 발을 바닥에 평평하게 둔다. 오른발 발끝을 정강이 쪽으로 당기고 벽이나 문 가장자리에 오른발 발뒤꿈치를 댄다. 두 손은 옆으로 내리고 오른쪽 다리가 벽이나 문에 가까워지도록 몸을 앞으로 밀어준다. 왼쪽 다리로도 반복한다. 로프나 수건을 쉽게 사용할 수 없을 때 하기 좋은 방법이다.

무릎굽힘근 스트레칭을 할 때 다른 사람의 도움을 받을 수 있나요?

유연성이 부족하다면 파트너의 도움을 받으며 무릎굽힘근 스트레칭을 보다 효율적으로 할 수 있다. 매트에 누워 두 다리를 쭉 편다. 무릎은 약간 굽히고 오른발 발끝을 정강이 쪽으로 당긴다. 파트너는 상대방 앞에 무릎을 꿇고 앉아 오른쪽 다리를 들어 자신의 왼쪽 어깨에 상대방의 종아리를 올린다. 파트너는 자신의 왼손을 상대방의 오른쪽 허벅지에 올리고 오른쪽 무릎굽힘근이 당겨질 때까지 앞으로 이동한다. 왼쪽 다리로도 반복한다.

무릎굽힘근 스트레칭 3

1 어깨너비만큼 발을 벌리고 서서 오른발을 조금 앞으로 내민다. 양쪽 무릎은 굽힌다.

2 왼쪽 다리에 몸무게를 싣고 오른발 발끝을 들어 정강이 쪽으로 당긴다.

3 두 손은 왼쪽 허벅지 위에 올린다.

4 등은 곧게 펴고 오른쪽 무릎굽힘근이 당겨지도록 상체를 앞으로 숙인다.

5 왼쪽 다리를 앞으로 내밀고 반복한다.

무릎굽힘근 스트레칭 4

1 웨이트 머신이나 테이블을 마주보고 선다.

2 오른발 발뒤꿈치를 웨이트 머신이나 테이블 위에 올린다. 오른쪽 다리를 쭉 펴고 발끝을 정강이 쪽으로 당긴다.

3 두 손은 오른쪽 다리 위에 올린다.

4 등은 곧게 펴고 양쪽 무릎은 약간 굽힌 채 오른쪽 무릎굽힘근이 당겨지도록 천천히 상체를 앞으로 숙인다.

5 오른쪽 다리로 서서 반복한다.

대퇴부 안쪽 스트레칭

대퇴부 안쪽 스트레칭은 유연성을 유지해주고 상해를 막아준다. 대퇴부 안쪽 근육을 강화하는 웨이트 트레이닝 운동을 한다면, 혹은 스쿼시나 축구처럼 갑자기 움직였다 멈춰야 하는 스포츠를 즐긴다면 대퇴부 안쪽 스트레칭을 자주 해주는 것이 좋다.

대퇴부 안쪽 근력운동의 세트 사이나 모든 운동을 마친 후 아래에서 보여주는 스트레칭을 하면 된다. 스트레칭에 대해 더 자세히 알고 싶다면 266페이지를 보라.

대퇴부 안쪽 스트레칭을 할 때도 15~30초간 자세를 유지하고 깊게 규칙적으로 호흡한다.

무릎에 문제가 있다면 대퇴부 안쪽 스트레칭을 할 때 조심해야 한다. 대퇴부 안쪽에 긴장이 느껴지는 지점까지만 스트레칭 한다. 통증이 느껴지면 스트레칭을 계속하면 안 된다.

대퇴부 안쪽 스트레칭 1

1 매트에 앉아 양쪽 무릎을 굽혀 발바닥이 서로 닿도록 두 발을 앞으로 모은다. 이때 두 발의 위치는 최대한 몸과 가까워야 한다.

2 두 손으로 각각 발목을 잡고 팔꿈치를 허벅지에 댄다.

3 팔꿈치로 허벅지를 부드럽게 누르면서 천천히 상체를 숙인다. 대퇴부 안쪽과 등하부에 당겨지는 느낌이 있어야 한다.

대퇴부 안쪽 스트레칭 2

1 어깨너비의 3배 정도로 발을 벌리고 발끝이 앞을 향하도록 선다. 왼쪽 다리는 굽히고 오른쪽 다리는 쭉 뻗어 무릎을 약간 굽힌다.

2 상체를 앞으로 숙이고 두 손은 왼쪽 허벅지에 올린다.

3 등은 곧게 펴고 오른쪽 대퇴부 안쪽이 당겨지도록 천천히 왼쪽으로 몸을 이동한다.

4 왼쪽 대퇴부 안쪽이 당겨지도록 반복한다.

엉덩이굽힘근 스트레칭

엉덩이굽힘근은 둔부 앞부분에 있는 근육으로 걷기나 달리기, 계단 오르기와 같은 일상 활동을 할 때 사용된다. 엉덩이굽힘근 스트레칭을 하면 이러한 일상적인 활동을 보다 쉽게 할 수 있을 뿐더러 자세를 개선하고 등 하부 통증을 예방할 수 있다.

엉덩이굽힘근 운동의 세트 사이나 모든 운동을 마친 후 엉덩이굽힘근 스트레칭을 할 수 있으며 15~30초간 스트레칭 자세를 유지해야 한다.

아래의 엉덩이굽힘근 스트레칭 1을 할 때 균형을 유지하기 어려우면 벽을 향해 옆으로 서서 안정적인 자세를 취할 수 있도록 손으로 벽을 짚고 해도 된다.

엉덩이굽힘근 스트레칭 2를 할 때는 유연성의 정도에 따라 매트 위에 손이나 팔꿈치를 두고 할 수 있다. 무릎에 문제가 있다면 이 스트레칭을 할 때 조심해야 한다.

엉덩이굽힘근 스트레칭 1

1 어깨너비만큼 발을 벌리고 서서 왼발을 크게 한걸음 앞으로 내민다. 양쪽 무릎은 약간 굽힌다.

2 왼발은 바닥에 평평하게 두고 오른발 발끝을 바닥에 댄다.

3 두 손은 허리에 올린다.

4 골반을 앞으로 기울인 다음 오른쪽 엉덩이굽힘근과 넙다리네갈래근이 당겨지도록 무릎을 굽힌다.

5 오른발을 앞으로 내밀고 반복한다.

엉덩이굽힘근 스트레칭 2

1 매트에 앉아 왼쪽 무릎이 옆을 가리키도록 왼발을 앞에 둔다.

2 오른쪽 무릎은 앞을 가리키도록 오른발을 뒤로 뺀다.

3 오른쪽 엉덩이굽힘근과 넙다리네갈래근이 당겨지도록 손이나 팔꿈치로 매트를 짚고 천천히 상체를 뒤로 젖힌다.

4 오른발을 앞에 두고 반복한다.

둔부와
외둔부근 스트레칭

걷기나 달리기, 자전거타기와 같은 활동을 한 후 뻐근해진 둔부와 외둔부근을 풀어주려면 둔부와 외둔부근 스트레칭을 하면 된다. 등 건강과 유연성을 지켜주는 것은 물론 둔부 스트레칭은 둔부와 반대되는 근육인 엉덩이굽힘근의 균형을 잡는 데 좋은 방법이다.

이러한 스트레칭을 할 때 다음의 사항을 명심해야 한다. 둔부 스트레칭 1은 등에는 더 편할 수 있지만 무릎에 문제가 있다면 조심해야 한다. 또 둔부 스트레칭 1을 할 때 머리와 어깨는 매트에 밀착시켜야 한다. 등 하부에 문제가 있다면 둔부 스트레칭 2를 할 때 조심하고, 무릎, 등 하부, 둔부에 문제가 있다면 둔부 스트레칭 3을 할 때 조심해야 한다. 외둔부근 스트레칭의 경우 둔부를 벽 쪽으로 밀 때 몸이 앞뒤로 기울어지면 안 된다.

다른 스트레칭과 마찬가지로 15~30초간 자세를 유지한다.

둔부 스트레칭 1

1 매트에 등을 대고 누워 무릎은 굽히고 발은 바닥에 평평하게 둔다.

2 왼쪽 허벅지 위에 오른쪽 발목을 올린다.

3 두 다리를 들어올리고 왼쪽 허벅지 뒤로 두 손을 깍지 낀다.

4 오른쪽 둔부와 등 하부가 당겨지도록 가슴 쪽으로 천천히 왼쪽 허벅지를 당긴다.

5 왼쪽 둔부가 당겨지도록 다리를 바꿔 반복한다.

둔부 스트레칭 2

1 매트에 앉아 왼쪽 다리는 쭉 편다.

2 오른쪽 다리를 왼쪽 다리와 교차시켜 왼쪽 무릎 옆에 오른발이 오도록 한다.

3 오른쪽 무릎 바깥쪽을 왼팔로 잡는다.

4 오른손은 뒤로 뻗어 매트 위에 올려두고 오른쪽 둔부와 외둔부근, 그리고 등 하부가 당겨지도록 천천히 오른쪽으로 몸을 돌린다.

5 왼쪽으로 반복한다.

Tip

유연성이 부족해 둔부 스트레칭 1을 정확하게 할 수 없다면 어떻게 해야 하나요?

유연성이 부족한 경우 허벅지 뒤로 수건이나 로프를 감아 두 손으로 수건이나 로프 끝을 잡고 가슴 쪽으로 허벅지를 당기면 된다.

벽을 사용하지 않고 외둔부근 스트레칭을 할 수 있나요?

있다. 오른쪽 둔부를 옆으로 밀어줄 때 오른손으로 벽을 짚는 대신 오른팔을 머리 위로 쭉 펴고 하면 된다.

둔부 스트레칭 3을 할 때 더 많이 당겨지도록 하려면 어떻게 해야 하나요?

유연성이 충분하다면 앞에 있는 발을 허벅지 가까이 위치시키고 뒤에 있는 다리는 뒤로 쭉 펴고 하면 된다. 이 자세로 스트레칭을 하면 앞으로 더 많이 숙일 수 있어 근육이 더 당겨진다. 둔부는 물론 엉덩이굽힘근에도 당겨지는 느낌이 있을 것이다.

둔부 스트레칭 3

1 매트에 앉는다. 무릎이 왼쪽을 가리키도록 왼발은 앞에 둔다.

2 무릎이 앞을 가리키도록 오른발은 뒤로 뻗는다.

3 양쪽 무릎 모두 90도로 굽힌다.

4 상체를 앞으로 숙여 왼쪽 둔부가 당겨지도록 두 손을 앞으로 뻗는다.

5 왼발을 앞에 두고 반복한다.

외둔부근 스트레칭

1 벽을 향해 왼쪽으로 서서 왼손으로 벽을 짚고 팔꿈치는 약간 굽힌다.

2 오른발을 왼발과 교차시킨다. 왼쪽 다리는 쭉 펴고 오른쪽 다리는 약간 굽힌다.

3 왼쪽 외둔부근이 당겨지도록 벽 쪽으로 왼쪽 둔부를 기울인다.

4 오른쪽 외둔부근이 당겨지도록 반복한다.

종아리와 정강이 스트레칭

종아리와 정강이 근육은 걷기나 계단 오르기 등 일상적인 활동을 할 때 많이 쓰이기 때문에 이들 근육의 유연성을 유지하려면 스트레칭을 하는 것이 중요하다. 심혈관운동을 한다면 상해방지를 위해서도 이 부위의 스트레칭을 꼭 해야 한다. 스트레칭에 대해 더 자세히 알고 싶다면 266페이지를 보라.

종아리나 정강이운동의 세트 사이나 모든 운동을 마친 후 아래에서 설명하는 스트레칭을 할 수 있다. 시간이 있다면 아침이나 저녁마다 스트레칭을 해주는 것이 가장 좋다.

스트레칭을 할 때는 15~30초간 자세를 유지해야 한다. 스트레칭을 하면서 통증이 느껴지면 안 된다는 점을 명심하자. 스트레칭 하는 부위에 통증이 느껴지면 스트레칭을 계속해선 안 된다.

종아리 스트레칭 1

1 벽을 마주보고 서서 어깨너비만큼 발을 벌린다. 오른발은 크게 한걸음 뒤로 뺀다.

2 두 손은 어깨높이에서 손가락이 위를 향하도록 벽을 짚는다.

3 발끝이 앞을 향하도록 발은 바닥에 평평하게 두고 오른쪽 종아리가 당겨지도록 왼쪽 무릎을 굽혀 몸을 앞으로 이동한다.

4 오른발을 앞으로 내밀고 반복한다.

종아리 스트레칭 2

1 어깨너비만큼 발을 벌리고 서서 왼발을 한걸음 앞으로 내민다. 두 손은 허리에 올린다.

2 발끝이 앞을 향하도록 발은 바닥에 평평하게 둔 채 오른쪽 종아리가 당겨지도록 천천히 왼쪽 다리를 굽힌다.

3 오른발을 앞으로 내밀고 반복한다.

Tip

아래의 종아리 스트레칭 방식은 충분한 스트 레칭이 아닌 것처럼 보입니다. 조금 더 강도 가 높은 종아리 스트레칭 방법이 있나요?

있다. 벽을 마주보고 서서 왼발을 한걸음 뒤로 뺀다. 발은 바닥에 평평하게 둔다. 두 손으로 어깨높이에서 벽을 짚고 오른발 발뒤꿈치만 바닥에 닿도록 오른발 발끝을 벽에 댄다. 오른쪽 종아리가 당겨지도록 왼발 발뒤꿈치를 앞으로 밀어준다.

아래에서 보여주는 정강이 스트레칭을 할 때 균형을 잡기가 어렵습니다. 조금 더 쉬운 정 강이 스트레칭 방법이 있나요?

있다. 앉아서 정강이 스트레칭을 하면 된다. 바닥에 무릎을 꿇고 앉는다. 두 손은 허벅지 위에 올려두고 정강이와 넙다리네갈래근이 당겨지도록 몸을 약간 뒤로 젖힌다. 무릎에 문제가 있다면 조심해야 한다.

종아리 스트레칭 3

1 스텝 위에 올라서서 왼발은 평평하게 두고 오른발 발뒤 꿈치가 모서리에 걸치게 한 다. 몸무게를 왼쪽 다리에 싣 고 왼쪽 무릎은 약간 굽힌다.

2 두 손은 허리에 올려두거나 가능하다면 안정감을 위해 고 정되어 있는 물체를 잡는다.

3 오른쪽 종아리가 당겨지도 록 바닥을 향해 천천히 오 른발 발뒤꿈치를 내린다.

4 왼쪽 종아리로 반복한다.

정강이 스트레칭

1 스텝이나 벤치, 또는 의자 에 뒤돌아서서 두 손은 허 리에 올린다.

2 오른쪽 다리를 굽혀 발끝을 스텝이나 벤치, 의자에 뒤 로 올린다.

3 오른쪽 정강이가 당겨지도 록 몸을 낮추면서 왼쪽 다 리를 천천히 굽힌다.

4 오른쪽 다리로 서서 반복 한다.

복부
스트레칭

복부 스트레칭은 몸 중간부에 유연성을 길러주는 운동으로 일상적인 활동과 여러 스포츠를 더 쉽게 할 수 있도록 만들어준다.

어떤 복부 스트레칭은 횡격막을 열어 호흡을 쉽게 할 수 있도록 돕는데, 이러한 복부 스트레칭을 하면 힘을 키울 수 있고 혈액순환과 전반적인 건강을 개선할 수 있다. 스트레칭의 이점에 대해 더 많은 정보를 알고 싶다면 266페이지를 보라.

매일 아침이나 웨이트 트레이닝 운동이 끝난 후 복부 스트레칭을 하면 된다. 복부 스트레칭을 할 때도 15~30초간 자세를 유지해야 한다.

아래에서 설명하는 복부 스트레칭은 긴장을 풀어주는 비교적 쉬운 운동이지만 등이나 목에 문제가 있다면 조심해야 한다. 어떤 스트레칭이건 불편함이나 통증이 느껴지면 즉시 스트레칭을 멈춘다.

복부 전면 스트레칭 1

1 매트에 엎드린 뒤, 두 다리를 모아 쭉 편다.

2 두 손은 어깨 아래 오도록 매트 위에 올린다.

3 둔부를 바닥으로 밀어주면서 천천히 팔을 펴 상체를 들어올린다. 복부 전면에 당겨지는 느낌이 있어야 한다.

• 어깨를 움츠리거나 팔꿈치를 완전히 펴지 않는다. 또 목을 뒤로 젖히지 않는다.

복부 전면 스트레칭 2

1 매트 위에 손과 무릎을 대고 엎드린다. 손과 무릎은 어깨너비로 벌리고 팔꿈치는 약간 굽힌다.

2 두 손은 어깨 일직선 아래로 내리고 무릎은 둔부 일직선 아래 위치시킨다.

3 천천히 바닥 쪽으로 복부를 내린다. 복근 전면에 당겨지는 느낌이 있어야 한다.

Tip

전신을 스트레칭할 수 있는 복부 스트레칭 방법이 있나요?

있다. 복근은 물론 상체와 하체를 스트레칭할 수 있는 전신 스트레칭을 하면 된다. 매트에 등을 대고 누운 뒤, 다리를 모아 쭉 편다. 팔을 머리 위로 뻗으면서 발끝을 뾰족하게 만든다. 이 방법은 장시간 앉아있을 때의 스트레스를 푸는 데도 효과적이다. 일어서서 스트레칭을 하려면 팔을 머리 위로 뻗으면서 발끝으로 서면 된다.

복부 스트레칭을 한 후 어떻게 하면 한층 더 이완시킬 수 있나요?

가로막호흡을 연습하면 된다. 가로막호흡은 흉곽호흡보다 효율적인 호흡법으로 보다 깊게 호흡할 수 있다. 가로막호흡을 연습하려면 손가락 두 개로 복장뼈 바로 아래에 있는 가로막을 집는다. 숨을 들이쉴 때 손가락이 올라가고 숨을 내쉴 때 안보다 아래로 움직이는지 확인한다. 숨을 들이쉬고 내쉴 때 가슴보다 복부가 올라갔다 내려가야 한다.

복부 측면 스트레칭 1

1 어깨너비만큼 발을 벌려 무릎은 약간 굽힌다.
2 안정감을 위해 왼손은 허리에 올려둔다.
3 허리를 왼쪽으로 구부리면서 천천히 오른손을 머리 위로 뻗는다. 복부 측면에 당겨지는 느낌이 있어야 한다.
4 왼쪽으로 반복한다.

복부 측면 스트레칭 2

1 매트에 등을 대고 누워 오른쪽 다리는 굽히고 왼쪽 다리는 쭉 편다. 오른팔은 머리 위로 쭉 뻗는다.
2 어깨는 매트에 밀착시킨 상태에서 왼쪽 허벅지 위로 오른쪽 무릎을 천천히 올린다.
3 안정감을 위해 오른쪽 무릎에 왼손을 올린다. 복근 측면과 둔부, 가슴에 당겨지는 느낌이 있어야 한다.
4 왼쪽으로 반복한다.

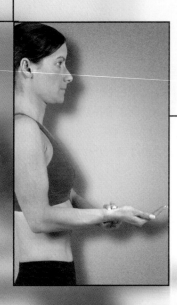

Section 7

전 반적인 신체 건강과 체력을 유지하려면 웨이트 트레이닝뿐만 아니라 심혈관운동을 병행하고 올바른 식습관을 유지해야 한다. 규칙적인 심혈관운동과 균형 잡힌 식단은 심장의 건강상태 개선과 지구력 및 체력 향상, 그리고 체지방 감소에 도움을 준다. 섹션 7은 심혈관운동과 영양섭취에 관한 꼭 필요한 정보를 담고 있다. 이러한 정보를 활용해 건강을 유지할 수 있는 효과적인 심혈관운동과 균형 잡힌 식단을 계획해보자.

심혈관운동과 영양섭취

이번 섹션에서는 …

심혈관운동

　심혈관운동의 기초

　심혈관 운동기구

　맥박 측정

　목표 심박 수 산출

영양섭취

　영양섭취의 기초

　영양 보충제

　음식 피라미드

심혈관운동의
기초

심혈관운동은 웨이트 트레이닝 프로그램을 보완하기 위한 중요한 요소이다. 심혈관운동은 심장박동과 혈액순환을 원활히 할 뿐만 아니라 짧은 시간 안에 칼로리를 많이 소모할 수 있도록 돕고 지방을 연소시켜 근육을 더 뚜렷하게 만들어준다.

근육을 숨기는 지방층 때문에 웨이트 트레이닝의 결과를 알아보기가 어려울 수도 있다. 가장 좋은 심혈관운동은 다리처럼 큰 근육군을 사용하는 운동이다.

심혈관운동의 이점

심혈관운동은 심장의 건강상태를 개선하고, 혈압을 낮추며, 지구력과 체력을 향상시켜준다. 또 체지방을 줄여주고 기분을 환기시켜 쉽게 피로해지거나 질병에 걸리지 않게 해준다. 규칙적인 운동일과에 심혈관운동을 포함하면 심장병이나 당뇨, 기타 심각한 질환에 걸릴 위험을 줄일 수 있다.

운동복과 신발

심혈관운동을 할 때는 자유롭게 움직일 수 있는 가볍고, 편안한 옷을 입어야 한다. 더울 때 겉옷을 벗을 수 있도록 옷을 덧입는 것이 좋다. 또 발목에 안정감을 주고 쿠션이 충분한 운동화를 신어야 한다. 새 운동화를 구입할 때는 운동화를 신고 몇 분 정도 뛰어보고 자신에게 꼭 맞는 것을 찾을 수 있도록 여러 운동화들을 비교해본다.

운동 빈도와 시간

MAY 2003

Sun	Mon	Tue	Wed	Thu	Fri	Sat
				1	2 *Swim*	3
4	5 *Bike*	6	7 *Run*	8	9 *Swim*	10
11	12 *Bike*	13	14 *Run*	15	16 *Swim*	17
18	19 *Bike*	20	21 *Run*	22	23 *Swim*	24
25	26 *Bike*	27	28 *Run*	29	30 *Swim*	31

운동을 처음 시작했다면 15분씩 일주일에 2~3번 정도 심혈관운동을 하면 된다. 익숙해지면 먼저 몇 분 정도 더 시간을 늘리고, 그 다음 일주일에 4~5번으로 운동일수를 늘린다. 20~30분씩 일주일에 3~5번 운동하도록 목표를 세우자.

준비와 진정

심혈관운동의 처음 5분간은 심박 수가 서서히 증가할 수 있도록 점진적으로 운동해야 한다. 그렇게 하면 심장에 무리를 주지 않고, 또 부상을 막을 수 있다. 너무 급하게 시작하면 쉽게 지칠 수 있다. 마지막 5분간은 심박 수가 서서히 감소하도록 진정시켜야 한다.

운동교실

대부분의 체육관에서는 개개인의 취향에 맞는 다양한 운동교실을 제공한다. 초보자들에게 적합한 저충격 에어로빅 교실이나 운동 강도가 높아 관절에 무리가 갈 수도 있는 격렬한 에어로빅 교실도 있다. 또 킥복싱(kickboxing), 스텝 에어로빅(step aerobic), 실내 자전거타기 교실 등 참여할 수 있는 운동교실은 다양하다. 운동교실에서 틀어주는 역동적이고 신나는 음악이 활력을 불어넣어 줄 수도 있다. 운동일과에 변화를 주고 재미를 더하기 위해 다양한 유형의 운동교실에 참여해 보자.

일반적인 심혈관운동

심혈관운동은 그 종류가 매우 다양하다. 달리기, 수영, 자전거타기, 하이킹, 크로스컨트리 스키 등 이러한 활동을 즐긴다면 운동에 즐거움을 줄 수 있도록 자신의 운동일과에 이러한 활동을 포함시켜도 된다.

의욕 고취

심혈관운동을 하는 동안 의욕을 잃지 않도록 노력해야 한다. 휴대가 간편한 CD플레이어로 음악을 듣거나 잡지나 책을 읽

으면서 운동하는 것도 좋다. 대부분의 체육관에는 TV가 설치되어 있어 운동하는 동안 TV를 볼 수 있다. 친구와 함께 운동하는 것도 의욕을 잃지 않기 위한 방법일 수 있다.

심혈관운동 전이나 후의 웨이트 트레이닝

심혈관운동 전이나 후에 웨이트 트레이닝을 할 수 있다. 어떤 운동을 먼저 하건 큰 차이는 없지만 아주 무거운 웨이트로 운동한다면 심혈관운동을 나중에 하는 편이 바람직하다. 무거운 웨이트를 들어 올릴 경우 근육이 충분한 힘을 발휘할 수 있어야 하기 때문이다.

심혈관
운동기구

체육관은 매우 다양한 심혈관 운동기구를 제공한다. 자신에게 가장 좋은 심혈관 운동기구를 선택하려면 정기적으로 사용할 수 있는 머신을 골라야 한다. 대부분의 심혈관 운동기구는 달리기, 계단 오르기, 자전거타기와 같은 활동을 제공한다. 심혈관 운동기구를 사용할 때 처음에는 머신에 적응하도록 천천히 시작한 다음 서서히 강도를 높여야 한다. 처음에는 15~20분씩 일주일에 2~3번 머신을 이용한다. 익숙해지면 이용하는 시간을 몇 분 정도 더 늘리고, 그 다음 일주일에 4~5번으로 운동일수를 늘린다.

트레드밀

트레드밀은 수평 상태나 경사진 상태에서 걷거나 뛸 수 있는 운동기구이다. 누구에게나 걷기나 달리기는 익숙한 활동이기 때문에 이 머신으로 쉽게 운동을 시작할 수 있다. 그 때문에 트레드밀은 체육관에서 가장 많이 사용되는 심혈관 운동기구 중 하나이다. 트레드밀에서 떨어지지 않도록 속도를 너무 빨리 높이지 않는다. 트레드밀에 안전장치가 있다면 발을 헛디딜 경우 머신이 자동으로 멈추도록 옷에 안전핀을 연결한다. 등 하부에 문제가 있다면 트레드밀을 이용할 때 조심해야 하고 달리기보다 걷는 것이 좋다.

사이클

사이클은 전문적인 사이클리스트부터 완전 초보자까지 다양한 체력수준의 이용자 모두에게 적합한 운동기구이다. 또 부상을 회복중인 사람도 이용할 수 있다. 사이클은 실외에서 자전거를 타는 것과 똑같은 운동 효과를 준다. 사이클에는 두 가지 유형이 있는데, 일반적인 자전거와 유사한 업라이트(upright)와 등받이가 있는 것이 특징인 리컴번트(recumbent)가 있다. 리컴번트는 등에 문제가 있는 사람들이 이용할 때 안정감을 느낄 수 있지만 페달을 밟아야 하는 각도 때문에 사용하기에 더 어려울 수도 있다. 페달이 가장 낮은 위치에 있을 때 다리가 약간 굽혀지도록 좌석높이를 조절해야 한다. 공교롭게도 키가 너무 크거나 작은 사람은 좌석높이를 적합하게 조절하기가 어려울지도 모른다. 또 페달을 밟기 시작하면 곧바로 계기판에 불이 들어오는 사이클도 있다. 무릎에 문제가 있다면 사이클을 이용할 때 조심해야 한다.

로잉 머신

로잉 머신은 보트 젓기와 비슷한 활동을 할 수 있는 머신으로 상체와 하체 모두를 사용한다. 이 머신은 한번에 많은 근육을 사용해 칼로리를 많이 소모할 수 있다. 로잉 머신은 비충격 운동기구이기 때문에 둔부나 무릎, 발목에 문제가 있는 사람들에게 아주 좋다. 처음에는 천천히 시작해 머신에 익숙해지면 서서히 강도를 높인다. 마지막 동작에서 무릎을 완전히 펴거나 몸을 뒤로 젖히지 않도록 주의한다. 등 하부에 문제가 있다면 로잉 머신을 이용할 때 조심해야 한다.

일립티컬 머신

일립티컬 머신은 달리는 동작을 할 수 있게 만든 머신이다. 이 머신을 이용할 때 발은 페달에 올려놓고 타원형으로 발을 움직인다. 발은 페달에 올려놓기 때문에 충격이 없어 무릎이나 둔부, 등 하부에 문제가 있는 사람에게 효과적이다. 어떤 일립티컬 머신에는 움직이는 핸들이 있어 팔을 앞뒤로 움직일 수 있는 반면, 또 어떤 일립티컬 머신은 언덕을 달리는 것처럼 경사를 줄 수 있다. 이 머신을 올바르게 사용하려면 반동을 이용하지 않도록 주의한다. 일립티컬 머신은 뛰어난 조정능력을 필요로 하며 사용법이 다소 어려워 초보자들이 이용하기에는 무리일 수 있다.

스테어 클라이머(stair climber)

스테어 클라이머는 계단을 오르는 동작을 모방한 운동기구로 강도 높은 심혈관운동을 할 수 있으며 다른 운동보다 하체 근육을 더 많이 사용한다. 팔꿈치 부상을 피하고 무릎과 등 하부에 필요이상의 힘이 가해지지 않도록 하려면 팔에 무게를 싣거나 상체를 앞으로 숙이지 않는다. 등은 항상 곧게 펴고 무릎을 완전히 펴지 않으며 보폭을 크게 한다. 초보자이거나 둔부, 무릎, 등 하부에 문제가 있다면 이 머신을 이용하지 않는 편이 좋다.

심혈관 운동기구의 일반적인 특징

대부분의 심혈관 운동기구는 미리 설정을 하고 다양한 운동 프로그램대로 따라하기만 하면 되는 프로그램 장치가 있다. 자신의 욕구에 맞게 운동 강도를 설정할 수도 있다. 또 대부분의 머신은 저항력이나 시간, 그리고 속도를 설정할 수 있다. 최신 머신은 센서에 손을 대면 자신의 심박 수를 측정할 수도 있으며 칼로리 소모량도 알 수 있다. 이러한 측량이 항상 정확하지 않다는 점도 기억해둔다. 보다 정교한 심혈관 운동기구는 가슴에 두르는 심박계를 읽어 자신의 심박 수를 더욱 정확하게 측정할 수 있다. 심박계에 대해 더 많은 정보를 알고 싶다면 296페이지를 보라.

맥박
측정

안전하고 효율적으로 운동하고 있는지 확인하기 위해 정기적으로 자신의 심박 수를 체크해야 한다. 흔히 맥박이라고도 하는 심박 수는 분당 심장이 얼마나 많이 뛰는지를 알려준다.

맥박 측정 방법

맥박을 측정하는 가장 간단한 방법은 엄지손가락과 이어지는 손목 부위를 집게손가락과 가운데 손가락으로 짚어보는 것이다. 맥박을 느끼고 15초 동안 몇 번 뛰는지 세어본다. 그런 다음 곱하기 4를 해서 자신의 맥박을 측정한다. 맥박을 짚을 때는 0부터 시작해서 맥박수를 센

다. 또 턱 바로 아래 양쪽 목 중 한 곳에 집게손가락과 가운데 손가락을 짚어도 맥박을 셀 수 있다. 목이나 손목을 짚어 맥박을 셀 때 맥박이 뛰지 않도록 너무 세게 누르면 안 된다.

심박계

맥박을 더 정확하게 측정하는 방법은 심박계를 이용하는 것이다. 가슴에 심박계를 두르고 측정할 수 있다. 이 장치는 수신기 역할을 하는 손목시계로 사용자의 심박 수를 보내는 역할을 한다. 또 트레드밀이나 스테어 클라이머처럼 심박계로부터 직접 맥박을 읽을 수 있는 심혈관 운동기구도 있다.

심혈관 운동기구

어떤 심혈관 운동기구는 센서에 손을 대면 사용자의 심박 수를 알려준다. 그러나 이렇게 측정한 값이 항상 정확한 것은 아니다. 심혈관 운동기구의 센서는 일반적으로 실제 심박 수보다 높은 값을 나타내기 때문에 추정치로 여기는 것이 좋다. 손에 너무 땀이 차거나 센서에 직접적으로 손을 대지 않으면 부정확한 값을 나타낼 수 있으며 또 머신이 오작동할 수도 있다.

목표 심박 수 측정

목표 심박 수는 운동하는 동안 심장이 뛰는 범위를 알려준다. 최대의 운동 효과를 거두려면 항상 이 범위 내에서 운동하려고 노력해야 한다.

목표 심박 수 산출

자신의 목표 심박 수를 산출하려면 가장 먼저 220에서 자신의 나이를 빼 최대 심박 수를 계산한다. 그런 다음 목표 심박 수의 최대치와 최소치를 구해야 하는데, 이는 최대 심박 수에 자신의 운동 수준에 상응하는 퍼센티지를 곱하면 된다. 아래 표를 참고하여 자신의 목표 심박 수를 구해보자.

최대 심박 수	운동 수준			목표 심박 수
	초보자	중급자	상급자	
220 – 나이 = ( )	× 0.65	× 0.80	× 0.90	= ( ) 최대치
220 – 나이 = ( )	× 0.50	× 0.65	× 0.70	= ( ) 최소치

예를 들어, 30세, 초보자의 목표 심박 수를 구해보면 다음과 같다.

최대 심박 수 : 220–30=190
목표 심박 수의 최대치 : 190×0.65=124
목표 심박 수의 최소치 : 190×0.50=95

다음에 운동할 때는 자신의 심박 수가 목표 심박 수 범위 내에 해당하는지 체크해보자. 자신의 심박 수가 최소치보다 낮으면 운동을 충분히 하고 있지 않다는 뜻이며, 최대치보다 높으면 너무 격렬하게 운동하고 있다는 뜻이다. 만약 범위를 벗어난다면 계산이 틀렸을지도 모른다. 정확한 심박 수를 알 수 있도록 휘트니스 전문가와 상담해본다.

"말하기" 테스트

"말하기" 테스트는 자신의 운동 강도를 알 수 있는 가장 간단한 방법이다. 운동하는 동안 이야기할 수 있다면 이상적인 강도로 운동하고 있다는 뜻이며, 단 몇 마디조차 말하기 어렵다면 너무 강도 높게 운동하고 있다는 뜻이다.

운동 자각도(rate of perceived exertion(RPE))

운동 강도를 알 수 있는 또 다른 척도로 운동 자각도(RPE)를 이용할 수 있다. RPE는 1부터 10까지의 등급으로 판단하는 간단하고 개인적인 평가로, 1은 효과 없음을 나타내고 10은 지친 상태를 나타낸다. 이상적인 RPE는 4에서 8 사이이다. 초보자의 경우 RPE는 3~4가 적당하다.

1	효과 없음
2	매우 쉬움
3	쉬움
4	편안함
5	다소 어려움
6	어려움
7	힘겨움
8	매우 힘겨움
9	매우 극히 힘겨움
10	지침

영양섭취의 기초

운동과 올바른 영양섭취의 병행은 건강과 체형을 유지하기 위한 가장 좋은 방법이다. 건강에 좋은 식사를 하는 데 비용이나 시간이 많이 들거나 힘들 이유가 없다. 올바른 식습관이란 균형 잡힌 식단을 구성해 적당량만 먹는 것을 말한다. 자신이 좋아하는 음식을 계속 먹을 수 있지만 적당량만 먹어야 한다.

필수 영양소

탄수화물, 단백질, 지방, 비타민, 무기질의 5대 필수 영양소로 식단을 구성한다.

탄수화물

탄수화물은 주요 에너지원으로 단순탄수화물과 복합탄수화물로 나뉜다. 단순탄수화물은 쉽게 에너지로 전환된다. 꿀이나 과일주스처럼 당이 풍부한 음식에 함유되어 있다. 복합탄수화물은 지속적으로 천천히 에너지를 내며 일반적으로 단순탄수화물보다 칼로리가 낮다. 복합탄수화물이 풍부한 음식에는 빵, 곡물, 파스타 등이 있다.

단백질

단백질은 모든 근육조직을 구성하는 주요 성분으로 근육을 키우고 회복하기 위해 꼭 필요한 영양소다. 단백질이 많은 음식에는 고기, 생선, 달걀, 유제품, 콩 등이 있다.

지방

신체조직을 유지하고, 비타민 A, D, E, K의 흡수를 위해 일정량의 지방이 필요하다. 그러나 당뇨나 심장질환을 예방하려면 지방을 너무 많이 섭취하면 안 된다. 식단을 구성할 때 지방 섭취량은 전체 칼로리의 30퍼센트를 넘지 않도록 한다.

지방에는 포화지방과 불포화지방의 두 가지 유형이 있다. 포화지방을 함유한 음식을 섭취하면 혈중 콜레스테롤 수치가 오르고 심장질환에 걸릴 위험이 높아진다. 포화지방을 다량 함유한 음식에는 고기, 유제품, 야자유 등이 있다. 우리 몸에는 불포화지방이 더 좋으며 불포화지방은 생선, 견과류, 올리브유 등에 많이 함유되어 있다. 쿠키나 크래커, 기타 구운 식품에 사용되는 버터나 쇼트닝(shortening) 같은 경화지방을 함유한 음식도 피하는 것이 좋다.

비타민과 무기질

비타민과 무기질은 우리 몸의 일상적인 기능을 돕는 중요한 영양소로 건강을 유지하기 위해 꼭 필요하다. 과일, 채소, 곡물, 유제품을 포함한 다양하고 균형 잡힌 식단이 비타민과 무기질의 최대 공급원이다.

수분

우리 몸의 3분의 2는 물로 구성되어 있다는 점을 고려하면 왜 물이 건강한 식단에서 중요한 부분을 차지하는지 쉽게 이해할 수 있을 것이다. 매일 물을 충분히 마시면 체중감소와 소화에 도움이 되며 몸에서 독소를 배출할 수 있다. 평균적으로 매일 8~10잔 정도의 물을 마셔야 한다. 운동을 자주 하거나 커피나 술 섭취량이 많다면 물을 더 많이 마셔야 하는데, 그렇지 않으면 탈수증의 원인이 될 수 있다.

운동하는 동안 물은 체온 조절을 도와 체온 상승을 방지한다. 운동 중에는 땀으로 배출된 수분을 계속 공급해주어야 한다. 수분을 유지하기 위해 운동하기 20~30분 전과 운동하는 도중, 그리고 운동 후에도 충분한 물을 마셔야 한다.

칼로리

칼로리는 에너지 단위로, 일반적으로 식품의 열량을 측정하는 데 이용된다. 요즘은 대부분의 식품에 칼로리를 표시한 라벨이 부착되어 있다. 사람에게 매일 필요한 칼로리 양은 성별과 나이, 활동량에 따라 다르다. 노인과 활동량이 적은 여성은 보통 하루에 약 1,600칼로리가 필요하며, 활동량이 적당한 여성과 활동량이 적은 남성, 그리고 십대 소녀와 어린이의 경우 보통 하루에 약 2,200칼로리가 필요하다. 또 활동량이 적당한 남성과 활동량이 많은 여성, 그리고 십대 소년은 하루에 약 2,800칼로리가 요구된다. 체중을 줄이려 한다면 권장량보다 칼로리나 기름진 음식을 적게 섭취해야 한다. 그러나 체중을 유지하려면 하루에 연소시킨 만큼의 칼로리는 섭취해야 한다.

소금과 나트륨

자신의 식단에 적당량의 소금과 나트륨을 포함할 수 있지만 매일 2,400㎎ 이상을 섭취하는 것은 좋지 않다. 즉, 한 티스푼보다 약간 많은 양 이상을 섭취하면 안 된다. 간장이나 패스트푸드, 통조림 수프와 야채 통조림처럼 나트륨을 다량 함유한 음식을 섭취하면 고혈압을 유발할 수 있다. 이러한  음식 대신 나트륨 함유량이 거의 없는 음식을 섭취해야 한다. 식품을 구입할 때는 가공식품일수록 나트륨을 많이 함유하고 있다는 점을 명심한다. 예를 들어, 신선한 돼지고기 허리부위는 나트륨 함유량이 매우 낮지만 햄이나 베이컨은 나트륨 함유량이 높다. 사람들이 섭취하는 나트륨의 대부분은 요리 시 음식에 첨가하는 소금에서 비롯된다. 자신의 음식에 조미료를 첨가할 때는 소금 대신 약초나 향신료를 사용하도록 하자.

콜레스테롤

콜레스테롤은 지방과 비슷한 물질로 자연적으로 우리 몸에 생성되어 간에 저장된다. 또 고기, 우유, 가금, 달걀노른자, 생선 등에도 함유되어 있다. 이러한 식품을 너무 많이 섭취하면 체내 콜레스테롤 수치를 높여 심장질환에 걸릴 위험이 높아진다. 콜레스테롤 섭취를 제한하려면 포화지방과 콜레스테롤이 낮은 음식을 많이 섭취해야 한다.

당

되도록이면 당이 풍부한 음식 섭취는 자제해야 한다. 당을 많이 섭취하면 당뇨와 충치를 유발할 수 있기 때문이다. 잼, 케이크, 과일 통조림, 청량음료 등 단 음식은 칼로리는 높은 반면, 영양소는 별로 없다. 그런 이유에서 이와 같은 단 음식을 실속 없는 칼로리라고도 한다.

단 음식을 멀리하는 것은 물론 설탕을 첨가한 음식도 주의해야 한다. 설탕이 포함된 대부분의 음식에는 백설탕이나 흑설탕, 당밀, 꿀, 또는 옥수수 시럽 형태로 당이 첨가되어 있다. 식품 라벨을 확인하여 이러한 조미료가 포함되지 않은 식품이나, 조미료는 함유량 순으로 표시되기 때문에 리스트 끝부분에 이러한 조미료가 표시된 식품을 선택한다.

카페인

카페인은 흥분제로 일시적으로는 에너지 수준을 높이고 신진대사를 원활히 해준다. 또 심박수와 혈압을 높이고 정신적 경계심을 향상시킨다. 초콜릿과 차, 커피, 청량음료 등 많은 음료에 카페인이 함유되어 있다. 카페인은 적당량만 섭취하는 것이 중요하다. 평균적인 식단에 카페인을 300㎎ 이상 포함하거나 하루에 커피를 3잔 이상 마시지 않도록 한다. 카페인을 너무 많이 섭취하게 되면 불안감을 느끼며 수면장애를 일으킬 수 있다. 활력을 불어넣기 위해 카페인 대신 빨리 걷기나 숙면을 취하는 등 자신의 에너지 수준을 높일 수 있는 다른 방법을 시도해보자.

알코올

알코올은 진정제로 지방을 에너지로 전환하는 신체능력을 저하시킨다. 알코올 과다섭취는 심장병, 간질환, 고혈압, 암을 초래할 수 있다. 알코올의 칼로리 역시 실속 없는 칼로리로 간주되는데, 영양가가 거의 없기 때문이다. 알코올 섭취는 하루에 1~2잔 정도로 제한해야 한다. 맥주 12온스, 와인이나 표준강도 80도짜리 알코올 1과 2분의 1이 첨가된 칵테일 5온스 정도가 적당한 알코올 섭취량이다.

유행하는 다이어트

항상 유행하는 다이어트를 경계해야 한다. 이는 일시적인 해결책일 뿐이며 비현실적인 체중감소만 기대하게 한다. 특정 음식의 섭취를 제한하는 다이어트 요법은 우리 몸에 중요한 비타민과 무기질 섭취를 방해해 사실상 건강에 악영향을 미칠 수 있다. 단백질 섭취는 늘리고, 탄수화물 섭취는 제한하는 다이어트 요법의 경우, 단기적으로 보면 체중감소에 도움이 될 수 있지만 시간이 흐를수록 우리 몸에는 악영향을 끼친다. 평상시 식단으로 되돌아가면 다시 체중이 붙게 된다. 올바르게 체중을 줄이려면 운동을 병행하면서 건강에 좋은 현명한 식이요법을 선택해야 한다.

웨이트 트레이닝과 식사

운동하는 동안 최대 에너지를 주기 위해 항상 음식을 충분히 섭취해야 한다. 그러나 과식은 금물이다. 과식은 오히려 신체를 무기력하게 만들고 위통이나 심한 복통을 일으킨다. 식사하고 2시간 후에 운동하는 것이 가장 좋다. 또 빈속에 운동하는 것도 피해야 한다. 배가 고플 경우 운동하기 30분 전에 에너지 바나 바나나 같은 가벼운 간식거리를 먹는다.

건강하게 식사하기 위한 요령

- 우리 몸에 필요한 비타민과 영양소를 모두 섭취하려면 매일 여러 가지 음식을 먹어야 한다.

- 음식은 천천히 꼭꼭 씹어 먹고 포만감을 느낀 즉시 식사를 멈춘다.

- 하루 3번 많은 양을 먹는 대신 5~6번으로 나눠 소식한다.

- 지방, 당, 칼로리가 높은 음식을 멀리하도록 사과, 바나나, 당근 등 건강에 좋은 간식거리를 항상 가까이 한다.

- 시장기와 식욕을 구별하자. 정크 푸드가 먹고 싶다면 건강에 좋은 대체식품을 먹거나 양을 줄여 식욕을 채운다.

- 신선한 음식을 더 가까이하고 지방, 나트륨, 칼로리가 높은 가공식품은 멀리한다.

- 빈속으로 식료품점에 가지 않는다. 또 불필요한 식품을 구입하지 않도록 사야할 목록을 작성한다.

- 요리나 식사 시 버터, 샐러드드레싱, 소금, 설탕과 같은 지방, 조미료, 양념은 적당량만 첨가한다.

- 튀긴 음식은 멀리한다. 구운 음식이 건강에 더 좋다.

- 자신이 먹는 음식의 영양소와 첨가물에 대해 잘 알 수 있도록 식품의 라벨을 읽는 습관을 기른다.

영양
보충제

영양 보충제가 역도선수나 운동선수에게는 도움이 될 수 있지만 일반인들이 근육량을 형성하고 체중을 줄이려고 복용하는 것은 좋지 않다. 영양 보충제를 복용하려면 라벨을 꼼꼼하게 읽고 제품을 철저하게 조사해야 한다.
어떤 보충제가 "천연식품"이라고 표기된 제품일지라도 특히 과다 복용할 경우 이롭기보다 사실상 해로울 수 있다. 자사 제품을 터무니없이 광고하는 회사의 제품도 경계해야 한다. 체육관이나 건강식품점, 체력관련 잡지를 통해 영양 보충제를 구입할 수 있다.

크레아틴(creatine)

크레아틴은 하키나 파워 리프팅(power lifting)처럼 격렬한 움직임을 필요로 하는 경우 활동의 능력을 향상시키기 위해 이용된다. 크레아틴 자체만으로는 근육량을 늘리지 못하지만 강력한 힘을 낼 수 있도록 돕는다. 크레아틴 복용 시 늘어난 체중은 대부분 수분 보존에 의한 것이며 크레아틴은 운동을 마칠 수 있도록 폭발적인 에너지를 준다. 크레아틴의 위험성과 이점에 대해 완전히 판명된 것은 없다.

단백질 보충제

단백질 보충제는 근육을 회복하고 근육을 키우는 데 도움을 준다. 주로 근육을 키우려고 무거운 중량으로 운동하는 사람들이 단백질 보충제를 복용한다. 그러나 신장이 손상될 수 있으므로 과다 복용하지 않도록 주의해야 한다. 단백질 보충제 대신 살코기나 닭가슴살, 생선, 달걀 등 높은 생물가(high biological value(HBV)) 식품을 섭취하는 것이 좋다.

마황(ephedra)

신진대사를 촉진시키고 심박 수를 높이려고 마황을 복용한다. 그러나 심장에 미치는 부작용을 감안하면 마황이 안전한 보충제는 아니다. 발작과 심장마비를 일으키는 것으로 알려졌으며 일부 사망에 이르기도 했다. 따라서 이러한 제품은 복용하기 전에 라벨을 주의 깊게 읽어야 한다.

에너지 바

에너지 바는 탄수화물, 단백질, 지방이 골고루 함유된 간편한 간식거리다. 장시간 운동하거나 체육관에 가기 전 간단한 식사를 하고플 때 요긴한 에너지원이 되어준다. 그러나 체중을 줄이려 한다면 칼로리가 높기 때문에 자주 먹는 것은 좋지 않다.

종합 비타민제

종합 비타민제는 자신의 식단에서 빠뜨릴 수 있는 비타민과 무기질을 보충해준다. 건강에 좋고 균형 잡힌 식사를  하고 있다면 군이 종합 비타민제를 복용할 필요는 없다.

음식 피라미드
food guide pyramid

음식 피라미드는 건강을 유지하기 위해 날마다 무엇을 먹어야 하는지 알려주는 지침이다. 건강에 좋은 식단을 계획할 때 이 피라미드를 참고할 수 있다.

우리 몸에 필요한 모든 영양소를 섭취하려면 각각의 주요 식품군을 최소분량이라도 먹어야 한다. 지방 · 기름 ·

당과류는 될 수 있으면 적게 먹어야 하므로 권장량이 없다.

각각의 식품군에 대한 권장량은 대략적인 수치로 사람마다 이상적인 권장량은 다를 수 있다.

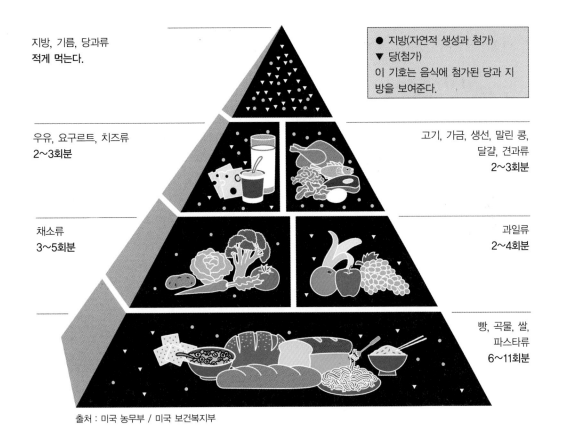

음식 피라미드
일일 음식 선택의 지침

지방, 기름, 당과류
적게 먹는다.

● 지방(자연적 생성과 첨가)
▼ 당(첨가)
이 기호는 음식에 첨가된 당과 지방을 보여준다.

우유, 요구르트, 치즈류
2~3회분

고기, 가금, 생선, 말린 콩,
달걀, 견과류
2~3회분

채소류
3~5회분

과일류
2~4회분

빵, 곡물, 쌀,
파스타류
6~11회분

출처 : 미국 농무부 / 미국 보건복지부

지방, 기름, 당과류

지방, 기름, 당과류는 될 수 있으면 적게 먹어야 하기 때문에 피라미드에는 권장량이 표시되어 있지 않다. 이 식품군에 해당하는 음식에는 버터, 마가린, 크림, 샐러드드레싱, 설탕, 사탕과 디저트 등이 있다. 일반적으로 이러한 음식들은 영양소는 거의 없고 칼로리만 높을 뿐이다.

고기, 가금, 생선, 말린 콩, 달걀, 견과류
(2~3회분)

예

조리한 살코기, 가금, 생선 2~3온스(예 : 햄버거 1개, 또는 닭가슴살 2분의 1)

조리한 말린 콩 2분의 1컵(약 3분의 1회분)

달걀 1개(3분의 1회분)

견과류 3분의 1컵(약 3분의 1회분)

이 식품군은 다량의 필수 비타민과 무기질을 제공한다. 육류, 가금류, 어류에는 단백질, 비타민 B, 아연, 철분이 함유되어 있다. 또 달걀, 말린 콩, 견과류에는 단백질과 여러 가지 비타민, 무기질이 함유되어 있다.

가급적이면 살코기, 생선, 말린 콩, 완두콩처럼 지방이 낮은 식품을 선택한다. 소시지, 베이컨, 핫도그, 페페로니 등 지방과 나트륨이 많은 가공식품은 멀리하는 것이 좋다. 요리를 준비하기 전에 눈에 보이는 지방을 모두 제거하여 고기를 조리할 때 첨가하는 지방을 줄이도록 한다. 고기를 요리할 때도 튀기기보다 굽거나 끓여야 한다.

달걀의 경우 지방의 대부분이 포함된 노른자는 버리고 흰자만으로 요리하면 다른 영양소는 유지하면서 달걀에 있는 지방을 걸러낼 수 있다.

우유, 요구르트, 치즈류
(2~3회분)

예

우유나 요구르트 1컵

자연산 치즈 1과 2분의 1온스

가공 치즈 2온스

이 식품군은 단백질과 비타민, 무기질을 제공할 뿐만 아니라 칼슘의 최대 공급원이다. 이러한 식품으로부터 섭취한 영양소는 뼈를 튼튼하게 만들어준다.

자신의 식단에서 지방을 줄이고자 한다면 탈지 우유, 탈지 또는 저지방 요구르트, 저지방 치즈와 같은 지방이 낮은 식품을 선택한다.

채소류
(3~5회분)

예
생엽채 1컵
기타 조리하거나 잘게 썬 채소 2분의 1컵
야채주스 4분의 3컵

채소는 비타민과 무기질, 섬유질을 공급하고 지방이 낮은 식품이다. 녹황색채소는 특히 비타민 A와 C가 풍부하다. 싱싱한 채소나 얼린 채소가 통조림 채소보다 건강에 더 좋다. 영양소를 보존하려면 채소류를 조리할 때 너무 익히지 않도록 한다.

과일류(2~4회분)
예
중간 크기의 사과, 바나나, 오렌지 1개
잘게 썰거나 조리한 과일, 또는 통조림 과일 2분의 1컵
과일주스 4분의 3컵

과일과 과일주스는 비타민 A와 C, 칼륨의 중요한 공급원이다. 과일마다 함유하고 있는 영양소가 다르기 때문에 많은 영양소를 섭취할 수 있도록 여러 가지 과일을 먹어야 한다.

과일과 과일주스 모두 지방과 나트륨 함유량이 낮지만 과일주스보다 과일이 섬유질도 풍부하고 칼로리도 낮다.

가급적이면 신선한 과일 또는 얼리거나 말린 과일을 선택한다. 과일주스를 고를 때는 100퍼센트 과일 주스만 과일로 여길 수 있다는 점을 명심한다.

빵, 곡물, 쌀, 파스타류(6~11회분)

예
빵 1조각
조리한 곡물 1온스
조리한 곡물, 쌀, 파스타 2분의 1컵

이 식품군은 복합탄수화물과 전분은 물론 비타민과 무기질, 그리고 섬유질을 공급한다. 이 식품군의 주요 에너지원은 탄수화물이다.

이러한 식품의 칼로리 대부분은 소스, 양념, 빵에 바르는 것과 토핑처럼 요리할 때 첨가된 지방이나 당분에서 비롯된다. 빵, 쌀, 파스타처럼 칼로리가 높은 첨가물을 넣지 않은 식품을 선택하고 토핑이나 지방이 많은 양념은 적당량만 사용한다.

곡물빵처럼 곡류만으로 영양소를 보강한 고섬유질 식품이 가장 좋다. 여기에 함유된 섬유질은 포만감을 오래 유지시켜 줄 뿐더러 혈중 콜레스테롤을 낮추고 암을 예방해준다. 쿠키, 케이크, 빵과자 등의 구운 식품에는 당과 지방이 많기 때문에 될 수 있으면 적게 먹어야 한다.

윤신중

우석대학교 스포츠의학과 교수(이학박사)

저자와의 협의로
인지생략

마란 그래픽스의 웨이트 트레이닝 maran illustrated Weight Training

초판 인쇄 2011년 9월 20일
초판 발행 2011년 9월 30일

저자	Maran Graphics Development Group
역자	윤신중
펴낸이	김기봉
펴낸곳	스포츠북스

주소	서울 영등포구 문래동 1가 39번지 센터플러스빌딩 1118호
출판등록	2005년 12월 7일 제307-2005-50호
전화	02-909-3141
팩스	02-338-4832
전자우편	meko7@paran.com
홈페이지	www.kmbook.co.kr

ISBN 978-89-6315-249-3

정가 30,000원